管理組合・理事のための **マンション**
管理実務必携

管理組合の運営方法・税務、建物・
設備の維持管理、トラブル対応 第**2**版

マンション維持管理支援・専門家ネットワーク 編

発行 ⊖ 民事法研究会

第2版はしがき

　全国のマンションストックは650万戸を超え、国民の10人に1人がマンションに居住する時代となりました。国民生活の中で文字どおりなくてはならない居住形態となったマンションですが、同時に、管理組合の仕組みや運営の方法、大規模修繕その他建物の維持管理など、マンションに関しては、わからないことやお悩みも多いと思います。

　このようなマンションライフに関するさまざまなお悩みに応える実務と理論の総合的な概説書として出版された本書初版は、おかげさまで皆様からご好評を得ることができました。このたびの第2版も、初版と同様に、マンション管理のための実務と理論の基本書というコンセプトを大切にしながら、マンションと税務の問題や、区分所有者としてぜひ知っておきたい建築・設備・修繕・改修について豊富な図表・写真をもとに解説しているという類書にない特徴を備えています。さらに、平成29年の債権法改正、令和2年のマンション管理適正化法改正、新型コロナウイルス感染症対応など最新の時事問題の解説を新たに加えたほか、マンションと保険、長期修繕計画、マンション再生に関する記述を一層充実させました。

　私たちマンション維持管理支援・専門家ネットワーク（通称Mネット）は、マンションの維持管理の総合的なサポートを行う弁護士、建築士、税理士、マンション管理士らによる専門家集団として、居住者・管理組合の立場に立って、マンション管理に関する多様な問題に総合的に対応することをモットーとしています。

　皆様にとってのマンションライフが、より豊かに、安心で、快適なものとなるために、この第2版が引き続きお役に立つことを、執筆者一同願っております。

　本書の出版に際しては、株式会社民事法研究会の編集部の皆さんにお世話になりました。この場を借りて深く感謝の意を表します。

　令和2年11月

マンション維持管理支援・専門家ネットワーク
執 筆 者 一 同

1

はしがき

　現在、全国のマンションストックは620万戸を超え、マンション居住者は1500万人を超えると推計されています。国民生活の中でなくてはならない居住形態となったマンションですが、同時に、マンションライフに関しては、さまざまなお悩み、不安をおもちの方も多いことと思います。

　本書には、そのお悩み解決の道筋と必須知識が書かれています。本書は、マンション管理全般に関する概説書でありながら、民泊、個人情報保護法改正、コミュニティ条項、平成28年の標準管理規約改正などの最新の時事問題についても詳しく触れています。また、マンション管理と税務の問題や、マンション居住者、管理組合の理事としてぜひ知っておきたい建築・設備の知識が、充実している点が類書にない本書の最大の特徴といえます。

　私たちマンション維持管理支援・専門家ネットワーク（通称Mネット）は、マンションの維持管理の総合的なサポートを行う弁護士、建築士、税理士、マンション管理士らによる専門家集団として活動しています。ゼネコン・メーカー・その他関連業者から経済的に独立して、居住者・管理組合の立場に立って、管理組合内のコミュニティの醸成と主体性を育成する観点を大切にしながら、実務に精通した専門家としてマンション管理に関する多様な問題に総合的に対応することをモットーとしています。本書は、このようなMネットの活動の総決算ともいえる内容となっています。皆様にとってのマンションライフが、より豊かに、安心で、快適なものとなるための手引書として、本書がお役に立てば幸いです。

　本書の出版に際しては、『Ｑ＆Ａマンションライフのツボ』（平成23年11月発行）、『Ｑ＆Ａマンションリフォームのツボ』（平成27年12月発行）に引き続き、株式会社民事法研究会の編集部の皆さんにお世話になりました。この場を借りて深く感謝の意を表します。

　平成29年2月

マンション維持管理支援・専門家ネットワーク
執 筆 者 一 同

『管理組合・理事のための　マンション管理実務必携〔第2版〕』目次

第1章　マンション管理の基礎知識

4

第2章　管理組合の組織と運営

6

8

第3章　管理組合の会計と税務

第4章　共用部分の維持管理

13

第5章 マンションの再生

第6章　日常生活におけるトラブルの対処

20

第7章　マンションをめぐる近時の問題

▶凡　例◀

［法令等］

区分所有法　　建物の区分所有等に関する法律

個人情報保護法　　個人情報の保護に関する法律

省エネ法　　エネルギーの使用の合理化等に関する法律

耐震改修促進法　　建築物の耐震改修の促進に関する法律

建替え等円滑化法　　マンションの建替え等の円滑化に関する法律

バリアフリー法　　高齢者、障害者等の移動等の円滑化の促進に関する法律

被災マンション法　　被災区分所有建物の再建等に関する特別措置法

品確法　　住宅の品質確保の促進等に関する法律

マンション管理適正化法　　マンションの管理の適正化の推進に関する法律

マンション管理適正化法施行規則　　マンションの管理の適正化の推進に関する法律施行規則

標準管理規約　　マンション標準管理規約

マンション管理適正化指針　　マンションの管理の適正化に関する指針

［判例集］

民集　　最高裁判所民事判例集

集民　　最高裁判所裁判集（民事）

下民集　　下級裁判所民事裁判例集

判時　　判例時報

判タ　　判例タイムズ

　　※判例集の記載のない判決は、判例集未登載のもの（一部、有料判例データベースのものを記載している）

第①章

マンション管理の基礎知識

Ⅰ　マンションとは

　マンションとは、一般には、中高層鉄筋コンクリート造の分譲共同住宅のことを指しますが、法律的には、「2以上の区分所有者が存する建物で人の居住の用に供する専有部分のあるもの」と定義されています（マンション管理適正化法2条1号イ、建替え等円滑化法2条1項1号）。

　本書では、マンションを、2人以上の区分所有者が存在し、住宅として使用される専有部分のある建物と定義しておきます。

　日本では、昭和30年代になって、富裕層向けのマンションの分譲が始まったといわれています。昭和50年代になるとファミリータイプのマンションが大量に供給されるようになり、マンションの大衆化が一気に進みました。現在、全国のマンションストック数は約665万戸で、マンション居住者は、1551万人と推計されていて、国民の約1割にあたります（国土交通省「分譲マンションストック戸数」（令和元年末現在／令和2年7月1日更新））。都市部においては、マンションがなくてはならない住居形態となっています。

Ⅱ　マンションに関する法律

1　総　説

　マンション管理に関しては、民法の特別法である「建物の区分所有等に関する法律」（昭和37年4月公布）、「マンションの管理の適正化の推進に関する法律」（平成12年12月公布）があります。また、阪神・淡路大震災後に、大規模な災害により滅失した区分所有建物の再建を目的とする「被災区分所有建物の再建等に関する特別措置法」が平成7年3月に公布され、その後、「マンションの建替えの円滑化等に関する法律」（なお、法律名は制定時のもの）が平成14年6月に公布されました。

　マンションの建築や建物の管理に関連しては、「建築基準法」、「建築物の耐震改修の促進に関する法律」などが重要です。また、欠陥マンション問題に

関連しては、新築マンションの瑕疵担保責任に関する民法の特例法としての「住宅の品質確保の促進等に関する法律」があります。

2　区分所有法

区分所有法は、1棟の建物の内部の区分された建物部分を所有権の対象と認めて、区分所有建物とその敷地の共同管理について定めた法律です。

(1)　昭和37年制定法

区分所有法は、昭和37年に民法の特別法として制定されました。それまでは、区分所有に関する規定は民法の1カ条（旧208条）しかありませんでした。この規定は、棟割長屋を想定したもので、①区分所有建物の共用部分を区分所有者の共有と推定し、②その修繕費等の負担を各自の所有部分の価格に応じて分担すると規定していました。

しかし、昭和30年代になって、中高層のマンションが建設されるようになり、区分所有建物の規律が不十分になるとの見通しから、昭和37年に、旧民法208条が削除されて、民法の特別法として区分所有法が制定されました。

(2)　昭和58年改正法

その後、マンションが飛躍的に増加（昭和38年時点で1万戸未満であったマンション戸数は、昭和58年には130万戸にまでに増加）したことに伴って、昭和37年制定の区分所有法の不備が指摘されるようになり、昭和58年5月に、区分所有法の大改正が行われました。この改正で、区分所有者は全員で、建物等の管理を行う団体を構成し、集会を開き、規約を定め、管理者を置くことができるとする区分所有法3条が新設されました。また、大規模修繕や建替え、復旧、規約の設定・変更・廃止について多数決原理を導入し（それまでは全員一致が原則）、建替え決議制度が導入されたほか、義務違反者に対する措置も定められました。

(3)　平成14年改正法

平成になると、昭和40～50年代に大量に建てられたマンションの老朽化が問題となり始めたことを背景に、平成7年1月に発生した阪神・淡路大震

災により大量のマンションが被災した経験を経て、平成14年6月に「マンションの建替えの円滑化等に関する法律」が制定され、同年12月には、区分所有法が改正されました。

　平成14年改正の主要な目的は、管理の適正化と建替えの円滑化とされ、建替え・復旧の規定について要件緩和を含む大幅な改正がなされました。また、共用部分の変更についても、形状または効用の著しい変更を伴わない変更（通常の大規模修繕工事）については普通決議で足りることとなりました。そのほか、管理組合の法人化要件の緩和、規約に関する衡平の明文化、集会決議のIT化等の改正があげられます。

⑷　平成16年以降の改正

　破産法、不動産登記法、会社法などの法律改正に伴い、細かな改正が行われているほか、管理組合法人に関する規定の改正がなされています。

3　マンション管理適正化法

⑴　法律制定の背景

　平成4年に、ある分譲業者と関連管理会社が倒産する事件が起きました。この管理会社は、都内6つのマンション管理組合から預かった多額の管理費等をすべて管理会社名義の預金口座で管理し、通帳や印鑑も管理会社が保管していました。資金繰りに窮した管理会社はこれらの預金を銀行担保に供し、後に、管理会社に破産宣告がなされました。担保権者の銀行は相殺を主張し、破産管財人は、預金が破産した管理会社に帰属すると争い、他方、管理組合は、これらの預金は、管理組合のものとして複数の裁判が提起されました（榮高倒産事件）。1審判決はいずれも、預金は管理会社のものとして管理組合が敗訴しました。このうち1つの控訴審判決で、管理組合の預金であることが認められました（東京高裁平成11年8月31日判決（判時1684号39頁））が、同様の管理会社の倒産事件が相次いでいたこともあり、大きな社会問題となりました。これがきっかけとなって、平成12年12月にマンション管理適正化法が制定され、平成13年8月1日から施行されました。

4

⑵　マンション管理適正化法の主な内容

　平成12年に制定されたマンション管理適正化法は、新たにマンション管理士制度を設けるとともに、マンション管理業者に対する法的規制を図ることが主な内容です。

① 　マンション管理士制度の創設（同法 6 条〜43条の 2 ）

② 　マンション管理業の登録制度と規制

  ⓐ 　財産的基礎をもたない管理会社の登録拒否（同法47条10号）

  ⓑ 　重要事項説明および委託契約書面の交付を義務づけ（同法73条）

  ⓒ 　財産の分別管理（同法76条）

  ⓓ 　管理事務報告義務（同法77条）

  ⓔ 　保証制度の創設（同法95条）

　さらに、マンションの高経年化対策を強化することが喫緊の課題であることから、令和 2 年（2020年） 6 月に、マンション管理適正化法の一部が改正されました。改正の要点は、国土交通大臣が、マンション管理の適正化の推進を図るための基本的な方針を策定すること（改正法 3 条）、地方公共団体がマンション管理適正化推進計画を策定し（改正法 3 条の 2 ）、必要に応じて管理組合に対して助言および指導ができるようになったこと（改正法 5 条の 2 ）、適正な管理計画を有するマンションの認定制度が新設されたこと（改正法 5 条の 3 以下）などです（第 7 章Ⅱ参照）。

4　建替え等円滑化法

　昭和40年代以降、大量に供給されてきたマンションの老朽化が話題になり始めたことに加えて、阪神・淡路大震災によるマンションの倒壊、半倒壊などの経験を経て、平成14年 6 月、マンションの建替えの円滑化等に関する法律が成立しました。

　区分所有法には、建替え決議成立後の建替え事業遂行に関する規定がなく、建替え事業遂行主体について法的な位置づけが不明確であることから、建替え事業の円滑な遂行を図るという目的で、建替え等円滑化法が立法化されま

5

した。建替え等円滑化法は、区分所有法上の建替え決議が成立したことを前提に、その後の手続や組織、行政の支援等について定めており、建替え組合の設立を認めてこれを法人とし、権利変換手続によって権利関係の移行を実現する制度が設けられました。

　その後、平成26年の改正で、耐震性不足のマンションの建替えの円滑化を図るため、①マンションの敷地売却制度、②容積率緩和の特例が創設されました。令和２年の改正では、除却の必要性の認定対象に、耐震性不足のほか、①外壁剥落等のおそれ、②バリアフリー性能の不足等が加えられました（第５章Ⅱ４参照）。

Ⅲ　マンションの権利関係

1　総　説

　マンションを購入するということは、１棟の建物の中の独立した部屋の所有権者となることをイメージしますが、マンションの所有者になるということは、専有部分の居室の区分所有権だけではなく、１棟の建物の専有部分以外の部分（共用部分）と建物の敷地に対する権利も、同時に手に入れることを意味します。だからこそ、１棟の建物の区分所有者全員が共同して、建物全体と敷地の維持管理を行う権利と同時に義務も負担しなければならないのです（区分所有法６条ほか）。

　本項では、マンションの法律関係を理解するうえで基本となる「区分所有権」「専有部分」「共用部分」などについて説明します。

2　区分所有権

　１棟の建物の内部が数個の部分に区分されていて、その区分された建物部分が、①構造上他の部分と区分されていて（構造上の独立性）、かつ、②独立して住居、店舗、事務所または倉庫その他の建物として利用できるもの（利用上の独立性）であるとき、その建物を区分所有建物といいます。そして、

この構造上、利用上の独立性を有する建物部分（専有部分）が、独立した所有権の目的となります（区分所有法1条、2条3項）。

　この専有部分に対する所有権のことを、区分所有権といいます（区分所有法2条1項）。

　区分所有者とは、区分所有権を有している人のことをいいます（区分所有法2条2項）。

　では、普通の所有権と区分所有権はどこが違うのでしょうか。

　所有権は、自由に物の使用、収益および処分をすることのできる権利（民法206条）をいいます。所有権のように物に対する権利（物権）は、物に対する全面的排他的支配権という性質をもっています。全面的排他的支配権という性質上、1個の物には1個の物権しか成立しないのが原則です（一物一権主義の原則）。区分所有権は、この一物一権主義の例外となります。区分所有法が、1棟の建物に複数の所有権（区分所有権）が成立することを認めたのです。

　このようにマンションは、1棟の建物を複数の独立した所有者が共同で所有し合う関係ですので、権利者相互の調整が必要となります。区分所有者が排他的支配権をもつのは専有部分に限りますし、排他的支配権といえども、その使用・管理・収益にあたっては、①共同の利益に反する行為をしてはならない（区分所有法6条）、②管理規約や集会決議による制限を受ける（同法30条）などの制約を受けることになります。

3　専有部分

(1)　専有部分の定義

　前述のとおり、1棟の建物の内部が数個の部分に区分されていて、その区分された建物部分が、①構造上の独立性、②利用上の独立性を有するものであるときは、その建物部分のことを、専有部分といい、独立の建物として区分所有権の対象となります（区分所有法1条、2条1項）。この区分所有権の対象となる建物部分のことを専有部分といいます（同法2条3項）。

(2)　専有部分に対する権利

　区分所有者は、専有部分の使用・収益については、自由にできます（排他的支配権）。ただし、共同の利益に反する使用はできないこと（区分所有法6条1項）や、管理規約や総会決議により合理的な限度で制限されることがあります（同法30条1項）。たとえば、専有部分のリフォームについては、管理組合への届出を必要とし、その工法や材質等についても、管理規約や細則により制限することができます（マンション維持管理支援・専門家ネットワーク編『Q＆Aマンションリフォームのツボ』参照）。

　専有部分の管理は、各区分所有者が各自の責任と負担で行うのが原則です。また、区分所有者は、専有部分を自由に処分することができます。

4　共用部分

(1)　共用部分の定義および専有部分との区別

　区分所有法2条4項は、共用部分とは、「専有部分以外の建物の部分、専有部分に属しない建物の附属物及び第4条第2項の規定により共用部分とされた附属の建物」と定義します。

(A)　専有部分以外の建物の部分

　専有部分以外の建物の部分とは、たとえば、数個の専有部分に通ずる廊下または階段室、その他構造上区分所有者の全員またはその一部の共用に供される建物の部分のことをいいます。これらはすべて共用部分であり、規約によっても専有部分とすることはできません（法定共用部分。区分所有法4条1項）。

　構造上区分所有者の共用に供する建物部分とは、構造上または利用上独立性を有しないということ（区分所有法1条の専有部分の反対解釈）を意味します。例としては、上記の廊下や階段室のほかに、エレベーター室、エレベーターホール、共同の玄関、玄関ホール、ベランダ、バルコニー、建物の軀体部分（基礎、隔壁、支柱、床スラブ、屋根、屋上、外壁）などは、共用部分とされるのが一般です（標準管理規約8条、別表第2・1）。ただし、ベランダ、バ

ルコニーは、共用部分であるとした最高裁判決（最高裁昭和50年4月10日判決（判時779号62頁））がありますが、下級審では、専有部分としたものもあります（東京地裁平成4年9月22日判決（判時1468号111頁））。

(B)　建物の附属物

　建物の附属物とは、建物に附属し、構造上・利用上その建物と不可分の関係にあるものと一般には定義をされます。たとえば、エレベーター設備、電気設備、給排水管設備、ガス管設備、ケーブルテレビ設備、インターネット通信設備、火災警報設備、オートロック設備、避雷設備、集合郵便受けなどをいいます。

　区分所有法2条4項は、「専有部分に属しない建物の附属物」は共用部分としていますが、附属物が専有部分となるか共用部分となるかについて、区分所有法の規定からは必ずしも明確ではありません。学説上も、附属する建物部分が専有部分のときは、その附属物も専有部分となり、共用部分の附属物が共用部分となるとする説、配管や配線設備については、①本管共用部分、枝管専有部分説、②専有部分の内部にある枝管のみ専有部分、その他が共用部分とする説、③共用部分説等々、見解がさまざまに分かれています。

　標準管理規約は、上記に揚げた附属物はすべて共用部分とし、給水管については、本管から各住戸メーターを含む部分まで、雑排水管および汚水管については、配管継手および縦管までが共用部分としています（標準管理規約8条、別表2・2）。争いを避けるために、管理規約等で明確に定めておくことが望ましいでしょう。

　〔表1〕は、専有部分と共用部分の区別についての一般的な取扱いをまとめたものです。参考にしてください。

　ただし、管理規約において共用部分と定めたからといって、それにより、建物の附属物が当然に共用部分となるものではないことに注意しなければなりません。後述のとおり、規約により共用部分とされる部分（規約共用部分）は、あくまでも「建物の部分及び附属の建物」のみであって（区分所有法4条2項）、建物の附属物は含まれていないからです。建物の附属物の設置場所や、その

〔表1〕　共用部分・専有部分の一覧表

法定共用部分			専有部分	
共同で維持管理する部分		専用使用部分※	規約共用部分※	区分所有者が所有する専有部分
・共用玄関ホール ・共用廊下 ・共用階段 ・共用エレベーターホール ・共用エレベーター室 ・電気室 ・機械室 ・パイプスペース ・メーターボックス（給湯機等の設備を除く） ・内外壁（軀体部） ・界壁（隣戸間の壁） ・床スラブ ・基礎部分 ・バルコニー ・ベランダ ・屋上テラス ・塔屋 ・車庫等 ・専有部分に属さない「建物の部分」	・共用エレベーター設備 ・電気設備※ ・給排水衛生設備※ ・ガス配管設備※ ・避雷設備 ・インターネット等通信設備 ・ケーブルテレビ設備 ・オートロック設備 ・火災警報設備 ・宅配ボックス ・集合郵便受箱 ・配線・配管 ・その他専有部分に属さない「建物の附属物」 ※給水管・ガス管・電気配線については、本管から各住戸メーターを含む部分 ※雑排水管および汚水管については、配管継手および縦管 ※機器については「個人が所有する専有部分」の機器は除く	・バルコニー ・ベランダ ・玄関扉 ・窓枠・窓ガラス ・1階に面する庭 ・屋上テラス ・シャッター ・店舗前面敷地など ※個人が独占的に使用できる部分	・管理事務室 ・管理用倉庫 ・集会室およびそれらの附属物 ※住民全体で共用するために管理規約で共用部分であることを規定した部分	・住戸の室内の空間およびそこに属するもの（軀体部分は表層も含め共用部分）

　管理方法など具体的な事情によって、専有部分か共用部分かが決まるといえます。標準管理規約の定めも、あくまでも目安にすぎないものとして理解してください。

　この点は、東京地裁平成29年12月20日判決（D1-Law28260813）が明確に述

べています。この事案は、管理規約において「専有部分の専用に供される設備のうち共用部分内にある部分以外のものは、専有部分とする」と規定されているマンションの事案ですが、メーター室内に設置されたガス管のうち、メーターから先の部分につき「ガス管が共用部分に当たるかどうかは、（略）その設置場所のみならず、その構造に照らして判断すべきものである上、区分所有法上、規約により共用部分とすることができるのは区分所有法１条に規定する建物の部分及び附属の建物に限られ（区分所有法４条２項）、建物の附属物を規約により共用部分とすることはできないから、同規約は、共用部分に当たるかどうかについての判断においては法的には意味がな」い、としました。

　給水管を例に考えてみましょう。標準管理規約では「本管から各住戸メーターを含む部分」を共用部分としています。この内容に沿った管理規約を定めているマンションであっても、たとえば、メーターから先の給水管がコンクリートスラブ内に埋め込まれていたらどうでしょうか。このような場合、各区分所有者が単独で当該箇所を管理・修繕・交換することはできません（コンクリートスラブを破壊する必要があるからです）。このような場合は、メーターから先の部分も法定共用部分と判断するしかないのです（後記(D)(b)最高裁判例参照）。

　(C)　規約共用部分

　専有部分となりうる建物の部分および附属の建物は、「規約により共用部分とすること」ができます（区分所有法４条２項）。これを規約共用部分といいます。たとえば、マンション内の１室を集会室や管理人室に使う場合や管理倉庫などを規約により共用部分とすることができます。ただし、共用部分の登記をしないと、第三者には対抗できないことに注意が必要です。

　(D)　専有部分と共用部分の区別に関する判例

　　(a)　共用設備が設置されている車庫・倉庫

　①共用設備が設置されている車庫、②共用設備が設置されている倉庫が、専有部分かどうかが問題となった事件があります（①につき最高裁昭和56年6

月18日判決（判時1009号58頁）、②につき最高裁昭和56年6月18日判決（判時1009号63頁））。この2つの事件は、同じマンションについて争われ、同日に判決がされたもので、当事者も共通です。

　最高裁判所は、「1棟の建物のうち構造上他の部分と区分され、それ自体として独立の建物としての用途に供することができるような外形を有する建物部分であるが、そのうちの一部に他の区分所有者らの共用に供される設備が設置され、このような共用設備の設置場所としての意味ないし機能を一部帯有しているようなものであっても、右の共用設備が当該建物部分の小部分を占めるにとどまり、その余の部分をもって独立の建物の場合と実質的に異なるところのない態様の排他的使用に供することができ、かつ、他の区分所有者らによる右共用設備の利用、管理によって右の排他的利用に格別の制限ないし障害を生ずることがなく、反面、かかる使用によって共用設備の保存及び他の区分所有者らによる利用に影響を及ぼすこともない場合」には、専有部分として区分所有権の目的となりうると判断しました。

　この判断は、「構造上の独立性」については、建物の構成部分である隔壁、階層等により独立した物的支配に適する程度に他の部分と遮断され、その範囲が明確であることで足り、必ずしも周囲すべてが完全に遮断されていることまで必要ではないことを明らかにし（①事件）、また、「利用上の独立性」については、共用設備が設置されているかどうかやその共用設備の操作や維持・管理に必要な部分であるかどうかといった形式的な面にのみ着目するのではなく、共用設備が占める部分がどのくらいか（大部分を占めるのか、一部分にとどまると評価できるのか）、共用設備の利用や管理によって当該部分の排他的利用に制限や障害があるかどうか、排他的利用により共用設備の保存や利用に影響が及ぶといえるかどうか、といった側面を実質的に判断したうえで、専有部分該当性を判断したものです。

　このほか、天井に配線や排水管が取り付けられ、床下に浄化層や受水槽があり、床面にはこれらを清掃するための地下に通じるマンホールや排水ポンプの予備ポンプが設定されている車庫についても、上記の要件をあてはめて、

専有部分であるとした最高裁判決があります（最高裁昭和56年7月17日判決（民集35巻5号977頁・判時1018号72頁））。

　専有部分と共用部分の区別に関する一般的な判断基準自体は妥当といえますが、専有部分とした結論については、疑問もあります。

　　(b)　排水管

　階下の天井裏空間を通っている排水管からの漏水事故の責任が問われた事案で、最高裁判所は、階下の天井裏の空間部分は階下の「専有部分」としながらも、「本件排水管は、その構造及び設置場所に照らし、建物の区分所有等に関する法律第2条4項にいう専有部分に属しない建物の附属物に当たり、かつ、区分所有者全員の共用部分に当たると解するのが相当」と判断しました（最高裁平成12年3月21日判決（集民197号703頁・判時1715号20頁））。当該の排水管と建物全体の関係に着目して、排水管本管との一体的管理の必要性、枝管の安全性を維持することは建物区分所有者全員の利害にかかわるなどの共同維持管理の必要性や便宜を判断要素としています。結論的には妥当な判決といえます。「建物の附属物」が、専有部分なのか共用部分なのかの区別について、先例となる指針と思われます。

　　(2)　共用部分に対する権利

　共用部分については、規約で特別の定めをしない限り、区分所有者全員の共有となります（区分所有法11条1項・2項）。共有とは、一物一権主義の原則の範囲内で1つの物を複数人が互いに持分に応じて所有する関係をいいます。マンションの共有持分の割合は、原則として、専有部分の床面積の割合によります（同法14条1項）。

　区分所有者は、共有関係にある共用部分を使用するにあたり、「その用方に従って使用」することができます（区分所有法13条）。「用方に従って使用」するとは、たとえば、共用廊下は、通行のために使用できるだけで、物置場に使用してはならないというように、その物の通常の使用方法に従うという意味です。

　共同の利益に反する使用ができないことは専有部分と同様です（区分所有

13

法6条）。そのほかにも、規約や総会決議により、規約共用部分のみならず法定共用部分についても使用方法が定められることがありますので、それに従うことも必要です。

　共用部分についての管理は管理組合が担当し（区分所有法3条）、その費用は持分に応じて各区分所有者全員が負担します（同法19条）。共用部分の変更や管理に関する事項は、総会決議で決します（同法17条、18条）。

　共用部分の持分だけを専有部分と切り離して処分することはできません（区分所有法15条1項・2項）。

(3)　専用使用権

(A)　意　義

　専用使用権とは、建物の共用部分または敷地を特定の区分所有者または第三者が排他的に使用する権利をいいます。典型的な例は、ベランダ・バルコニー、駐車場です。ほかにも、建物の屋上に広告塔などを建てる場合や、1階部分の敷地の専用庭などの例もあります。

(B)　法的性質

　専用使用権の法的性質については、以下のとおり①②で説が分かれていましたが、後述のとおり、平成10年の最高裁判決が出されたことにより、現在は、敷地駐車場を第三者に使用させる場合などを除いては、③説が一応多数説となっています。

① 　物権的利用権説　　マンション分譲業者や元地主らが、物権的利用権を留保していることを前提に、この留保した物権的利用権を分譲時に特定の区分所有者または第三者に譲渡するものと構成する説（大阪高裁昭和55年4月25日判決（判時979号66頁））。

　　この説に対しては、専用使用部分については管理組合の拘束力が及ばないことになり不都合であること、物権法定主義（民法175条）や混同の法理（同法179条）と矛盾するなどの批判があります。

② 　債権的利用権説　　専用使用権は、敷地や建物共用部分の共有者（区分所有者）全員の団体である管理組合と特定の区分所有者または第三者

の（賃貸借契約類似の）債権的な利用権設定契約により成立するという説（大阪高裁昭和55年7月9日判決（判時987号53頁））。

　この説に対しては、管理組合でたとえば、専用使用料や存続期間等について変更決議をしても、それだけでは、利用者を拘束できない（利用者の承諾が必要）という不都合があるとの批判があります。

③　共有物管理説　　専用使用権の設定を、管理組合の共用部分に関する管理の一形態としてとらえ、利用者が区分所有者である場合は団体の意思決定に拘束されるとする説。

標準管理規約14条「バルコニー等の専用使用権」の規定は、共有物管理説を前提としているように読めます。

　以下に述べるとおり、最高裁判所は、この共有物管理説に立つといわれています。

(C)　駐車場専用使用権

　かつては、分譲時に分譲業者が、区分所有者の共有である敷地上の駐車場に専用使用権を設定して、これを特定の者に「分譲」して対価を取得するなどの例が多くみられました。これは、①分譲業者が区分所有者の共有の敷地上の専用駐車場の対価を取得することが許されるのか（二重の利益を得ることにならないか）、②分譲を受けた者と受けない者に不公平がないか、③管理組合が、管理規約を変更して、駐車場利用料を有償化や値上げをすることは「特別の影響」にあたるかなどの紛争を招くこととなりました。

　このため、旧建設省は昭和54年と55年に通達を出し、取引の形態としては好ましくないので、原則としてこのような方法は避けること、マンションの分譲を行う際に、分譲業者等は、専用使用権の設定およびその内容について売買契約書および重要事項説明書で十分な説明をし、管理規約（案）に明記すること、専用使用権から生じる収益については区分所有者の共有財産に帰属させるなどの指導を業界に対して行いました。また、昭和55年には、同様の趣旨から宅地建物取引業法の改正がなされて同法35条1項5号の2（説明義務・書面交付義務。現行法では同項6号）が追加されました。

　しかし、この問題について最高裁判所は、このような分譲形態も、公序良俗には違反せず有効（最高裁昭和56年1月30日判決（判時996号56頁））であるとし、さらに、管理組合が分譲業者に対して、駐車場分譲代金の引渡しを求めて争った裁判では、「売買契約書の記載によれば、分譲業者である上告人は、営利の目的に基づき、自己の利益のために専用使用権を分譲し、その対価を受領したものであって、専用使用権の分譲を受けた区分所有者もこれと同様の認識を有していたものと解されるから、右対価は、売買契約書に基づく専用使用権分譲契約における合意の内容に従って上告人（分譲業者）に帰属する」として、原判決を破棄自判しました（最高裁平成10年10月22日判決（民集52巻7号1555頁・判時1663号47頁））。

　また、特定の区分所有者らが分譲業者より駐車場を分譲されていたケースで、管理組合が後に規約を改正して駐車場利用料を増額することができるか否かが争われた事案で、最高裁平成10年10月30日判決（民集52巻7号1604頁・判時1663号56頁）は、「専用使用権は、区分所有者全員の共有に属するマンション敷地の使用に関する権利であるから、これが分譲された後は、管理組合と組合員たる専用使用権者との関係においては、法の規定の下で、規約及び集会決議による団体的規制に服すべきものであり、管理組合である被上告人は、法の定める手続要件に従い、規約又は集会決議をもって、専用使用権者の承諾を得ることなく使用料を増額することができる」としました。共有物管理説の立場に立つことを最高裁判所が明らかにしたものと解されています。

　以上のとおり、最高裁判所は、分譲業者が分譲時に行う利用者との駐車場専用使用権契約は自己の利益のためにする契約であり有効（対価は分譲業者に帰属）であるが、分譲後は、専用使用関係は、団体的規制に服するとしています。これに対し、前者の平成10年10月22日判決については批判があり、なぜ分譲後に突然団体的規制に服するのかが法的に説明がつかないとされています。

　(D)　実務的対応

　以上のとおり、最高裁判決には課題が残されていますが、そうであるとし

ても、専用使用権の設定は、専有部分の分譲時の売買契約等において各区分
所有者の全員の合意のもとになされたものといえるとき、あるいは、区分所
有関係（管理組合）の成立後に、規約または総会決議によってなされた場合
には有効とするのが実務の対応です。

　利用者が区分所有者である場合は、分譲後（区分所有関係成立後）は、専用
使用権は、共用部分の管理のルールに服することとなります。その内容（存
続期間、対価、使用に関する制約、譲渡性、解約方法等々）については、規約な
いし細則で定められているのが一般であり、それが望ましい対応といえます
（標準管理規約14条、15条参照）。

　駐車場利用者が、区分所有者以外の第三者の場合は、管理組合と第三者で
締結する駐車場利用契約（賃貸借契約）となります。

(4)　一部共用部分

　一部の区分所有者のみの使用に供する共用部分を一部共用部分といいます
（区分所有法11条1項ただし書）。一部共用部分か全体共用部分かの判断につい
て、裁判所は以下のように述べています。

　「（11条1項ただし書）の趣旨は、元来、各区分所有者ないしその専有部分
と共用部分との関係は、位置関係、使用度、必要性等さまざまであるが、こ
れら関係の濃淡、態様を細かに権利関係に反映させることは困難であり、相
当でもなく、むしろ、建物全体の保全、全区分所有者の利益の増進、法律関
係の複雑化の防止等のため、ある共用部分が構造上機能上特に一部区分所有
者のみの共用に供されるべきことが明白な場合に限ってこれを一部共用部分
とし、それ以外の場合は全体共用部分として扱うことを相当とする」ことに
あるとして、1階の玄関ホール、階段室、エレベーター、非常用階段、管理
人室は、1階店舗所有者の専有部分と完全に分離されたものではなく、同人
の専有部分の使用に必要不可欠の部分であって、構造上機能上一部区分所有
者のみの共用に供されることが明白だとはいえないから全体共用部分である
としました（東京高裁昭和59年11月29日判決（判時1139号44頁））。

5　建物の敷地

(1)　定　義

　区分所有法は、「建物が所在する土地」を「建物の敷地」と定義します（区分所有法2条5項）。これを法定敷地といいます。法定敷地の範囲は、1筆の土地の単位で決まります。したがって、1筆の土地の一部に建物が存在する場合では、1筆の土地全体が法定敷地となります。建物が、数筆の土地にまたがっているときは、その数筆の土地全部が法定敷地となります。

　法定敷地以外の土地で、建物および法定敷地と一体として管理または使用する庭や通路その他の土地を、規約により、建物の敷地とすることができます（区分所有法5条1項）。これを規約敷地といいます。

(2)　敷地利用権

　専有部分を所有するための建物の敷地に関する権利を、敷地利用権といいます（区分所有法2条6項）。敷地利用権となりうる権利は、所有権に限らず、地上権、賃借権、使用借権などの権利も含まれます。敷地利用権は、区分所有者全員で、共有（所有権の場合）もしくは準共有（所有権以外の権利の場合）しているのが一般ですが、専有部分ごとに敷地を区画して1筆として、各自が所有権などの権利を単独で有している場合もあります。

　建物の敷地が、区分所有者の共有であるときは、共用部分についての変更・管理、負担と利益収受の各規定（区分所有法17条～19条）が準用されます（同法21条）。

　また、法定敷地利用権は、専有部分と切り離して処分することは原則としてできません（区分所有法22条1項）。

Ⅳ　管理組合

1　マンション管理の仕組みと管理組合

　区分所有法3条は、「区分所有者は、全員で、建物並びにその敷地及び附

属施設の管理を行うための団体を構成し、この法律の定めるところにより、集会を開き、規約を定め、及び管理者を置くことができる」として、マンションに関する管理の基本を規定しています。

　区分所有者全員で構成される、マンションの建物並びにその敷地およびその附属施設の管理を行う団体のことを、「管理組合」といいます（マンション管理適正化法2条3号）。マンションの区分所有者が2人以上になって区分所有関係が成立すれば、設立総会などを経ずして法律上当然にマンションを管理するための団体（管理組合）が成立し、区分所有者は当然にその構成員（組合員）となると解されています。

　区分所有法は、このように区分所有者全員で構成される団体が、集会を開き、規約を定め、管理者を定めるなどして建物等の管理を行うこと（団体自治による管理）をマンション管理の基本としました。団体自治の基本は、多数決原則です。団体の構成員（区分所有者）は、団体的拘束（多数決の原則）に従うことが原則となります。

　管理組合の機関として区分所有法が規定するのは、集会（区分所有法34条以下ほか）と管理者（同法25条以下ほか）です。

　集会は、区分所有者の団体の最高意思決定機関です。また、区分所有者は、集会で管理者を選任または解任することができます（区分所有法25条1項）。管理者は、共用部分並びに建物の敷地、附属施設を保存し、集会の決議を実行し、規約で定めた行為を行う権限および義務を有し（同法26条1項）、これらの職務に関して区分所有者を代理する者（同条2項）で、区分所有者の団体の執行機関にあたります。

　区分所有法が定めているのは、このように集会と管理者のみですが、管理規約により理事、理事長、理事会、監事などの機関を定め、理事長は、区分所有法に定める管理者と規定するのが一般的です。理事や理事長、監事の選任・解任方法、資格、任期、権利義務等は管理規約で定めます。これらの機関の運営、職務権限等については、次章で解説します。

2　管理者管理制度と管理組合制度

　わが国においては、昭和58年の区分所有法改正以前から、任意に管理組合を結成してマンションの管理にあたる例が一般でした。昭和58年改正法（3条の新設）は、この管理組合制度を認知したものといわれていますが、法文上は、管理組合も理事長も理事会も規定されていません。このため、わが国では、理事、理事長、理事会、監事などの管理組合の組織（機関）については、管理規約で定めるのが普通であり、標準管理規約もそのように規定されています。

　元々区分所有法の予定していた管理者管理制度は、わが国においてはほとんど普及をみていません。

　ドイツの管理者制度は、原始規約などによって管理者が固定されていることと相まって、管理者の地位と権限（固有の権限）は非常に強いとされています（丸山英氣「ドイツのマンション法」マンション学創刊号11頁）。また、フランスでは、管理組合制度と管理者制度が併存するようですが、管理者は必ず置かなくてはならず、職業的管理者となるための資格は、学歴、養成機関、保証金等に大変厳しい要件が課されているようです（藤本佳子「諸外国のマンション管理の実態」同33頁以下）。

　わが国において管理者制度が普及をみず、管理組合制度が一般化した理由としては、諸外国と比べて管理者の資質や社会的地位を担保する社会的整備がなかったこと、分譲業者や管理会社が作成する原始規約（案）の不備や不平等に対して、区分所有者が管理組合を自主的に結成し裁判を起こすなどしてこれを是正していく動きが全国的に広がっていったこと、建設省（当時）が、管理組合の整備に向けて動いたことなどがあげられます。

3　管理組合の目的

(1)　区分所有法3条
　管理組合の目的について、区分所有法3条は、「建物並びにその敷地及び

附属施設の管理」であると規定しています。ここでいう「管理」について、本条の改正にかかわった改正担当者によれば、「最広義におけるそれ」であり、「本法において区分所有者の団体的意思決定に服すべきものとされる対象事項を広く包摂する」とされています（濱崎恭生『建物区分所有法の改正』114頁以下）。また、同書においては「『管理』自体ではなくても、それに附随し又は附帯する事項は、その目的の範囲内である」としています（同書115頁）。

　以上のように、管理組合がなしうることは、かなり広いものと考えられています（もっとも、後記のとおり、管理組合の権限には限界もありますので、何でもできるというわけではありません）。

　標準管理規約が平成28年に改正されましたが、改正後の6条は、管理組合に関する規定につき、「区分所有法第3条に定める建物並びにその敷地及び附属施設の管理を行うための団体として」との記載を追加しました。これは、標準管理規約において、管理組合とは、区分所有法3条に定める団体であることを明らかにすることを目的としたものと考えられます。

(2)　コミュニティ形成

(A)　総　説

　マンションには居住者がおり、適切なコミュニティを形成することは、防災や防犯など、さまざまな場面で有効と考えられます。この点、マンション管理適正化指針においては、居住者間のコミュニティ形成がマンションを適切に管理するために必要な管理組合の業務であるとされています。

　平成16年改正の標準管理規約は、管理費の使途に関して、「地域コミュニティにも配慮した居住者間のコミュニティ形成に関する費用」に充当するとされ（旧27条10号）、管理組合の業務として「地域コミュニティにも配慮した居住者間のコミュニティ形成」が規定されていました（旧32条15号。いわゆるコミュニティ条項）。

　しかし、平成28年の標準管理規約改正により、コミュニティ条項が削除されました。これは、管理組合は財産管理団体であるという性質からコミュニティ形成が資産維持向上につながらないという点や、コミュニティ形成と

いう文言のあいまいさから紛争が起こらないようにするという背景により改正がなされたとされています。なお、改正により具体的に管理組合ができることを変更したわけではないと説明されています。

(B)　管理費とコミュニティ形成

(a)　問題の所在

管理組合は、「建物並びにその敷地及び附属施設の管理を行うための団体」という性質を有しています（区分所有法3条）。そのため、管理組合がコミュニティ形成のための活動を行うことが、この「管理」を目的とするものかどうか、すなわち、コミュニティ形成のための活動がどこまで管理組合の目的の範囲内にあるのかが問題となります。

(b)　裁判例の紹介

裁判例において争われた事例は、もっぱら自治会費に関するものですので、以下、管理組合が自治会費を徴収することについて否定・肯定それぞれの裁判例を紹介いたします。

管理組合が自治会費やそれに類する費用の徴収を決議したことにつき、無効であると判断した事例として、東京簡裁平成19年8月7日判決（裁判所ウェブサイト）や東京高裁平成19年9月20日判決（ウエストロージャパン2007WLJPCA09206008）があります。これらの裁判例は、管理組合の目的の範囲を、共有財産の管理に関する事項としてとらえ、自治会費の徴収、支出はその範囲外であると判断しています。

他方、このような費用の徴収を認めた事例としては、東京地裁平成23年12月27日判決（ウエストロージャパン2001WLJPCA12276009）およびその控訴審である東京高裁平成24年5月24日判決（ウエストロージャパン2012WLJPCA05246009）があります。

東京高裁判決は、地域住民で組織する任意団体である町内会と良好な関係を形成し、本件管理組合の構成員にとって地域と調和のとれた環境を作り出すための活動をすることが、管理組合の規約において管理組合の業務として定められていることを前提に、目的の範囲を限定的に解することなく、その

ための費用を管理費から支出することを認めたものです。

　(c)　「管理」に関する立法者の考え方

　管理組合の目的たる「管理」について、立法担当者は、「この場合の『管理』とは最広義におけるそれであり、18条1項、30条1項又は民法252条等で用いられる『管理』より広い概念である」とし、また、「『管理』自体ではなくても、それに附随し又は附帯する事項は、その目的の範囲内である」と述べ、管理組合の目的をかなり広範に解しています。そして、「レクリエーション等の共同の行事等については、建物の構造、取引通念その他社会通念に従い、建物の使用のため区分所有者が全員で共同してこれを行うことの必要性、相当性に応じて判断すべき」であると述べています。もっとも、任意参加のレクリエーション行事のようなものは、一般的には、目的の範囲外というべきであると述べています（以上、濱崎恭生『建物区分所有法の改正』114頁〜116頁）。

　このように、立法者としては、コミュニティ形成のための支出全般を否定しているわけではなさそうですが、その範囲には限定があると考えているようです。

　(d)　実務的にどう対応すべきか

　(ア)　管理組合で話し合う

　まず、標準管理規約は、各管理組合において、どのような管理規約を策定すべきかがわからない場合にあくまで参考にするという国土交通省が策定する標準的な管理規約です。ですので、標準管理規約が改正されたからといって、それに従わないことが違法である、あるいは標準管理規約に準拠していない管理規約が無効ということではありません。

　また、コミュニティ形成について区分所有法上、明確にどこまでができて、どこからができないかという点が示されていないのです。そうすると、そもそも、自分のマンションの管理規約をどうするのかをしっかりと話し合う必要があるでしょう。

　コミュニティ形成自体は、マンション生活における環境整備や防犯、防災、円滑な意思決定などという効果があるともいえますので、標準管理規約から

コミュニティ条項が削除されたことを過度に重視して、コミュニティ活動を過剰に避けることになってしまうことは、かえって適切なマンション管理に支障を生じさせる可能性もあると考えられます。

　　(イ)　コミュニティ形成のためにどの程度のことができるのか

　コミュニティ形成のためにどの程度のことができるかについては、上記のように明確な指針はありません。マンションの形態や区分所有者の数、周辺の環境その他の状況により、個別に検討していく必要があると思われます。

　たとえば、マンション内の避難訓練などとあわせて懇親を図るためにバーベキューなどをしたり、夏祭りを開くことなど、コミュニティ形成の態様は極めて幅広いのですが、住民に定着している行事や多数の賛同が得られているものについては、認められるのではないでしょうか。

　ところで、自治会に係る支出について、平成28年標準管理規約改正でも否定的なコメントがされています。確かに、自治会は任意加入団体であることから、自治会への加入を強制することはできません。しかし、自治会とのかかわりということもマンション内外のコミュニティ形成の観点から有用ともいえ、上記のとおり、自治会費の支出が争われた事案において、これを有効とした事例もあるところです。

　管理組合として自治会とどのようにかかわるかという点については、コミュニティ形成のためとはいえ、特に慎重な検討が必要と考えられます。ですので、それぞれについて必要性（参加者が多いかどうか、防災や防犯など標準管理規約が認める管理費の使途との関連性の有無など）や金額をしっかりと検討する必要があるでしょう。そのうえで、総会において事業計画や予算などとして決議をとることが重要と考えられます。

4　管理組合の法的性質

　管理組合という団体は、法人化しない限りは基本的に権利義務の主体とはならないのですが、「団体としての組織をそなえ、そこには多数決の原則が行なわれ、構成員の変更にもかかわらず団体そのものが存続し、しかしてそ

の組織によって代表の方法、総会の運営、財産の管理その他団体としての主要な点が確定しているもの」については、権利能力なき社団として（最高裁昭和39年10月15日判決（民集18巻8号1671頁））、管理組合が団体として、取引や訴訟を提起したりすることができるとされています。

　管理規約を備え、総会を開いて意思決定をしているような管理組合であれば権利能力なき社団となると考えられます。

5　管理組合の権限の範囲と限界

(1)　総　説

　管理組合は、マンションの区分所有者で構成される団体です。この団体は、「建物並びにその敷地及び附属施設の管理を行うための団体」（区分所有法3条）であり、その内部規範である規約において「建物又はその敷地若しくは附属施設の管理又は使用に関する区分所有者相互間の事項」（同法30条）について定めることができます。

　もっとも、建物等の管理や区分所有者相互間の事項であればどのようなことでも管理規約で定めたり総会（集会）で決議したりできるわけではありません。

　この点について一般的な基準を示すことは難しいのですが、考え方としては「多数決という団体的拘束を及ぼすにふさわしい内容かどうか」という考え方が参考になるでしょう。

　以下、管理組合の権限の範囲が問題となった裁判例を中心に検討します。

(2)　共用部分と専有部分の配管・設備の一体改修

　給排水管など、共用部分と専有部分が一体となっている設備について、一体として管理組合が点検・修繕・交換工事などの管理を行う管理組合もあるでしょう。このような設備について一体として管理をすることは、経済的・社会的合理性が認められるところです。ただ、検討しなければならない点はあります。

　まず、専有部分について管理組合が何らかの権限を及ぼすことができるの

かについては、区分所有法が区分所有者の団体について「建物並びにその敷地及び附属施設の管理」をすること（同法3条）、規約事項として「建物又はその敷地若しくは附属施設の管理又は使用に関する区分所有者相互間の事項」が認められること（同法30条1項）から、共用部分の管理と関連づけて専有部分に管理組合の管理権限を及ぼすことが一概に否定されるものではないでしょう。

　一方で、費用負担の側面は別途考慮が必要です。この点は、標準管理規約21条2項が「専有部分である設備のうち共用部分と構造上一体となった部分の管理を共用部分の管理と一体として行う必要があるときは、管理組合がこれを行うことができる」と定めていますが、費用負担について標準管理規約は各区分所有者が負担するという原則は維持しています。基本的にはこのように考えるべきところですが、費用負担が難しい区分所有者が存在することや、その場合に全体的な管理からはずれてしまう設備が出た場合の弊害などは無視できません。規約によって、管理組合がこのような場合に費用を負担することを認めることもあるでしょう。ただし、あくまでも管理組合全体で議論し、明確なルールを設ける必要があることは留意すべきです。

　さらには、たとえば、先行して自己負担にて同様の設備交換工事を実施した区分所有者がいる場合の措置も考える必要があります。区分所有法は、規約で定める内容について、「区分所有者間の利害の衡平が図られるように定めなければならない」としており（同法30条3項）、このことは、管理組合が実施する修繕工事等の場合も同様でしょう。

　この問題については、給排水管や浴室設備等について共用部分と専有部分にまたがって一体的に交換工事を実施したマンションに関する裁判例があります。裁判所は、一体工事の必要性を認め、先行工事実施者への補償措置も十分である等の理由から、管理組合の措置が認められました（東京高裁平成29年3月15日判決（D1-Law28260826））。

　裁判所の判断のポイントは、①一体工事の必要性、②管理規約の定め（「共用部分の管理上影響を及ぼす部分」について管理組合に管理権限を認め、費用も負

担するという内容の管理規約が定められていたこと）、③先行工事実施者への補
償措置ということになります。ただし、この事案における管理規約の定めが
あいまいな規定ぶりであることは否めないですし、また、先行工事実施者へ
の代償措置が十分であったかどうかも疑問が残るところです。したがって、
一体工事が認められるかの判断に際しては、上記のポイントに留意しながら
も、区分所有者全体で十分に議論することが必要です。徒にこの裁判例を一
般化して、共用部分と一体となっている専有部分について、管理組合が管理
権限を行使し、その費用も負担することが認められると考えることは避ける
べきでしょう。

（3）　マンションにおける権利の帰属および行使（共用部分について生じ た損害賠償請求権）

　上述のとおり、マンションにおいては専有部分（区分所有者の所有に属する
部分）と共用部分（区分所有者全員の共有に属する部分）があることによる制約
もあります。

　たとえば、共用部分である外壁タイルに浮きや剥離があるような場合には、
請負契約上の契約不適合責任や不法行為を理由とした損害賠償請求権が発生
します。この場合、共用部分が区分所有者全員の共有となるため、そこから
発生する損害賠償請求権は、各区分所有者に帰属することとされています。
区分所有法26条2項は、共用部分等について生じた損害賠償金等の請求や
受領を管理者の権限とし、同条4項では、規約または集会の決議により、そ
の職務（上記を含む）に関し、区分所有者のために原告または被告となること
ができるとしています。

　管理組合は、区分所有者に総有的に帰属する権利（たとえば、管理費の請求
権など）を行使することはできます。

　しかし、上記のとおり、共用部分から生じる損害賠償請求権などは、区分
所有者に総有的に帰属する権利ではありません。そのため、管理組合として
はその権利を行使することはできず、管理者など別の形で対応しなければな
らないと考えられています。

この点については、第4章Ⅴも参照してください。

(4)　高圧一括受電方式への変更決議の効力

最高裁平成31年3月5日判決（判タ1462号20頁）があります。この事案は、それまで各区分所有者が電力会社との間で個別の電力供給契約（個別契約）を締結し、共用部分である設備を通じて各専有部分に電力の供給を受けていたところ、電気料金削減を目的に、管理組合が電力供給会社との間で高圧電力の供給契約（高圧一括受電契約）を結び、各区分所有者は管理組合と専有部分で使用する電力の供給を受けるための契約を結ぶという方式に切り替えようとしたものです。この方式を実現するためには個別契約の解約が必要であり、管理組合は管理規約の変更や細則の制定によりこれを各区分所有者に義務づけました。最高裁判所は、この義務づけについて、①専有部分の電力について誰と供給契約を結ぶかは専有部分の使用に関する事項であり共用部分の変更・管理に該当しない、②区分所有者相互間の事項にあたるかについては、他の区分所有者による専有部分の使用に影響を及ぼしたり、共用部分の適正な管理が妨げられたりという事情もない、として、管理組合が団体的な拘束を及ぼすことができる事項ではない、と判断しました。

この事案は、管理組合が、自治的規範（管理規約）や団体的意思決定（総会決議）を通して、その構成員である区分所有者に対して拘束を及ぼしうる内容に関して、一定の歯止めをかけたものと評価できるでしょう。

6　管理組合の法人化

管理組合法人となるためには、総会で区分所有者および議決権数の各4分の3以上の賛成多数の特別決議が必要になります。総会決議では、法人となること、その名称および事務所を定め、登記することで成立します。区分所有法は、第6節で、管理組合法人の成立、組織（理事、監事）、事務の執行、解散などについて規定しています。

管理組合が法人格を取得するメリットとしては、以下の点があります。

①　法人として権利義務の主体となることで、法律関係が明確になる。

②　団体財産と個人財産との区別が明確になる。

③　法人名義の登記が可能になる。

Ⅴ　管理規約

1　管理規約とは

マンションは、1棟の建物を複数の独立した所有者が共同で所有し合う関係ですので、構造上必然的に専有部分以外の建物部分、敷地、附属施設などを共同で管理しなければなりません。また、専有部分についても時には使用・収益について権利者相互の調整が必要となります。マンションライフが互いに快適で気持ちよく過ごせるように、共同の財産を権利者全員で適切に管理して、その財産的な価値を維持していくために、マンションの建物等の管理および使用について区分所有者全員が従うべき根本規範（ルール）を定めることが必要となります。

この建物およびその敷地、附属施設の管理または使用に関する区分所有者相互間の根本規範（ルール）のことを管理規約（規約）といいます（区分所有法3条、30条1項）。

管理規約の設定・変更・廃止は、区分所有者および議決権の各4分の3以上の多数による集会の決議によります（区分所有法31条1項）

2　管理規約で定めることのできる事項

区分所有法は、「建物又はその敷地若しくは附属施設の管理又は使用に関する区分所有者相互間の事項は、この法律に定めるもののほか、規約で定めることができる」（同法30条1項）と規定しています。

管理規約で定めることのできる事項は、①建物・敷地・附属施設の管理または使用に関する事項で、②区分所有法が規約で定めることを認めている事項ということになります。このうち、②は、区分所有法自体が明文により規約で定めることを認めている場合と、区分所有法には定めがない事項でも、

規約で定めることを法が禁止していないと解される事項の2つがあります。

3　区分所有法と管理規約の関係

(1)　強行規定

区分所有法の規定に中には、それと異なる規約や集会の決議を無効とする規定があります。これを強行規定といいます。

たとえば、物権である区分所有権に関する事項および区分所有関係に関する基本事項（区分所有法1条、2条、3条、6条〜10条、12条、13条、15条）や、規約、集会に関する基本事項（同法30条〜33条、36条、40条、42条〜46条）、義務違反者に対する措置（同法57条〜60条）、建替えや復旧に関する規定（同法62条〜64条ほか）などは、強行規定です。

(2)　任意規定

区分所有法が、規約や集会で法と異なる定めをすることを認めている規定があります。これを任意規定といいます。この中には、必ず規約で定めることを要するか、規約に別段の定めがないときに限り、集会決議で定めることのできる規定（たとえば、区分所有法25条1項）があり、これを絶対的規約事項といいます。規約以外に集会決議で定めることのできるものを相対的規約事項といいます。相対的規約事項は、法文上「規約若しくは集会の決議」と規定されています。

4　管理規約を定める際の準則

上記のとおり、区分所有法は、マンション管理に関する基本的事項を規定し、その一部を強行規定としていますが、その他については広く区分所有者の団体自治に委ねています。ただし、管理規約（集会決議も同様）を定めるにあたって、次に述べる準則（ルール）に従うことが必要です。

(1)　区分所有者間の利害の衡平

規約は、専有部分もしくは共用部分または建物の敷地もしくは附属施設につき、「形状、面積、位置関係、使用目的及び利用状況並びに区分所有者が

支払った対価その他の事情を総合的に考慮して、区分所有者間の利害の衡平が図られるように」定めなくてはなりません（区分所有法30条3項）。「衡平」は難しい用語ですが、「公平」と同義です。

　この規定に違反する規約や集会決議は無効です。各区分所有者は、管理者（理事長）を被告として、当該規定（集会決議）の無効確認の訴えを提起することができます。

　区分所有法30条3項は、平成14年改正により新設されました。昭和50年代頃までは、分譲時に分譲業者等が規約案を作成し、購入者の合意を順次取り付けることにより、区分所有者全員の書面による決議（区分所有法45条）があったものとして規約を設定することが行われていました。これらの原始規約の一部には、分譲業者や関連会社、等価交換方式により建設されたマンションの元地主等に対して、駐車場の無償専用使用権を認めたり、管理費等の負担を有利に定めたりするなどの不公平なケースがあったことから、しばしば紛争となり、裁判でも争われました。

　そこで、区分所有法は、規約の衡平性を判断する考慮要素を列挙して、規約の衡平が図られるように本条を設けました。

　どのような場合に規約が衡平を欠き無効とされるかは、個別的な事情によって判断する以外にはなく、今後の裁判例の集積が待たれるところです。

(2)　特別の影響

　規約の設定、変更、廃止が、一部の区分所有者の権利に特別の影響を及ぼすときは、その承認が必要です（区分所有法31条1項）。

　昭和58年改正により、それまで全員の合意が必要とされていた規約の設定・変更・廃止が、特別多数決でできることとなりました。前述のとおり、区分所有法はマンションの管理を多数決原則に基づく団体自治に委ねています。しかし、多数決原則といえども、少数者の権利を不当に侵害することは許されません。このため、区分所有法は、多数決原則にも限界があることを定め、一部の区分所有者の権利に特別の影響を及ぼすときは、その者の承認が必要としました。

　この規定に反する規約（集会決議）は、無効となります。特別の影響を受ける区分所有者は、管理者（理事長）を被告として、当該規約（集会決議）の無効確認訴訟を提起することができます。

　どのような場合が、「一部の区分所有者の権利に」「特別の影響」を及ぼす場合かについては、第2章Ⅱ6で解説します。

5　標準管理規約

　前述のとおり、昭和50年代頃までは、分譲会社や系列の管理会社があらかじめ管理規約案を作成して、分譲の際に書面により購入者の承諾をとって規約（原始規約）とする例が多く、その内容が分譲会社やその関連の管理会社、元地主等を優遇し、衡平を欠くなどの問題がありました。また、管理会社がそれぞれ独自に管理規約案を作成して使用していたため、統一性もなく内容も不十分なものが多いという問題もありました。

　こうした事情を受けて、昭和57年5月に、建設大臣から関係業界団体に対して、管理規約を定める際には「中高層共同住宅標準管理規約」を指針として活用するように、とする通達が出されました。

　昭和58年5月には区分所有法の大改正があり、それに伴い、標準管理規約も改正されて、同年10月「中高層共同住宅標準管理規約（改訂版）」と「同コメント」として、関係業界団体等に通達が出されました。

　平成9年2月には、長期修繕計画の管理規約上の位置づけなどの改正とともに、従来の標準管理規約を単棟型の標準管理規約とし、団地型、複合用途型の標準管理規約が新たに作成され、関係業界団体等に通達が出されました。

　さらに、前述のとおり、平成12年12月には、マンション管理適正化法が制定され、平成14年12月には区分所有法が改正されたことに伴い、平成16年1月に標準管理規約が改正されました。この改正で、マンション管理適正化法により「マンション」の定義が定められたことに対応し、標準管理規約の名称が、「中高層共同住宅標準管理規約」から「マンション標準管理規約」に変更されました。また、マンション管理適正化法に基づくマンション管理

適正化指針に従い、専門家の活用の規定（標準管理規約34条）が新設されました。さらに、地域のコミュニティにも配慮して居住者間のコミュニティ形成を図ることが管理組合の業務の１つとして明記されました（平成16年改正標準管理規約32条15号）。

　平成23年の標準管理規約の改正では、役員のなり手不足等の課題に対応するために、役員の資格要件のうち、マンションに現に居住していることという要件が撤廃されました。また、理事会の決議事項や、総会における議決権の取扱いについて、区分所有者による出席によらない総会の運営方法である書面による議決権行使（議決権行使書および委任状）の取扱いのルールが明確化されました。さらに、標準管理規約の位置づけを明確にするために、マンションの規模、居住形態等各マンションの個別の事情を考慮して、必要に応じて、合理的に標準管理規約を修正し活用することが望ましい旨がコメントに記載されました。

　平成28年の改正では、「マンション標準管理規約」およびこれの解説である「マンション標準管理規約コメント」の一部が改正され、外部専門家の活用、管理費等の滞納に対する措置、暴力団等の排除規定、災害時の管理組合の意思決定、管理状況などの情報開示に関する規定を整備、コミュニティ条項の削除、専有部分の修繕等についての規定とコメントが追加されました。平成29年には、団地型の標準管理規約について、敷地売却制度の導入（平成26年建替え等円滑化法改正）に伴い、関係の規定とコメントが改正されています。

　なお、標準管理規約はあくまでも参考であり、そのとおりに定めなければならないというものではありません。各章でも必要に応じて触れますので、参考にしてください。

第②章

管理組合の組織と運営

I　理事・理事会・理事長

1　管理組合の役員

　区分所有法には、理事、理事会、理事長、監事などの定めがありません。したがって、これら役員の選任・解任方法や職務権限等はすべて規約で定めることとなります。以下では、一般的な管理規約の定めに沿って説明します。

　理事は、総会で決定した事項や管理規約で定められた業務を執行する役員であり機関です。理事は総会で選任され、複数の理事で理事会を構成します。理事会は、総会の意思決定のもと、理事長が具体的業務を執行するにあたっての意思決定機関をいいます。理事長は、対外的には管理組合を代表し、対内的には総会や理事会の決議を受けて管理組合の業務を執行する機関です（標準管理規約35条、38条、40条、51条参照）。前述のとおり、区分所有法は、理事長に相当する機関として管理者を規定しています（同法25条以下）。混乱を避けるために、管理規約で理事長を管理者と定める例が一般です（標準管理規約38条2項参照）。

　理事の中に副理事長や会計担当理事のポストを置く管理組合も多いようです。副理事長は理事長を補佐し、理事長に事故があるときは、その職務を代理し、理事長が欠けたときは、その職務を行います。会計担当理事は、管理費等の収納、保管、運用、支出等の会計業務を行います。

　区分所有法25条1項は、「区分所有者は、規約に別段の定めがない限り集会の決議によつて、管理者を選任し、又は解任することができる」としています。これまでは、理事長（＝管理者として）、副理事長、会計担当理事は、理事の互選により定めるとする管理規約がおかれていることが一般的でした。平成28年標準管理規約改正で、「理事長、副理事長及び会計担当理事は、理事のうちから、理事会で選任する」（標準管理規約35条3項）となりました。

　なお、「理事長は、理事の互選により選任する」という定めはあるものの、解任については管理規約で定めていないマンションで、理事会決議により理

事長を解任したことの当否が問題とされた事案において、控訴審判決は、「役員の選任と解任とは明確に区別されていることは明らかであるから、……規約上、一旦選任された役員を理事会決議で解任することは予定されていない」ので、当該理事会決議は無効としました（福岡高裁平成28年10月4日判決（民集71巻10号2585頁））。これに対して、最高裁判所は、「本件規約は、……理事は、組合員のうちから総会で選任し……、その互選により理事長を選任する……としている。これは、理事長を理事が就く役職の1つとして位置付けた上、総会で選任された理事に対し、原則として、その互選により理事長の職に就く者を定めることを委ねるものと解される。そうすると、このような定めは、理事の互選により選任された理事長について理事の過半数の一致により理事長の職を解き、別の理事を理事長に定めることも総会で選任された理事に委ねる趣旨と解するのが、本件規約を定めた区分所有者の合理的意思に合致するというべきである」として、理事の互選により選任された理事長につき、本規約に基づいて、「理事の過半数の一致により理事長の職を解くことができると解するのが相当である」としました（最高裁平成29年12月18日判決（民集71巻10号2546頁・判時2371号40頁））。最高裁判所の判断は以上のとおりですが、念のため、管理規約で「理事長……は、理事のうちから、理事会で選任又は解任する」と規定しておくとよいでしょう。

　監事は、管理組合の業務の執行（理事会や理事長の業務執行）および財産の状況（管理組合の財産状況）を監査し、その結果を総会に報告する義務があります（標準管理規約41条1項）。また、管理組合の業務の執行および財産の状況について不正があると認めるときは、臨時総会を招集することができます（同条3項）。監事は、総会で選任されます。

　平成28年の標準管理規約改正で、後述の外部の専門家も役員に就任することが可能となりました（標準管理規約35条）。これにあわせて、役員の欠格条項（同36条の2）、利益相反取引防止条項（同37条の2）が新設され、役員の誠実義務（同37条1項）のコメント改正や、理事長の理事会への報告義務（同38条4項）、理事の監事への報告義務（同40条2項）、監事の理事会への出席

37

と意見陳述義務（同41条4項）、理事会の職務として理事の職務の執行の監督を明記（同51条2項2号）するなど、役員の責任の強化が図られています。

2　外部専門家役員

　従来の標準管理規約は、理事長、理事および監事について、区分所有者に限定していました（なお、平成23年標準管理規約改正前は、当該のマンションに居住していることも役員の資格要件とされていましたが、同改正により居住要件はなくなりました）。平成28年の標準管理規約改正で、「組合員以外の者から理事又は監事を選任する場合の選任方法については細則で定める」（標準管理規約35条4項）が追加され、外部者の役員就任が可能となりました。

　外部専門家の役員就任を許容した理由として国土交通省は、近年の「マンションの高経年化の進行等による管理の困難化やマンションの高層化・大規模化等による管理の高度化・複雑化」（標準管理規約コメント全般関係③）、「区分所有者の高齢化等に伴い、役員のなり手不足等の問題に直面する」（「パブリックコメントにおける主な意見の概要とこれらに対する国土交通省の考え方」）をあげています。

　しかし、本来、自分たちの財産であり生活空間であるマンションは、区分所有者自身が自ら主体的に管理するというのが、本則です。判断に困るような専門的な事項は、弁護士や建築士、マンション管理士、税理士など各分野の専門家に相談して援助を受けることもできます（専門家の活用については、本章Ⅳを参照してください）。

　外部専門家による管理制度の導入を議論する以前に、まずは区分所有者自らが主体的にマンションの管理にかかわる意識をもつこと、および区分所有者が管理組合の運営に参加しやすい仕組みや環境を工夫することが先決ではないでしょうか。

　外部専門家に管理を任せなくてはならないマンションとは、たとえば、ほとんどの所有者が投資用に購入したマンションや、相続の発生その他の理由により空き室が多いマンション、あるいは管理費等が集まらずに財政的に破

綻しているような管理不全マンションのように、例外的な場合に限られると思われます。

3　理事会の業務と決議事項

　管理組合の理事会は、理事により構成されます（標準管理規約51条1項）。監事も理事会に出席して意見を述べることができますが、監事は、理事会の構成員ではないため、決議には参加できません。なお、平成28年の標準管理規約改正で、それまで監事が理事会に出席して意見を述べることが「できる」とされていたのを、「必要があるときは、意見を述べなければならない」と義務規定に変更となりました（同41条4項）。監事による監査機能を強化するためと国土交通省は説明しています。

　理事会の業務内容も管理規約で定めます。標準管理規約では、理事会は、次に掲げる職務を行うとしています（標準管理規約51条2項。平成28年改正で②③が追加されました）。

① 　規約もしくは使用細則等または総会決議により理事会の権限として定められた業務執行の決定

② 　理事の職務の執行の監督

③ 　理事長、副理事長および会計担当理事の選任

　このうち①が、理事会の本体的な業務となります。理事は、総会の意思決定や管理規約のもとに管理組合の日常的な業務を行うことができますが、以下にあげるような重要な業務については、理事会の決議または承認を経てから執行するとするのが一般です（標準管理規約54条参照）。

① 　収支決算案、事業報告案、収支予算案および事業計画案の決議

② 　規約および使用細則等の制定、変更または廃止に関する案の決議

③ 　長期修繕計画の作成または変更に関する案の決議

④ 　その他の総会提出議案の決議

⑤ 　専有部分の修繕等、バルコニー等の保存行為、窓ガラス等の改良工事の承認または不承認

⑥ 会計年度の開始後、次期の収支予算案が総会の承認を得るまでの間、経費の支出が必要となった場合の承認または不承認

⑦ 管理費等の滞納者に対し、請求に関する訴訟その他法的措置の追行

⑧ 区分所有者等が、共同生活の秩序を乱す行為を行ったとき、その是正のため必要な勧告または指示の決議

⑨ 総会から付託された事項

⑩ 災害等により総会の開催が困難である場合における応急的な修繕工事の実施等の決議

⑪ 標準管理規約には規定がありませんが、理事会が区分所有者（組合員）名簿などの作成により個人情報を取得する場合、個人情報の保護・管理に関する業務も、管理組合（から付託された理事会）が行うことになります。

4　理事会の運営

理事会の招集その他の運営手続についても、管理規約で定めます。

理事会の招集権限は理事長にあるとされ、一定の場合には、理事が理事会の招集を理事長に対して求めることができるとされているのが一般です（標準管理規約52条1項・2項参照）。

理事会は、理事の半数以上の出席で成立し、その議事は出席理事の過半数で決するとする例が一般です（標準管理規約53条参照）。

理事は管理組合との関係では、委任関係にあり、管理者（理事長）と同様に、職務を執行するにあたって善良なる管理者の注意義務を負います（民法644条）。このような地位にある理事は、必ず本人が理事会に出席して議決権を行使すべきであるとの見解もあります。しかし、それぞれ仕事や家庭の事情のある中で役員を引き受けている者が多いことから、柔軟な運用を図る必要がある場合も否めません。

包括的な行為の代理を他人に委任することは許されるかが争われた事案で、最高裁判所は、「複数の理事を置くか否か……の方法については、法は、これを自治的規範である規約に委ねているものと解するのが相当である」、

そして、規約によって「理事会における出席及び議決権の行使について代理
の可否、その要件及び被選任者の範囲を定めることも、可能というべき」と
して、問題となった規約が「理事に事故がある場合に限定して、被選任者の
範囲を理事の配偶者又は一親等の親族に限って」理事会への出席を認めるも
のであるから、適法であると認めました（最高裁平成2年11月26日判決（民集
44巻8号1137頁・判時1367号24頁））。

　これは、リゾートマンションの管理組合法人に関する判断ですが、一般の
マンションでも同様に考えることができます。なお、「理事に事故がある場
合に限定して、被選任者の範囲を理事の配偶者又は一親等の親族に限って」
ないと規約が違法になるというわけではありません。理事の理事会への代理
出席や書面による決議の可否や要件を規約で明確にしておくことが望ましい
でしょう。

5　議事録等の閲覧・謄写への対応

(1)　はじめに

　マンションの管理をするにあたって、管理組合は、管理規約、総会や理事
会の議事録、会計帳簿その他さまざまな書類を作成し、管理しています。

　区分所有者としては、これらの書類を確認したいと考えることがあります。
他方、すべての書類を自由に閲覧し、また謄写できるとなると、管理組合の
負担が大きくなり、また、プライバシーなどから不適当な情報まで開示され
てしまうおそれがあります。

　そのため、これらの書類の閲覧や謄写への対応が問題になります。

(2)　区分所有法、標準管理規約の規定

　区分所有法では、規約につき33条2項が「利害関係人の請求があつたとき
は、正当な理由がある場合を除いて、規約の閲覧（規約が電磁的記録で作成さ
れているときは、当該電磁的記録に記録された情報の内容を法務省令で定める方
法により表示したものの当該規約の保管場所における閲覧）を拒んではならない」
と規定し、総会議事録について42条5項がこれを準用しています。会計帳

41

簿等についての規定や、各書類の謄写に関する規定はありません。

標準管理規約では、議事録につき49条3項が「組合員又は利害関係人の書面による請求があったときは、議事録の閲覧をさせなければならない。この場合において、閲覧につき、相当の日時、場所等を指定することができる」とし、50条4項が理事会の議事録について49条3項を準用しています。また、64条1項が会計帳簿、什器備品台帳、組合員名簿およびその他の帳票類、同条2項が長期修繕計画書、設計図書および修繕等の履歴情報につき、それぞれ、「組合員又は利害関係人の理由を付した書面による請求があったときは、これらを閲覧させなければならない。この場合において、閲覧につき、相当の日時、場所等を指定することができる」と規定しています。また、管理規約の原本についても、72条4項、5項が同様の規定をおいています。他方、謄写に関する規定はありません。

このように、区分所有法では、規約と総会議事録の閲覧に関する規定のみが存在しており、多くは管理規約での規定が予定されています。管理規約に閲覧や謄写の規定がないマンションにおいて、区分所有者が、これらの閲覧や謄写を求めた場合、管理組合はどのように対応すればよいでしょうか。

(3)　裁判例

以下、裁判例をご紹介します。

① 　東京高裁平成23年9月15日判決（判タ1375号223頁）

　　本判決は、閲覧と謄写の違いを踏まえ、閲覧が許される場合に当然に謄写も許されるということはできず、謄写請求権が認められるか否かは、当該規約が謄写請求権を認めているか否かによるものとしました（この事案では、謄写の規定がないため、結論として謄写は認めませんでした）。

② 　大阪高裁平成28年12月9日判決（判タ1439号103頁）

　　上記①判決に反し、本判決は、管理規約に謄写の規定がないマンションにおいて、会計帳簿の閲覧のみならず、謄写（写真撮影によるもの）も認めました。

　　この判決は、被告は管理組合として権利能力なき社団にあたるところ、

マンション管理組合と区分所有者とは委任の関係にあるといえるので、委任の規定を適用することができること、マンション管理適正化指針において、管理組合の情報開示などの必要性が示されていることを踏まえ、管理組合には民法645条により報告義務があるといえるとしました。また、法人内部の関係については一般社団法人及び一般財団法人に関する法律が類推適用されるところ、同法では、計算書類や資料に関する閲覧謄写請求権が規定されている点も指摘し、結論として、謄写請求まで認めました。

③　東京地裁平成29年10月26日判決（判タ1450号196頁）

　この事案は、組合員名簿の閲覧の規定があるマンションにおいて、区分所有者の閲覧請求が認められるかが争われた事案です。

　被告となった管理組合は、区分所有者が閲覧請求をすることが権利濫用であること、個人情報保護法の観点から電話番号等の閲覧は否定されるべきであることを主張しました。

　判決では、閲覧の理由が区分所有者による総会招集権行使を目的としたものであると認定したうえで、かかる権利行使は重要であるから閲覧制限は慎重に判断されるべきであるとして、電話番号や勤務先その他の記載のある組合員名簿について、全部の閲覧を認めました。

(4)　管理組合としての対応

閲覧謄写については最高裁判決はいまだ出されていません。しかし、以上のように、管理規約に謄写の規定がない場合であっても謄写が認められる判決が出されていることからすれば、管理規約に規定がないから拒否できるとはならないでしょう。

他方、濫用的に何度も閲覧謄写を求めたり、閲覧等の対象がプライバシー性の高い情報であるなど、閲覧等に供することが望ましくないことがある場合、自由な閲覧謄写を認めることは、適切な管理組合運営の妨げにもなりかねません。

そこで、管理規約に閲覧だけではなく、謄写についての規定も設け、どう

43

いった場合に謄写が認められる、あるいは認められないか、閲覧謄写の対象からはずされるべき情報がないかなどを規定しておくことが望ましいでしょう。その場合の注意点としては、名簿や帳簿類の閲覧・謄写請求の理由が正当な権利行使目的といえるかのチェックであり、とりわけ、次項で述べる個人情報保護との関係では、注意が必要です。

6　個人情報保護と管理組合

(1)　管理組合も個人情報取扱事業者に

個人情報保護法が定める「個人情報」とは、「生存する個人に関する情報であって」、「当該情報に含まれる氏名、生年月日その他の記述等……により特定の個人を識別することができるもの（他の情報と容易に照合することができ、それにより特定の個人を識別することができることとなるものを含む）」や、「個人識別符号が含まれるもの」をいいます（同法2条1項参照）。

このような個人情報を取り扱う事業者を個人情報取扱事業者といい、個人情報保護法が定める各種義務が課されています。平成27年改正前は、取り扱う個人情報の数が5000件を超えない小規模の事業者は個人情報取扱事業者から除外されていましたが、平成27年改正によりこの除外規定が撤廃された（平成29年5月30日施行）ことから、管理組合にも個人情報保護法が適用されることとなりました。

(2)　個人情報取扱事業者の義務

個人情報保護法は、以下のとおり、個人情報取扱事業者の義務を定めています。これらの義務のうち一部について、義務に違反した場合は、個人情報保護委員会により、違反行為の中止その他違反を是正するための必要な措置をとるべき旨の勧告（同法42条1項）、勧告内容の命令（同条2項）、中止命令（同条3項）がなされ、命令に従わないときは罰則が規定されています（同法84条）。

①　利用目的による制限（同法15条、16条）

②　適正な取得（同法17条）

③　正確性の確保（同法19条）

④　安全性の確保（同法20条〜22条）

⑤　第三者利用の制限（同法23条）

⑥　透明性の確保（同法18条、27条〜32条）

⑦　苦情の適正な処理（同法35条）

(3)　管理組合が取り扱う個人情報と留意事項

　管理組合が、取り扱うと思われる個人情報の内容例は、〔表2〕のとおりです。管理規約・細則で、管理組合としての個人情報の保護・管理に関する規定を設けることが望ましいでしょう。以下、個人情報の取扱いに際して、特に留意すべき事項を記します。

(A)　名簿の作成と利用目的の特定

　標準管理規約では、理事長は組合員名簿の作成や保管、閲覧について義務を負います（標準管理規約64条）。

　組合員名簿は、管理費・修繕積立金の徴収、総会の招集通知の発送先の把握、総会における議決権の所在の把握等のために作成されます。居住者名簿は、マンションにおけるコミュニティ活動や災害時における対応などを目的としています。総会における議決権行使について、組合員の住戸に同居する親族につき議決権の代理行使を認めている組合（標準管理規約46条5項2号）もあるでしょう。そうした場合には、居住者名簿が権限の確認の基礎資料となります。

　名簿を作成するためには区分所有者（組合員）から個人情報について届出をしてもらわなければなりません。個人情報の取得にあたっては、利用目的を特定し、本人に通知または公表することが必要です（個人情報保護法15条、18条）。すでに取得した個人情報を他の目的で利用したいときは、本人の同意を得なければなりません（同法16条1項）。ただし、①法令に基づく場合、②人の生命、身体または財産の保護のために必要があって、本人の同意を得ることが困難であるときなどは、例外が許されます（同条3項）。

　また、個人情報の取得方法は適正であることが求められますが（個人情報保護法17条）、管理組合が作成する名簿は、本人の申告に基づくものですので、

45

〔表2〕　管理組合が取り扱うと思われる個人情報の内容例

標準管理規約の規定	取扱情報（帳票名称等）
15条（駐車場の使用）	駐車場賃貸借使用契約書
	駐車場使用者名簿
	使用車両届出一覧
17条（専有部分の修繕等）	専有部分修繕等工事申請書
	専有部分修繕等工事承認書
	立入検査・調査実施記録
18条（使用細則）（ペット飼育細則）	ペット飼育許可申請書
	ペット飼育許可書
	ペット飼育会名簿
19条（専有部分の貸与）	規約遵守に関する誓約書
22条（窓ガラス等の改良）	窓ガラス等改良工事申請書
	窓ガラス等改良工事承認書
23条（必要箇所への立入り）	専有部分立入請求書
	専有部分立入承諾書または拒否回答書
	専有部分立入実施に関する記録
	専有部分立入りによる原状復帰に関する記録
25条（管理費等）	管理費・修繕積立金等住戸別金額一覧
	管理費・修繕積立金等滞納状況表
	督促経過記録および関連書類一式
31条（届出義務）	組合員名簿
	組合員資格取得・喪失届出書
34条（専門的知識を有する者の活用）	弁護士相談記録
35条（役員）	理事会役員名簿
37条（役員の誠実義務等）	活動経費・報酬の支払いに関する記録
38条（理事長）	職員雇用にかかわる書類一式
45条（出席資格）	占有者（利害関係人）総会出席届
46条（議決権）	出席表
	委任状
	議決権行使書
	代理権を証する書面

49条（議事録の作成、保管等）	総会議事録
	総会議事録閲覧請求書
53条（理事会の会議及び議事）	理事会議事録
	理事会議事録閲覧請求書
55条（専門委員会の設置）	専門委員会委員名簿
60条（管理費等の徴収）	管理費・修繕積立金等住戸別金額一覧
	管理費・修繕積立金等滞納状況表
	督促経過記録および関連書類一式
	組合員預金口座一覧
	法的措置追行記録
64条（帳票類等の作成、保管）	組合員名簿
	組合員名簿閲覧請求書
	（入居者名簿）
67条（理事長の勧告及び指示等）	勧告書・指示書・警告書
	法的措置追行記録
72条（規約原本等）	規約原本等閲覧請求書
その他	自治会・同好会等の会員名簿等

※1　これらは、管理組合が取り扱っている「個人情報」が含まれる帳票等の一例です。

※2　帳票名称は参考です。書類の作成・整備、要不要については、各管理組合の事情によりご検討ください。

（一般社団法人マンション管理業協会『マンション管理業における個人情報保護ガイドライン（平成26年6月改訂）』94頁〜95頁をもとに作成。ただし、個人情報保護法の平成27年改正に伴い、ガイドラインは廃止になっています）

問題ありません。

(B)　保管時の注意事項（安全管理措置）

個人情報保護法20条は、「個人情報取扱事業者は、その取り扱う個人データの漏えい、滅失又はき損の防止その他の個人データの安全管理のために必要かつ適切な措置を講じなければならない」と規定しています。

個人情報取扱事業者の義務の中でも基本となる重要な規定です。具体的には、①紙の名簿は鍵のかかる引出し、金庫等で保管する、②パソコン上のデー

47

タは、パスワードを設定し、ウイルス対策を施すなどです。また、個人情報の管理を管理会社などに委託する場合には、個人データの安全管理が図られるよう、委託先への必要かつ適切な監督が必要となります（個人情報保護法22条）。管理会社との間で名簿の取扱いに関する厳格なルールを定めたり、フロントマンからの誓約書を徴求したりすることも必要でしょう。

　(C)　第三者への提供

　個人情報を第三者に提供する場合は、原則として、あらかじめ本人の同意を得ることが必要です。ただし、①法令に基づく場合、②人の生命、身体または財産の保護のために必要があって、本人の同意を得ることが困難であるときなどには、例外が認められています（個人情報保護法23条１項）。なお、管理会社へ委託する場合は、第三者提供にはあたりませんが、前述のとおり、必要かつ適切な監督を行わなければなりません。

　管理組合が、区分所有者（組合員）へ名簿などの個人情報を提供するこは、個人情報の第三者提供にあたります。しかし、区分所有者（組合員）が、名簿等の閲覧謄写を請求する理由は、たとえば総会招集通知の発送などのためであることが普通であり、そのような場合に管理組合が名簿を開示することを、個人情報取得の際にあらかじめ本人から同意を得ている場合は、あらためて同意を得る必要はありません。このように、名簿の閲覧・謄写については、個人情報保護法上の管理組合の義務と密接に関連しますので、閲覧・謄写の目的や得た情報を目的外で使用しないこと、とりわけ、本人の同意なく第三者に提供しないこと、次に述べる要配慮個人情報は、原則として閲覧・謄写を禁止し、法の例外要件を満たす場合には認めるなどの規定を置くことが考えられます。

　(4)　要配慮個人情報──災害に備えて

　平成27年改正で、「要配慮個人情報」という概念が加わりました。要配慮個人情報とは、「本人の人種、信条、社会的身分、病歴、犯罪の経歴、犯罪により害を被った事実その他本人に対する不当な差別、偏見その他の不利益が生じないようにその取扱いに特に配慮を要するものとして政令で定める記

述等が含まれる個人情報」（個人情報保護法2条3項）を指します。この要配慮個人情報については、あらかじめ本人の同意なく取得することは認められませんが（同法17条2項）、「人の生命、身体又は財産の保護のために必要がある場合であって、本人の同意を得ることが困難であるとき」は、本人の同意がなくても取得できます。

　平成23年3月に発生した東日本大震災のときにも問題になりましたが、マンションにおいて身体障がいや病気などのために自分の力だけで救助を求めたり避難したりすることが困難な人については、管理組合としても常日頃から「どこの居室にどのような人が住んでいるのか」、「どのような助けが必要なのか」を把握しておくことが、人命の救助やマンション全体の防災の観点からも有意義です。

　ただ、このような必要性・意義は認められるとしても、当事者にとってはやはりデリケートな情報であるということは否定できません。そのため、災害対応のために情報を提供することには応じられても、他の情報と同様に開示の対象になるということは望まない人もいるでしょう。そのような観点からは、まず、情報取得の段階で「何のためにこのような情報を求めるのか」ということを明確にして対象者の理解を得ると同時に、名簿について、たとえば「要支援者名簿」といったような形式で、通常の区分所有者（組合員）名簿や居住者名簿と別にすることで、区分所有法や管理規約に基づいた開示請求の対象とならないようにする工夫も必要でしょう。

7　理事長ほか役員の義務

(1)　善良な管理者の注意義務

　理事長（理事・監事も同様）は、民法の委任の規定が準用され、その職務を行うにあたっては、善良な管理者の注意義務を負います（区分所有法28条、民法644条）。

　善良な管理者の注意義務（善管注意義務）とは、行為者の属する職業や社会的地位に応じて通常期待される程度の抽象的な注意義務をいいます。理事・

49

理事長などの役員がマンション管理についての素人である場合は世間的な常識に従って、専門家である場合は専門家として当然に要求される注意力をもって、誠実に職務を行うことが要求されます。

(2)　法定されている管理者（理事長）の具体的な義務

区分所有法は、管理者（理事長）の具体的な義務として、以下のものを規定しています。

① 　規約の保管義務・利害関係人の請求により閲覧に供する義務（同法33条1項・2項）

② 　総会の招集義務（同法34条2項）

③ 　議事録の作成義務（同法42条。ただし、法文上は議長の義務）

④ 　総会における報告義務（同法43条）

(3)　標準管理規約

平成28年の標準管理規約改正で、外部の専門家も役員に就任することが可能となりました（標準管理規約35条）が、これにあわせて、役員の欠格条項（同36条の2）、利益相反取引防止条項（同37条の2）、理事長の理事会への報告義務（同38条4項）、理事の監事への報告義務（同40条2項）、監事の理事会への出席と意見陳述義務（同41条4項）、理事会による理事の監督（同51条2項2号）など、役員の義務と責任の強化が図られています。

8　理事長（役員）の職務執行の監督

(1)　総会による監督

区分所有法は、①管理者（理事長）は、集会において、毎年1回一定の時期に、その事務に関する報告をしなければならない（同法43条）と規定し、②集会により、管理者（理事長）を解任することができる（同法25条1項）と定めています。このように、区分所有法は、基本的には、集会（総会）による監督を通じて、管理者（理事長）その他役員の職務が適正になされることを確保することを予定しています。管理組合の運営は、区分所有者（組合員）全員による団体自治が基本であり、1人ひとりの区分所有者（組合員）もそ

の自覚をもって臨むべきで、役員にすべてお任せにして、総会にも出席しないという態度では、マンションの管理はうまくいきません。

(2) 区分所有者による管理者（理事長）の解任請求

管理者に不正な行為その他その職務を行うに適しない事情があるときは、各区分所有者は、その解任を裁判所に請求することができます（区分所有法25条2項）。ただし、裁判で解任が認められるケースはかなり限定されています。「不正な行為」とは、その義務違反により「区分所有者の全員または一部に損害を被らせる故意による行為（過失による義務違反が除かれます）」をいい、犯罪行為またはそれに準じるようなケースに限られるでしょう。また、「職務を行うに適しない事情」とは、「その職務の遂行に直接または間接に影響を及ぼす重大な事実」をいい、厳格に解釈されています。未分譲部分の区分所有者である分譲業者管理者（理事長）の地位にある者が、管理費の支払義務がないとして管理費を支払わなかったケースで、「職務を行うに適しない事情」があるとして解任請求が認められた例（東京地裁平成2年10月26日判決（判時1393号102頁））、長年にわたり管理費・修繕積立金等の財産を個人口座で管理し、会計報告についても不備が多かったリゾートマンションの理事長の解任が認められた例（東京地裁平成30年2月27日判決）がありますが、解任請求が否定された例としては、東京地裁平成15年11月26日判決、同平成17年2月23日判決、同平成19年6月8日判決、同平成28年1月19日判決ほか多数に上ります。

解任請求訴訟は、単独の区分所有者が提訴することが可能なことから、気にいらない理事長に対して解任請求訴訟を起こすような濫訴を防止する必要もあり、理事長・役員の解任は、まずは理事会決議や総会決議によってするのが法の予定するところであって、解任請求裁判は、それが不可能・困難な場合等の例外的な場合に限られると考えるべきでしょう。

(3) 理事会による監督

平成28年の標準管理規約改正で、理事会に、理事の業務執行の監督義務があることが規定されました（標準管理規約51条2項2号）。理事会は、総会

の意思決定や管理規約のもと、管理組合の日常的な業務執行を決定する機関であり、理事長、副理事長、会計担当理事は、理事の互選により決まり（平成28年改正前標準管理規約）、または、理事会が選任し（平成28年改正後標準管理規約）、前述したとおり、理事会の多数決で理事長を解職することもできるというのが最高裁判所の判断（最高裁平成29年12月18日判決）ですので、これまでも、理事会の合議によって理事長その他の理事の業務執行の監督が行われてきたといえます。

9　理事長等役員の責任

(1)　損害賠償義務

(A)　債務不履行責任

理事（長）が職務を行うにあたり、区分所有法に規定する個別的な義務に違反し、または、善良な管理者の注意義務に違反して、区分所有者全員またはその一部に損害を与えたときは、理事長は、損害賠償義務を負います（民法415条）。

(B)　不法行為責任

理事（長）が、故意・過失に基づく不法行為により、区分所有者全員またはその一部に損害を与えたときは理事長は損害賠償義務を負います（民法709条）。

(2)　罰　則

区分所有法71条は、理事長・理事等の一定の義務規定のうち特に重要なものについては、その違反につき20万円以下の過料に処すと定めて、履行の確保を図っています。過料とは、刑罰としての罰金・科料と区別される金銭罰をいい、刑罰ではないので刑事訴訟法の適用はなく、「前科」となるものでもありません。過料についての手続は、非訟事件手続法の第5編（同法119条〜122条）に規定されています。過料の裁判に対しては即時抗告ができます（同法120条3項）。管理組合法人の登記義務違反や清算に関する義務違反を除き、実際の適用例は多くないと思われます。

(3) 理事長等の損害賠償義務に関する裁判例

　会計担当理事の長年にわたる管理費等の着服横領につき、理事長、副理事長、会計監査役員の責任が争われた事案で、裁判所は、以下のとおり、会計監査役員と理事長の善管注意義務違反を認め、副理事長については、義務違反を認めませんでした（東京地裁平成27年3月30日判決（判時2274号57頁））。

　会計監査役員は、会計担当理事が作成した「収支決算報告書を確認・点検し、会計業務が適正に行われていることを確認すべき義務があった」にもかかわらず、「偽造された残高証明書を安易に信用し、（会計担当理事）が保管しており、その確認が容易である本件預金口座の預金通帳によって残高を確認しようとしなかった」ことは、会計監査役員として善管注意義務違反があったとしました。また、理事長については、区分所有者（組合員）に対して、「収支決算報告をすべき最終的な責任者であることに照らすと、（会計担当理事）が作成した収支決算報告書を確認・点検して適正に行われていることを確認すべき義務があった」として、「定期総会の直前に（会計担当理事）から簡単な説明を受けるのみであって、本件預金口座の通帳の残高を確認することなく、また、会計監査役員……に対し、本件預金口座の通帳を確認するなどの適正な監査をすべき指示を出したり、（会計監査役員）が適正な監査をしているかを確認したりすることもな」かったのは、善管注意義務に違反するとしました。

　そのうえで、裁判所は、理事長、会計監査役員は、一定のチェックを行っていたこと、非専従で多額とはいえない謝礼を得るのみであったこと、他の区分所有者（組合員）も役員の選任・監督については責任を負っているにもかかわらず、管理運営には関心がなく、役員に任せるままであったことも会計担当理事の着服横領が継続して行われた原因の1つであることなどを考慮して、会計担当理事の「横領行為による損害を理事長……及び会計監査役員……にのみに負担させることはできないというべきであって、損害の衡平な分担の見地から、過失相殺の法理を類推し、……責任を9割減ずるのが相当」として、485万1468円および遅延損害金の賠償を命じました（控訴）。

　管理費等の着服横領行為をした理事等本人の責任が追及される事案はあり

ましたが、理事長等の責任が問われたケースはこれまではあまりなかったと思います。本件は1人の会計担当理事が、「A自治会会計某」名義の預金通帳と印鑑、キャッシュカードを保管し、約10年間にわたり200回以上の横領を繰り返し、管理組合に対して総額5489万円余りの損害を与えたという事案で、その間、会計監査役員が通帳原本を確認せず提出も求めておらず、通帳等の管理もすべて会計担当理事に任せていたというものですので、裁判所としても、理事長らの責任を否定することはできなかったものと思われます。ただし、大幅な責任の免除（過失相殺）を行ったことは注目されます。

(4)　トラブルを避けるための理事（長）心得

　従来から理事などの役員のなり手不足が問題とされていますが、役員を引き受けてトラブルに巻き込まれるのを恐れるあまり、役員になることに不安を抱く必要はありません。マンションの管理は、本来、素人である区分所有者自身が自治的組織をつくって行うことが予定されており、役員になる人に特別な能力が要求されているわけではありません。マンション管理も人間同士の付き合いであり、多少のトラブルが生じても、日頃からコミュニティ形成がうまくできているマンションであれば、深刻な事態に発展する前に常識的に解決することも容易なはずです。

　トラブルをなるべく避けるための役員心得といっても、以下のとおり、特別なことは何もありません。恐れずに1度役員にもチャレンジしていただきたいと思います。

【トラブルを避けるための役員心得】
① 人の話をよく聞くこと。排除しないこと。独断専行はご法度。
② 自分1人で抱えず、「理事会全体」「組合全体」の問題として対処すること。
③ 「理事会決議」を得て行動することを心がけること。
④ 区分所有者（組合員）には、日頃よりこまめに情報を開示して提供すること。

⑤　困ったら「専門家の意見」を聞くこと。トラブルの芽のうちに早めに弁護士等に相談すること。

Ⅱ　総会の手続と決議

1　総　会

(1)　総会は、マンション管理の意思決定機関

　管理組合の総会（区分所有法では「集会」と規定されています）は、マンション全体の管理について決定する最高意思決定機関です。区分所有者全員で組織されます。

　総会には、通常総会と臨時総会があります（標準管理規約42条2項）。通常総会は、少なくとも毎年1回、管理者（理事長）がこれを招集しなければなりません（区分所有法34条2項）。臨時総会は、理事会の決議を経て、いつでも招集することができます（標準管理規約42条4項）。

(2)　総会を成功させるためには

　管理組合の最大の課題は何かと問われれば、それは、物事の決め方や手続だといえるかもしれません。マンションでは、実にさまざまな問題が発生し、その取組み方が日々問われています。区分所有法、管理規約、細則などが、物事を決めるのに重要な役割を果たしていることは間違いありません。ただ、それだけではなく、日頃の広報が継続的に行われていること、決定までに、たとえば、アンケートや聴き取りなど、区分所有者の意思を確認するプロセスを踏んでいることがとても重要です。つまり、区分所有者の多数の意思を反映する形で総会運営しているのかが、ポイントとなります。

　理事長が独断専行で総会提案すると反対にあうのは、そのようなプロセスを踏まないためです。また、総会における提案を理解してもらうために、わかりやすい資料を付けることも重要です。総会運営を円滑に進めるためには、コミュニケーションをとりながら、わかりやすい資料を作成し、多数の意思

を尊重して、臨む姿勢が求められます。それが結果として、充実したマンションライフを送ることにつながります。

2　総会の招集手続

(1)　招集権者

区分所有法は、集会の招集について管理者が行うと定めています（同法34条1項）。そして、管理規約上、理事長を区分所有法上の管理者としていることが多いでしょうから（標準管理規約39条2項）、管理組合において総会の招集は理事長が行うこととなります(標準管理規約42条3項・4項)。以下では、標準管理規約を前提に単に理事長と記載します。

区分所有者の5分の1以上で議決権の5分の1以上を有する者は、理事長に対して、会議の目的たる事項（議題）を提示して、総会の招集を求めることができますし、この定数は、管理規約で縮減することが認められています（区分所有法34条3項）。

この場合、理事長が2週間以内に、請求がされた日から4週間以内の日を総会の日程として招集通知をしないのであれば、請求者たる区分所有者連名で総会を招集することができます（区分所有法34条4項）。なお、管理者不在の管理組合では、区分所有者の5分の1以上で議決権の5分の1以上を有する者は総会の招集ができますし、この定数も管理規約で縮減可能です（同条5項）。

(2)　招集通知を発する時期

区分所有法35条1項は、総会招集通知は、「会日より少なくとも1週間前に、会議の目的たる事項を示して、各区分所有者に発しなければならない」と規定しています。区分所有者全員の同意があれば、当該総会に関しては、招集手続を経ずに開催することができます（同法36条）。招集通知を発する時期については、会議の目的が建替え決議である場合を除き（同法62条4項）、規約において伸長・短縮することが認められており（同法35条1項ただし書）、標準管理規約では会日の2週間前とされています（標準管理規約43条1項）。

(3)　招集通知のあて先

　招集は、各区分所有者に対して通知します。通知方法については、区分所有法上特に規定はありませんが、総会の日時や場所のほか、議題（会議の目的たる事項）を記載して書面で行うのが普通です。

　区分所有者が数人で1つの専有部分を共有している場合は、その共有者間で総会において議決権を行使する者が定められている場合（区分所有法40条、標準管理規約46条2項）は、その者に通知し（区分所有法35条2項）、定められていない場合は共有者の1人に通知します（同項）。

3　議決権と定足数

(1)　定足数

　総会開催にあたっては、まず、総会が成立するための要件を満たしているかどうかを確認します。区分所有法上は総会の定足数（議事を行いその意思決定をするために必要な最小限度の出席者数）について定めはありませんが、標準管理規約では、議決権総数の半数以上を有する区分所有者（組合員）の出席が必要としています（標準管理規約47条1項）。この出席者数には、委任状や議決権行使書面を提出した区分所有者も含まれます。

(2)　議決権

　議決権とは、総会（集会）において決議に参加できる権利をいいます。議決権を有するのは、区分所有者です。

　区分所有法は、1人の区分所有者が必ず少なくとも1個の議決権を有することを前提にしています（区分所有法39条1項）。なお、1戸の住居を数人で共有する場合は、共有者全員で1個の議決権を有するものと考えて、議決権を行使する者1人を決めなければなりません（同法40条）。

　議決権の割合は、区分所有法14条に定める割合、すなわち各自の共用部分の持分（各自が有する専有部分の床面積の割合）によるのが原則ですが、規約により、別段の定めをすることも可能です（区分所有法38条、14条1項）。たとえば、共用部分の持分の割合が小数点以下の差であるときは、採決の計

算の便宜を考えて、住戸1戸あたり1戸の議決権と定めるような例が多いようです。

(3)　議決権の行使方法──書面・代理・電磁的方法

区分所有者は、原則として自ら総会に出席して議決権を行使します。総会は、管理組合の最高意思決定機関であり、業務執行が適正に行われているかを監督する貴重な機会ですので、区分所有者自らが出席することが望ましことは間違いありません。

例外的に、代理人に委任して議決権を行使する方法、議決権行使書面を提出して行使する方法があります（区分所有法39条2項）。また、管理規約または総会の決議により、電磁的方法によって議決権を行使することもできます（同条3項）。

さらに、総会を開催せずに決議を行う方法も認められています。区分所有者（組合員）全員の承諾がある場合に採用できる方法で、書面または電磁的方法による決議（書面決議。区分所有法45条1項、標準管理規約50条1項）と、一定の事項について、区分所有者全員の書面または電磁的方法による合意（全員一致）が成立したことで書面決議があったものとする場合（区分所有法45条2項、標準管理規約50条2項）です。

平成28年の標準管理規約改正で、代理人の資格を、区分所有者（組合員）の配偶者（事実婚を含む）または1親等の親族か、組合員と同居する親族、その他の組合員に制限しています。規約で代理人の資格を制限することは許されますが、1親等の親族に限定する合理的な理由はないと思われます。

4　決議事項と決議要件

総会の決議要件には、普通決議と特別決議の2種類があります。それぞれの議決事項については、〔表3〕のとおりです。

このうち、特別決議が必要とされる事項については、すべて総会の決議によって定められなければならず、これをたとえば規約によって定めるとすることはできません。

〔表３〕　区分所有法に定める普通決議事項と特別決議事項

（（　）内は区分所有法の条番号を示す）

種類	必要定数	決議事項	備考
普通決議	規約に別段の定めのない限り過半数	（変更および保存行為を除く）共用部分の管理（18条１項本文）	注１
		（変更および保存行為を除く）区分所有者の共有に属する敷地または附属施設の管理（21条、18条１項本文）	注１
		管理者の選任・解任（25条１項）	注１
		管理者に対する訴訟追行権の授権（26条４項）	注３
		管理者がいない場合の規約、議事録、書面・電磁的方法による決議に係る書面・電磁的記録の保管者の選任（33条１項ただし書、42条５項、45条４項）	注３
		議長の選任（41条）	注１
		管理組合法人の理事および監事の選任・解任（49条８項、50条４項、25条１項）	注１
		理事が数人ある場合の代表理事の選任または共同代表の定め（49条５項）	注３
		管理組合法人の事務（52条１項本文）	注２
		共同利益に反する行為の停止等の請求の訴訟提起（57条２項・４項）	注４
		区分所有法57条ないし60条の訴訟追行につき、管理者等に対する訴訟追行権の授権（57条３項・４項、58条４項、59条２項、60条２項）	注４
		小規模一部滅失の場合の復旧（61条３項）	注１

注１　管理規約に定めるところにより、総会決議以外の方法（たとえば理事会決議）で決めることができる。

注２　特別決議にて決議すべき事項および区分所有法57条２項に定める事項以外の事項については、管理規約に定めるところにより、総会決議以外の方法（たとえば理事会決議）で決めることができる。

注３　管理規約自体により定めることも可能である。

注４　必ず集会の決議によらなければならない。

特別決議	4分の3	共用部分の変更（17条1項）	注5、注7
		区分所有者の共有に属する敷地または附属施設の変更（21条1項、17条1項）	注5、注7
		規約の設定・変更・廃止（31条1項）	注6
		管理組合法人の成立（47条1項）	注7
		管理組合法人の解散（55条1項3号・2項）	注7
		共同の利益に反する行為をした区分所有者に対する専有部分の使用禁止請求（58条1項・2項）	注7
		共同の利益に反する行為をした区分所有者に対する区分所有権の競売請求（59条1項・2項）	注7
		共同の利益に反する行為をした占有者に対する引渡請求（60条1項・2項）	注7
		大規模一部滅失の場合の復旧（61条5項）	注7
	5分の4	建替え（62条1項）	注7
	4分の3	団地内の区分所有建物につき、団地の規約を定めることについての各棟の承認（68条1項2号）	注7
		団地内の建物の建替え承認（69条1項・7項）	注7
	5分の4	団地内の建物の一括建替え（70条1項）	注7

注5　区分所有者の定数については、規約によりその過半数まで減少することができる。

注6　特別多数の定数を、規約によって増大することも減少することもできない。

注7　規約において、議決要件を厳格化して団体的拘束を緩和する方向で別段の定めをすることができる。反対に、議決要件を緩和して団体的拘束を強化する方向の定めをすることはできない（共用部分の変更、区分所有者の共有に属する敷地または附属施設の変更を除く（注5参照））。

　普通決議事項については、規約により総会決議以外の方法によって決する
ものとすることができる事項があります（区分所有法39条1項。〔表3〕注1）。

5　議事録の作成

　総会が終了したら議事録を作成します。議事録は総会の議長が作成しなけ
ればならず（区分所有法42条1項）、議事の経過の要領とその結果を記載しま
す（同条2項）。そのうえで、議長および出席した区分所有者のうち2名が署
名押印します（同条3項）。これは、議事録に記載された内容の正確性を担保
するためです。

　総会で決議された内容は、区分所有者全員がこれに従わなくてはなりませ
ん。このように、総会における議題や討議内容、議決権行使の状況や賛成者
数などは、総会の運営において極めて重要なものです。これを記録するのが
議事録ですから、その重要性に鑑み、議長が議事録の作成を懈怠したり、虚
偽の内容を記録したりした場合には、20万円以下の過料に処せられます（区
分所有法71条3号）。また、議事録を保管しなかった場合も20万円以下の過
料に処せられます（同法71条1号、42条5項、33条1項）。

6　総会決議と「特別の影響」を受ける者の承諾

(1)　区分所有法31条1項の趣旨

　区分所有法31条1項は、「規約の設定、変更又は廃止が一部の区分所有者
の権利に特別の影響を及ぼすべきときは、その承諾を得なければならない」
と規定しています。

　区分所有法は、規約において区分所有建物の管理や使用に関する区分所有
者相互間の事項について定めることとしており（区分所有法30条1項）、その
範囲は区分所有建物の管理全般に及ぶ広いものです。そして、このように広
い範囲につき定められる規約について、多数者の意思によって少数者の権利
が制限されたり、場合によっては否定されたりすることになることから、そ
れによって「特別の影響」が及ぶこととなる者について、不当な権利の侵害

とならないように、規約の設定等においてその者の承諾を必要とすることで区分所有者間の利益の調整を図ったものです。

　区分所有法31条１項では、規約の設定・変更・廃止の場合について定められていますが、総会決議によって一部の区分所有者の権利に特別の影響が及ぶ場合も上記の趣旨は同様に妥当するものですから、この場合にも区分所有法31条１項が類推適用されると考えられています（最高裁平成10年10月30日判決（民集52巻７号1604頁））。

(2)　判断の仕組み

　このような規定の趣旨・目的から、区分所有法31条１項にいう「特別の影響を及ぼすべきとき」とは、「規約の設定、変更等の必要性及び合理性とこれによって一部の区分所有者が受ける不利益とを比較衡量し、当該区分所有関係の実態に照らして、その不利益が区分所有者の受忍すべき限度を超えると認められる場合」をいうとされています（前掲・最高裁平成10年10月30日判決）。その事案ごとに規約改正の必要性や合理性、個々の区分所有者の不利益の程度や内容、従前からの経緯など、事案に即し個別的・具体的な判断がなされているといえるでしょう。

(3)　裁判例の紹介

(A)　専用使用権の変更・廃止

　専用使用権の使用料の増額については、増額の必要性および合理性が認められ、かつ増額された使用料が当該区分所有関係において社会通念上相当と認められる場合には、専用使用権者は使用料の増額を受忍すべきであり、「特別の影響」に該当しないとされています（前掲・最高裁平成10年10月30日判決）。その判断においては、増額された使用料が社会通念上相当なものかどうか、また、社会通念上相当とされる増額幅はどのくらいか、については、分譲当初の対価やマンション本体価格との関係、近隣相場との関係、使用期間、対象となる専用使用部分の維持管理費用など、諸般の事情を総合的に考慮するとされています。

　一方、専用使用部分を消滅させる決議については、専用使用権者の権利自

体を奪うものであることから、一般的に「特別の影響」があるとされる傾向
にあり、有償化決議については、有償化の必要性や合理性が認められ、設定
使用料が社会通念上相当であるとされる場合には、受忍限度内とされる傾向
にあります（最高裁平成10年11月20日判決（判タ991号121頁）、東京高裁平成11
年7月27日判決（判タ1037号168頁）など）。

　(B)　専有部分の使用目的（用途）の制限など

　たとえば、規約上、専用使用部分の用途について店舗などの事業用途も認
めていた（複合用途型）場合に、住居専用の用途制限に規約を変更しようとす
る場合、店舗の営業を認める時間について従前よりも短くする規定に規約変
更する場合などが考えられます。

　このような規約変更では、規制されることとなる行為の内容や性質、当該
マンションにおける従来の専有部分の利用目的や利用実態、規制（規約変更）
により一部の区分所有者が受ける不利益の具体的な内容や程度、他の区分所
有者が受ける利益の具体的な内容や程度といった諸般の事情を総合的に考慮
して「特別の影響」の有無が判断されています。

　具体的には、①動物の飼育を一律に禁止する内容の規約変更について、盲
導犬などその動物の存在が飼い主の日常生活そのものに不可欠な意味を有す
る場合はともかく、一般的なペットの飼育がそのような意味はないことから
「特別の影響」を受ける場合にあたらないとされた事案（東京高裁平成6年8
月4日判決（判タ855号301頁））や、②店舗部分の営業時間を午前10時から午
後10時までに制限した総会決議について、当該マンションの構造（4階から
12階までが居住用であり住民の生活環境維持の要請が強い）や飲食店も含めた通
常の店舗営業形態からしてこの制限に合理性があるなどとして、「特別の影
響」を及ぼすことを否定した事案（東京高裁平成15年12月4日判決（判時1860号
66頁））、③いわゆるリゾート地に存在するマンションについて、不定期に保
養施設として使用する範囲を超えて使用することを原則的に禁止する規約改
正がなされたことについて、所有者がその所有物を本来の用方に従って使用
収益することは所有権の本質的内容であることを指摘し、当該規約改正以前

63

から生活の本拠として居住してきた区分所有者に「特別の影響」を及ぼすものとした事案（東京高裁平成21年9月24日判決（判タ1319号145頁））などがあります。

(C)　専有部分の共用部分への変更

専有部分という区分所有者自身の所有権の対象物について共用部分に変更するという内容であることから、一般的には、「特別の影響」を及ぼすものとされる傾向です。ただし、決議等の必要性や合理性、その決議の理由、区分所有者が受ける不利益の内容や程度などに照らして受忍限度内とされる場合には「特別の影響」が否定される場合もあります。

事案としては、①旧規約においてはバルコニーを専有部分としていたものを共用部分とする規約改正について、建物の安全確保、美観の維持・向上の観点からの必要性・合理性があり、他方で、共用部分とされても専用使用権の設定により区分所有者が受ける不利益が格別のものとはならないことをもって、「特別の影響」なしとした事案（東京地裁昭和61年9月25日判決（判時1240号88頁））がある一方、②バルコニーや階段部分について規約共用部分とした規約改正について、バルコニーや階段部分を専有部分とすることが必ずしも当該マンションの美観の維持・向上を害するといえないのに対し、共用部分とすることによる区分所有者の不利益は小さくないとして「特別の影響」を及ぼすとした事案（東京地裁平成19年7月26日判決）もあります。

(D)　管理費等の費用負担等の変更

規約変更等により一部の区分所有者に不利益が生じる場合ではあっても、その変更に必要性・合理性が認められ、かつ、不利益の程度が軽微なものであったり、改正前の状況こそが不合理なものであると認められたりする場合には、その不利益は受忍すべきものとして「特別な影響」が否定される傾向です。

事案としては、①一部の区分所有者が負担するとされていた管理費が他の区分所有者の負担と比較して著しく低廉であった場合にこれを是正する規約改正について、専有部分の面積に応じた金額を設定することに合理性がある

ことや従前の金額設定が不合理であることを指摘して「特別の影響」を否定したもの（東京地裁平成5年3月30日判決（判時1461号72頁））や、②非居住区分所有者について、管理費に加えて住民活動協力金という名目で新たに経済的に負担すべきという内容の規約改正につき、当該マンションの規模の大きさからして保守管理や住環境維持に管理組合活動や区分所有者の協力が不可欠である一方で、非居住区分所有者の専有部分が多数に及んでおり、これらの者が組合活動の負担なく良好な環境の維持という利益を享受する関係となっていること、規約変更により非居住区分所有者が負担することとなる金額は居住区分所有者の負担に比して約15%増加するにとどまること、非居住区分所有者の大部分が当該規約改正を受け入れていることを指摘して、「特別の影響」に該当しないとした事案（最高裁平成22年1月26日判決（集民233号9頁・判タ1317号137頁））などがあります。

7　総会決議の効力

(1)　規約および総会決議の効力

　管理規約および総会決議は、区分所有者の特定承継人に対してもその効力が及びます（区分所有法46条1項）。また、専有部分の占有者は、建物、敷地、附属施設の使用方法について、区分所有者と同一の義務を負っています（同条2項）。

(2)　総会の議決の有効期間

　総会の議決について、有効期間に一律の基準はありません。議決がなされた後に、何らかの理由でその内容に従った具体的な履行がされていない場合、当該決議については一定期間に限定して効力が認められることが明記されていたり、決議の趣旨からその効力が一定期間に限られるものであることが明白であるといった場合を除き、期間の経過のみを理由としてその効力が当然に無効とされるものではありません。

　そのため、未履行の決議についてその内容に従った措置を講じるか、すでに効力を失ったものとしてあらためて総会で議決すべきか等、当該決議の趣

旨や内容から判断することとなります。

(3)　総会決議の無効

　管理組合の総会は、区分所有法34条以下に定める招集・決議に関する規定に則っていなければならないものですが、その手続に瑕疵があった場合の決議の効力については、特に明文の定めはありません。

　この点については、総会決議の手続に瑕疵がある場合は、原則として当該決議は無効と考えられます。一方で、外形上いったん有効なものとしてなされた決議について、事後にその効力を否定する場合は、やはり安定したマンション管理運営にとっては支障があるといえます。そのような観点から、その瑕疵が極めて軽微な程度にとどまるものであって、かつ、決議の結果に当該瑕疵が影響を及ぼさないことが明白であるような場合には、例外的に当該決議を有効とすべきものといえます。

　裁判例では、①総会において旧管理規約を廃止して新規約を制定する決議がなされたものの、総会に先立ち、あらかじめ旧規約廃止・新規約制定を議題とする旨の通知がなく、議案の要領の通知も欠いていた事案で、「召集手続の瑕疵はけっして軽微なものとはいえ」ないとして決議を無効としたもの（東京地裁昭和62年4月10日判決（判時1266号49頁））や、②理事選任決議や規約変更決議について、総会において理事に選任され、その後理事の互選により理事長となった者が、当該総会において、代理人と称する区分所有者でない多数の者を出席させて威圧的な言動をした事実などから理事選任決議を無効とし、また、翌年の総会における規約変更決議は、無効な決議によって選任された理事長が招集したものであり、区分所有法35条5項が定める議案の要領の通知もなく、特別決議の要件も充足していないことを認定したうえで、「招集権限のない者によって招集された総会であり、区分所有法所定の事項等をあらかじめ通知せず、特別多数決議の要件も満たさない規約変更決議を行うなど瑕疵が著しい」として決議を不存在と判断したもの（東京地裁平成13年2月20日判決（判タ1136号181頁））等があります。

Ⅲ　管理会社をめぐる問題

1　自主管理方式と管理委託方式

　管理組合は、「建物並びにその敷地及び附属施設の管理」を行う団体ですが、その業務の内容は、共用部分等の保全、保守、清掃、修繕、長期修繕計画の作成と実施、予算・決算の作成、出納などの会計業務、管理費等の徴収、滞納管理費等に対する措置、広報や渉外業務等々、多岐にわたります（標準管理規約32条参照）。

　以上のマンション管理を行う方式には、自主管理方式と管理委託方式があります。

　管理会社に委託するのではなく、管理組合とそれぞれの業者が直接契約する方式を自主管理方式と呼びます（すべてを管理組合で独力実施する場合は、今ではあまりみられませんが、一般的に自力管理方式と呼びます）。

　一部を管理会社に委託する場合は、管理委託方式のうち部分委託（一部委託）と呼びます。また、すべてを管理会社に委託する場合は、管理委託方式のうち全部委託と呼びます。

2　管理会社の選定と管理委託契約

(1)　管理会社の選定

　管理会社は、大手だから大丈夫、安心ということはありません。管理会社を評価する際に、会社の規模や資本金の大きさ、管理戸数も目安にはなりますが、中堅企業でも実績があり、誠実さで信頼されている会社があります。大手でも、当該会社で採用している管理方法にこだわり、管理組合の意見に聞く耳をもたず、不評を買う会社があります。ですので、一概に大手だからよいということではありません。また、管理委託費の金額も安いほうがよいということで管理会社を選択してみたら、対応が悪かったという事例もあります。

　それでは、どのようなことに着目して管理会社を選ぶのがよいでしょうか。国土交通省のマンション管理業登録会社であることは当然として、ここでは、簡単にポイントをご紹介します。

　(A)　管理業務への適切なアドバイス

　理事会がマンション管理の素人集団であるとすれば、管理会社は頼れるマンション管理のプロであるはずです。理事会からの相談に適切に助言できる役割を期待されます。これが十分にできない会社が意外に多いのが実態なので、管理会社の選定のみならず、担当者の力量を見極める必要があります。

　(B)　収納口座が管理会社名義ではない

　法的には、収納口座は、管理組合理事長名ではなく、管理会社名義でもかまいません。しかし、管理組合の大切な財産の保全のために、管理会社のいいなりにならず、すべての口座は管理組合理事長名義にすることをお勧めします。口座名義を管理会社名義とした場合、もし管理会社が倒産でもしたら、その預金が管理会社の財産なのか管理組合の財産なのかで紛争となってしまうこともあり得ます。

　(C)　大規模修繕工事を自社で請け負わない

　大規模修繕工事は、10年〜15年に1回行う、大切な修繕工事です。多額の金額がかかり、積立金の取崩しを行います。日頃は、管理委託費を安くして、その分、大規模修繕工事を受注することで取り返そうとする管理会社が残念ながら一部存在します。大規模修繕工事の公正な相見積りを行ううえでも、管理会社は大規模修繕工事を行わないことを会社理念とする姿勢が求められます。

　(D)　緊急時や小さな補修修繕に対応する能力

　水漏れなどの緊急時にその原因まで突き止める総合的な判断能力がある会社に存在感があります。不具合を未然に防ぐ対策や方法などを紹介できることも重要です。また、小さな補修修繕に機敏に対応する構えが大切です。

　(E)　瑕疵問題で管理組合をサポート

　管理組合と売主との間においては、マンション建築の瑕疵問題に関する交

渉は大きな課題です。この際、管理組合側に立ち、しっかりアドバイスできるかどうかが試金石になります。売主と同じ系列の管理会社で、売買時に存在していた瑕疵を十分調査しない場合、大規模修繕工事の際に管理組合側の負担で修繕することになりかねません。そうならない配慮が管理会社には必要です。

(2)　管理委託契約書

　管理会社との間でよくトラブルになるのが、管理組合が期待している業務を実施してくれないというものです。しかし、その期待が過度であり、管理会社が行う業務として管理委託契約書に明記されていないことがあります。また、管理会社が理事長からパワーハラスメントに近い嫌がらせを受けることもあります。管理組合と管理会社に適度の緊張感がありつつ、良好な関係が築かれたとき、そのマンションは「よい管理状況」といえるでしょう。その視点からも、肝となるのは、管理委託契約書であるといえます。

　管理委託契約書は、少なくとも更新時期ごとに見直しましょう。マンション標準管理委託契約書には、一般的なことしか書かれていませんので、専門家と相談しながら内容を深めるようにしましょう。

　なお、マンション標準管理委託契約書は、平成22年5月1日、財産の分別管理等に関する改正マンション管理適正化法施行規則の施行に伴い改訂され、直近では、個人情報保護法改正などによる見直しの結果、平成30年3月に改訂されています。

3　管理会社の変更

(1)　はじめに

　新築マンションを購入した場合、すでに管理会社が決まっていることがほとんどです。その管理会社に問題があるときは、管理会社の変更を検討することになります。ただし、管理会社の変更を考える前に、管理会社と話し合って改善を求めることが重要ですし、管理委託契約の内容を修正して管理会社の業務内容を具体的に明確にするなどの措置も有効です。また、せっかく

管理会社を変更しても以前と実態は変わらなかったなどということのないように、変更先は十分に調査検討のうえ、契約を締結することが肝心です。管理委託費の値段の安さだけで査定するのではなく、担当者の力量や経験、会社のバックアップ体制、小回りがきくかどうかなどをポイントにすることをお勧めします。前記2(1)の管理会社の選定の基準を参考にしてください。

(2)　管理会社の変更手続

　管理会社の変更は、以下に示すとおり、管理会社の法的地位（管理業務の法的根拠）によって手続が異なってきます。新規に契約を締結する場合は、マンション管理適正化法が適用され、同法により説明会の実施などの手続が定められています。

(A)　管理委託契約を締結している場合

　管理委託契約書に契約期間の定めがあれば、期間満了により終了します。さらに、委託契約には解約申入れについての規定があるのが通常ですから、その規定に基づき解約することもできます。管理会社の債務不履行があるときは、契約の解除、損害賠償請求も可能です。ただし、管理会社の義務が明確に規定されていないときは、債務不履行があるかどうかが争点となります。

(B)　管理者である場合

　原始規約で、管理会社を管理者と定めているケースもあります。この場合は、総会で解任することができます。管理会社に不正な行為があれば、個々の区分所有者がその解任を裁判所に請求することもできます（区分所有法25条1項・2項）。

(3)　管理会社を変更する場合の手順と留意点

(A)　区分所有者への説明

　管理会社の変更の必要性や合理性を区分所有者全体が理解できるようにすることが重要です。そのため、まず、総会で管理会社の変更を検討することにつき承認をとることが望ましいでしょう。選定方法は、理事会中心で行う、専門家に依頼する、専門委員会を設置するなど、管理組合が自主的に定めます。

(B) 統一仕様書の作成と見積りの受理

専門家に依頼して作成してもらうか、理事会において、または専門委員会を設置するなどして、統一仕様書を作成しましょう。次に、統一仕様書に基づいて複数会社から見積りをとります。

(C) 選定会社の絞り込み

管理会社にもゼネコンやデベロッパーの系列会社である会社もあれば、そのような系列に属していない会社など、さまざまな性格の会社が存在しています。

管理委託費の金額が安くても、管理組合が望む業務を実行できなければ意味がありません。金額だけでなく、会社の規模、理念の違い、ゼネコンやデベロッパー系列か独立系かを比較するために、ある程度の差があるところをわざと選んで絞り込むことも1つの方法です。

(D) ヒアリングは現実的な対応をチェック

ヒアリングを行う際のポイントは、担当者の理事会運営能力です。これを査定できるように管理組合で事前に質問項目を整理しておくことをお勧めします。または、マンション管理業務の力量のある専門家に相談したり、同席してもらったりすることも有効です。

(E) 総会による承認と変更後の検証作業

総会で承認を得て、管理会社の変更をした後が大切です。少なくとも1年程度は変更後の効果の検証作業を実施することをお勧めします。

4 管理会社をめぐる紛争

(1) 管理会社が負う義務

管理会社は、前述のような管理業務を行いますが、適切な管理がなされるよう、平成13年にマンション管理適正化法が施行されました。この法律は、基幹業務（経理に関する事務および大規模修繕に関する事務のことをいいます（マンション管理適正化法2条6号））を含む業務を受託する管理会社に対して、管理業務を受託するに際してさまざまな規制を設けています。

　一般的には基幹業務を含む管理業務を委託することが多いと思われますので、管理組合から管理業務を受託する管理会社は、マンション管理適正化法の規制を受けて、業務を行わなくてはなりません。具体的に管理会社は、同法に基づき以下のような規制を受けます。

① 信義誠実の原則（マンション管理適正化法70条）　民法上、受託者は善管注意義務を負います（民法644条）。このことは、マンション標準管理委託契約書においても明文化されているところです。マンション管理適正化法も、管理会社に対し、業務を行うにあたって信義誠実義務を負わせています。

② 管理委託契約締結時の重要事項説明義務等（マンション管理適正化法72条）　管理会社が管理組合との間で管理委託契約を締結しようとする場合（新築マンションの場合を除きます）、管理会社は、あらかじめ、管理組合の区分所有者および管理者の全員に契約内容等に関する重要な事項を記載した書面（重要事項説明書といいます）を交付し、区分所有者および管理者に対して、説明会を開催して重要事項の説明をしなければならないとされています（同条1項）。また、同一内容にて管理委託契約を更新する場合には、区分所有者全員に重要事項説明書を交付し、管理者に対して契約内容を説明しなければなりません（同条2項・3項。ただし例外があります）。この場合、説明会の開催は不要です。重要事項の説明は管理業務主任者が行わなければならず、説明書には管理業務主任者が記名押印しなければなりません（同条5項）。

③ 管理委託契約締結時の書面交付義務（マンション管理適正化法73条）　管理会社は、管理組合から管理業務を受託した場合、管理事務の内容や実施方法、管理事務に要する費用並びにその支払いの時期や方法など法定の事項を記載した書面を、管理者（管理者がいない場合には、区分所有者全員）に、交付する義務があります。

④ 基幹業務の一括再委託の禁止（マンション管理適正化法74条）　管理会社は、管理組合から業務を受託する場合であっても、基幹業務を一括

して再委託してはなりません。

⑤　財産の分別管理義務（マンション管理適正化法76条）　管理会社は、修繕積立金など管理組合から預かっている財産と、自己の財産とを分別して管理しなければなりません。

そのほかにも、帳簿作成義務（マンション管理適正化法75条）、管理事務報告義務（同法77条）などを負います。

管理組合としては、まずは委託している管理会社がマンション管理適正化法を遵守しているかどうかを監督していく必要があります。しかし、それだけで管理会社の管理が問題なくなるという保証はありません。

そのため、マンション管理士などの専門家も活用しながら、管理会社を適切に監督していく必要があるといえます。

(2)　管理会社との紛争

管理組合が行う業務内容は多岐にわたりますので、紛争類型も多岐にわたるものと思われますが、やはり金銭をめぐる紛争が多いようです。

以下では、いくつかの類型において、裁判例も紹介しながら解説します。

(A)　管理会社自身の横領

管理会社は、管理組合が行う修繕積立金等の徴収業務を代行し、徴収した金銭を預かることになります。あってはならないことですが、管理会社の従業員が預り金を横領した事例もあります。この場合、実際に横領した従業員はもちろん、管理会社に対しても横領されたことにより生じた損害の賠償をすることができます。

この事例に関する裁判例としては、東京地裁平成22年3月22日判決などがあります。この裁判例では、過失相殺は認めませんでしたが、管理組合の過失が考慮される場合がありますので、管理組合としては管理会社の担当者の出納業務について、適宜チェックをしていくことが重要です。

(B)　理事による横領

管理会社だけではなく、管理組合の理事が管理費等を横領する事態も生じます。

73

　この事例に関する裁判例としては、東京地裁平成17年9月15日判決があります。

　この事案は、管理組合が管理会社を相手として、理事長が横領した金銭についての損害賠償請求をしたものです。判決文が認めた事実によれば、理事長が通帳の届出印を、管理会社が通帳を保管している中で、理事長が無断で通帳の再発行をするなどして預金口座から金員を引き出して横領しました。その後、通帳が再発行されたことを知った管理会社が理事長に問合せをしたところ、その弁解は不審なものだったのですが、管理会社は理事長から再発行した通帳を預かっただけでそれ以上の措置を講じませんでした。その結果、理事長は再度通帳の再発行を行い無断で預金を引き出して複数回にわたり横領行為を繰り返しました。

　判決では、上記の事実関係のもと、管理会社は理事長が通帳を無断で再発行した事実を認識した時期以降の横領行為に関しては、管理会社の債務不履行であるとして、その賠償を命じました。

　もっともこの事案では、管理組合の担当理事が適切な任務を怠っていたことや監事の監査が十分になされていなかったことが損害を拡大させた大きな要因であるとして、管理会社は債務不履行により生じた損害のうち4割の賠償のみ命じられました。

　管理組合は理事が適切に業務を行っているのか、管理会社に任せきりにせずに監督していくことが重要です（標準管理規約51条参照）。

(C)　日常的な費用の支出に関する責任

　管理会社は、管理組合の予算に基づいて、管理組合の口座から管理や修繕等にかかる経費を支出することになります。この場合、個々の支出について管理組合の事前の承認がない場合もあります。

　このような場合に管理会社が行った支出が不適切なものであるとして、その賠償を請求することができるかが争われることがあります。

　この事例に関する裁判例として、①東京地裁平成16年11月30日判決、②東京地裁平成21年5月21日判決があります。

　①の事案は、管理会社が管理人室の机やいすなどの備品の購入に関して、事前に管理組合の承認を得ずに支出したとして、債務不履行を理由として賠償が求められた事案です。この事案で裁判所は、事後に総会で承認されている点を理由に、管理会社に債務不履行はないとして管理組合の請求を棄却しました。

　②の事案は、管理員（管理会社の従業員）が、理事長の事前の承認なく種々の支出をしたことなどが管理会社の不法行為にあたるとして損害賠償を求めた事案です。当該事案でも裁判所は、少額の支出につき逐一承認を求めることが現実的ではなく、決算において支出についての承認がなされていることなどから、管理会社には不法行為はないとしました。

　予算に概算が計上され、また決算が承認されているような場合には、個別の支出について事前に承認を得ていないからといって、当然にその賠償を求めることは難しいと考えられます。

　もっとも、このような少額の支出が管理されずになされていった結果、多額の横領事案につながるということも考えられます。

　そのため、管理組合としては管理会社が行う支出について適宜報告を受けるなどして、適切な監督をしていくことが重要です。

　⑷　管理費が時効にかかって消滅してしまった場合

　管理会社は、管理費の徴収代行業務を行い、滞納している区分所有者に対しては手紙を出すなどして請求をします。他方、最終的に訴訟などの法的手続は、管理組合が総会や理事会で決議をして行います。

　管理費の消滅時効は5年間とされていますが（最高裁平成16年4月23日判決（民集58巻4号959頁）。民法改正後も5年間とされることについては、第3章Ⅱ2⑴、第7章Ⅰ2⑶参照）、管理会社がついているにもかかわらず、管理費が消滅時効の期間を徒過し結果的に回収できなかった場合、その責任を管理会社に求めることはできるでしょうか。

　この場合、管理会社が、管理組合に対して、契約上いかなる義務を負っているかが問題ですが、マンション標準管理委託契約書3条1号、別表第1・

75

1(2)②によれば、5年の時効期間を徒過しないようにするためには、管理組合が対処する必要があり、管理会社が何も報告をしていなかったために管理組合が滞納の事実を認識していなかったというような場合を除けば、管理会社が消滅時効に対して責任を負うことはないといえそうです。

実際に東京地裁平成18年7月12日判決では、管理委託契約書において、滞納に関して管理会社が負っている業務内容が督促等の通常業務に限られ、長期滞納者等の扱いについて無償で補助する旨の義務までは認められないとして、管理組合の管理会社に対する請求を棄却しています。

管理組合としては管理費の滞納に関して管理会社が契約上どこまでしてくれるのかをしっかりと確認するとともに、管理会社に任せきりにせず、管理委託契約書の内容を踏まえ、管理組合として滞納の解消のために行うべきことをしっかりと行う必要があるでしょう。

(E)　管理委託契約の終了に関する紛争

管理組合と管理会社との契約は「準委任契約」ですので、契約上特段の定めがなければ管理組合はいつでも契約を解除することができます（民法651条1項）。受任者にとって不利な時期の解除や受任者の利益をも目的とする委任の解除の場合には、委任者は受任者の被った損害を賠償する義務を負う場合があります（同条2項）。

Ⅳ　専門家の活用

管理組合の業務は標準管理規約32条に明記されていますが、管理組合が、これらの業務をすべて行うことは通常は困難です。そのため、管理会社にこれらの業務を委託する管理委託方式を採用するマンションが大半であり、また、共用部分の保全、保守、修繕などについては、個々の業者に委託するのが通常です。

管理会社の選び方については、本章Ⅲ2で述べていますので、参考にしてください。注意点として、たとえばゼネコンやデベロッパーの系列の管理会社が受託する場合、親会社の意向を無視することは通常できません。少なく

とも、建物診断、大規模修繕工事などは、実務を行う専門家とできるだけ直接契約および実質的なやりとりをすることが望ましいと考えます。

　大規模修繕工事の際の、責任施工方式と設計管理方式の違いや建築士・設計事務所の選び方については、第4章Ⅱで述べましたので、参考にしてください。

　日常管理全般のご相談はマンション管理士に、紛争その他の法律上の問題が絡むときは、早めに弁護士に相談されることをお勧めします。ただし、弁護士すべてが区分所有法やマンション管理の実務に詳しいとは限りません。弁護士会の相談を利用する場合は、あらかじめマンションの法律問題に詳しい弁護士にお願いするとよいでしょう。

　どのような場面で専門家に相談すればよいかの例をあげたのが〔表4〕です。参考にしてください。

Ⅴ　団地型マンションの管理

1　団地型マンションとは

(1)　はじめに

　区分所有法65条は、団地に関し「一団地内に数棟の建物があって、その団地内の土地又は附属施設……がそれらの建物の所有者……の共有に属する場合」と規定しています。

　具体的にどのような場合に「団地」となるかについて、区分所有法は上記のとおり述べるのみで正面から定義を設けていませんが、①一団地内に数棟の建物があること、②その団地内の土地または附属施設がそれらの建物の所有者の共有に属する場合に団地と扱われることになります。つまり、団地とは、団地建物所有者の共有に属する団地内の土地または附属施設があることを前提にして成立することになるのです。

　たとえば、以下のような場合に団地関係が成立することとなります（稲本洋之助＝鎌野邦樹『コンメンタールマンション区分所有法〔第3版〕』448頁。図お

〔表4〕　管理組合の業務と活用することが可能な専門家

業務・決議事項	必要な業務	適任と考えられる専門家
①　収支決算案、事業報告案、収支予算案および事業計画案	相談、ひな型作成	マンション管理士、税理士
②　規約および使用細則等の制定、変更または廃止に関する案	相談、ひな型作成	マンション管理士、弁護士、司法書士
③　長期修繕計画の作成または変更に関する案	相談、案の作成	マンション管理士、建築士
④　専有部分の修繕等、バルコニー等の保存行為、窓ガラス等の改良工事の承認または不承認	相談、実務補助	マンション管理士、建築士
⑤　会計年度の開始後、総会の承認を得るまでの間、経費の支出が必要となった場合の承認または不承認	相談、実務補助	マンション管理士、税理士
⑥　管理費等の滞納者に対し、請求に関する訴訟その他法的措置の追行	相談	マンション管理士、弁護士
	実務	弁護士
⑦　区分所有者等が、共同生活の秩序を乱す行為を行ったとき、その是正のため必要な勧告または指示	相談	マンション管理士、弁護士
	実務	弁護士
⑧　共用部分の保存行為（大規模修繕工事などの計画・実施	相談	マンション管理士、建築士
	実務	建築士事務所の資格をもった管理会社、建築士
⑨　工事瑕疵の調査および交渉	相談、実務補助	マンション管理士、建築士、弁護士
⑩　専有部分内工事の内容確認、検査	届出事項の確認	マンション管理士、建築士
	検査	建築士
⑪　管理組合の法人化	相談	マンション管理士、司法書士
	実務手続	司法書士
⑫　管理会社の変更	相談	マンション管理士

よび説明は横浜弁護士会編『マンション・団地の法律実務』257頁、258頁をもとに作成）。

(2)　団地型マンションの特殊性

団地型マンションにおいては、団地内の数棟の建物全体の共有となっている部分と、棟（個々の所有建物のことを「棟」といいます）ごとの所有者や団地内の一部の所有者のみの共有となっているものとの２つが存在し得ます（たとえば、〈図１〉①の場合、敷地は団地全体の共有となりますが、各棟の建物の共用部分は、当該棟の所有者の共有となります）。

そのため、団地型マンションにおいては、管理の方法や管理規約の設定等において、単棟型マンションとは異なった対応が必要になるのです。

2　団地型マンションの管理方法

(1)　基本的な管理方法

団地全体の共用部分（これを「団地共用部分」といいます）の管理については、団地建物所有者の団体（「団地管理組合」といいます）が行うこととなり、管理規約を設け、あるいは集会決議によって対応します。

他方、棟の建物は当該棟の所有者の所有（これが区分所有建物の場合には、区分所有者の共有）となるため、当該棟の区分所有者の団体（これを一般的に「棟管理組合」といいます）が行うこととなり、管理規約を設け、あるいは集会決議によって対応します。

ここで、各棟が区分所有建物でない場合もありますが、以下では、各棟が区分所有建物であることを前提にして基本的に説明していきます。

(2)　団地管理組合による管理対象の拡張

(A)　管理対象の拡張の手続

上記のとおり、各棟の区分所有建物の共用部分の管理は、各棟の管理組合が行うこととなります。

ここで、区分所有法は、棟の共用部分や区分所有建物についても、団地管理組合がこれを管理することができることとしています。

〈図1〉　団地型マンションの共有関係の例

①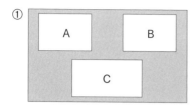

①　団地内の敷地全体をABCの3棟の所有者が共有する場合。敷地全体を核として、ABC棟の建物所有者全員で団地関係を形成している。

②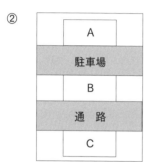

②　ABCの各棟の敷地については各棟の所有者がおのおの所有しているが、駐車場部分および通路部分をABCの3棟の所有者が共有する場合。駐車場部分、通路部分を核として、ABC棟の建物所有者全員で団地関係を形成している。

③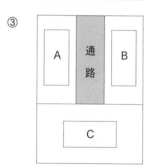

③　ABCの各棟の敷地については各棟の所有者がおのおの所有しているが、通路部分をAB棟の2棟の所有者が共有する場合。通路部分を核として、AB棟の建物所有者全員で団地関係を形成している。

　C棟は事実上一団地内に存するが、C棟の建物所有者は団地関係を形成しない。

④　通路の左側の敷地全体をAB棟の所有者が共有し、通路の右側の敷地全体をCD棟の所有者が共有し、通路についてはABCD棟の所有者が共有する場合。ⓐ通路部分を核としたABCD棟の建物所有者全員の団地関係とともに、ⓑAB棟の敷地を核としたAB棟の建物所有者全員の団地関係およびCD棟の敷地を核としたCD棟の建物所有者全員の団地関係が成立する。

　具体的には、区分所有法は、①団地内の一部の建物所有者の共有に属する土地または附属施設（同法68条1項1号）、②団地内の区分所有建物（同項2号）を、団地管理規約により、団地管理組合の管理の対象とすることができることとしています。この場合、当該棟の区分所有建物と共用部分のすべてを団地管理の対象とすることも、その一部を管理対象とすることもできます。

　このような団地管理規約の変更のためには、団地管理組合の4分の3以上の決議（特別多数決議）だけでは足りません。具体的には、①の場合は当該部分の共有者の4分の3以上でその持分の4分の3以上を有するものの同意が必要とされ、②の場合には当該区分所有建物の区分所有者による集会を開き、区分所有者および議決権の各4分の3以上の多数による決議が必要となります。

　団地管理の対象としていたものを、個別の棟の管理の対象に戻したい場合には、団地管理組合の4分の3以上の決議によって規約を変更する必要があります。その際には、当該棟の管理組合において、総会の決議をし、新たに管理規約を制定する必要があります。

(B)　管理の方法

　以上の手続により団地管理組合が管理の対象を拡張した場合、団地管理組合は、団地共用部分だけではなく、個別の棟の区分所有建物などの修繕等を行うこととなります。団地全体の集会を開き、団地全体の管理について決議を行います。

　他方、上記の管理規約とした場合であっても、後記の区分所有法57条以降の決議や建替えなど、団地管理組合の集会では決議できないものがあるため、これらについては、棟の管理組合で集会を開き、決議をすることになります（標準管理規約（団地型）72条や73条で決議事項があげられています）。

　これらの集会の招集および議決の手続は、基本的に単棟型の区分所有建物の集会の方法が準用あるいは適用されることになりますので、対象となる区分所有者が団地全体となるか棟単位となるかの違いということになります。ですので、団地管理組合の集会を区分所有者が招集しようという場合には、

団地全体の区分所有者および議決権の5分の1以上の者が請求することになり、棟管理組合の集会を招集しようという場合には、当該棟の区分所有者および議決権の5分の1以上が請求することになるのです。

(C)　管理費および修繕積立金

　団地の場合には、管理対象が団地共用部分とそれ以外のものに分かれるため、管理費や修繕積立金の取扱いも単棟型とは異なってきます。

　管理規約で管理対象を拡張していない場合には、基本的に団地管理組合が団地共用部分に関する管理費および修繕積立金を徴収、管理し、各棟については、各棟の管理組合がこれを行うことになります。

　他方、管理規約により管理対象を拡張した場合（ここでは、団地内の全部の区分所有建物を団地管理の対象とした場合を前提とします）には、団地管理組合が一括して、管理費および修繕積立金を徴収、管理することになります。

　ここで、修繕積立金については、区分所有建物ごとに、補修等の時期や必要性に違いが生じることになるため、問題が生じ得ます。団地全体の修繕積立金と、棟別の修繕積立金を分けて徴収し、管理していれば、棟ごとにその修繕積立金を使って修繕をすれば足ります（標準管理規約（団地型）28条、29条は団地修繕積立金と棟修繕積立金について規定し、30条はこれらを分別管理することとしています）。

　しかし、多くの団地においては、このように分別せずに一括して管理していることが少なくありません。この場合には、全体で徴収している修繕積立金から、個々の区分所有建物の修繕費用をどの程度捻出してもよいのかという問題が生じます。このような問題を生じさせないためにも、団地の管理については、団地共用部分と棟の共用部分があることから、修繕積立金を分けて対応しておいたほうが望ましいと思われます（もっとも、この場合でも、すでに納入されている修繕積立金をどのように取り扱うかについてはやはり難しい問題があります）。

(3)　訴訟手続

　団地型マンションの場合、上記のとおり、団地管理組合と棟管理組合とが

併存するという関係にあるため、訴訟等の法的手続をとるに際しても、単棟型のマンションとは異なります。

(A)　滞納管理費等の請求訴訟

滞納管理費等を請求するための訴訟手続は、管理費等を団地管理組合として一括して徴収する形になっている場合には、団地管理組合の決議によって行うこととなります（標準管理規約（団地型）を前提にすると、団地管理組合の理事会の決議によります）。

他方、棟ごとに棟別修繕積立金を徴収している団地において、管理規約において団地管理組合でこれを徴収することとしていない場合には、棟別管理組合内の決議（棟の管理規約において理事会で訴訟提起等を行えるとする場合には棟の理事会の決議）によって行うこととなります。

管理規約違反に基づく差止請求訴訟についても、団地管理規約に基づく請求であれば団地管理組合が当事者となり、棟の管理規約に基づき請求するのであれば、棟の管理組合が当事者となりますので、それぞれの所定の手続を経ることになります。

(B)　区分所有法57条から60条の訴訟

区分所有法57条から60条の訴訟手続については、団地においてこれを準用していないため、団地全体の管理組合ではなく、棟の管理組合の決議によることとなります。

また、これは区分所有法に基づく訴訟であるため、棟の管理規約によって理事会決議で訴訟提起できると規定していたとしても、総会決議で行う必要があります。

この場合、棟別管理組合が実態として機能していなければ、当該棟の区分所有者の5分の1以上で議決権の5分の1以上を集め、集会を招集し、決議をしなければなりません。そして、代表となる区分所有者を棟の管理組合の管理者として（管理者とし、訴訟追行権を授与することについても決議をする必要があります）訴訟追行を行っていく必要がありますので、注意が必要です。

第③章

管理組合の会計と税務

I　管理組合の会計

1　管理組合の会計処理総論

(1)　管理費等とは

標準管理規約21条では、「敷地及び共用部分等の管理については、管理組合がその責任と負担においてこれを行うものとする」と定められています。管理組合には、敷地および共用部分の管理を行うことが求められ、その目的の達成のために、区分所有者から管理費等を徴収します。

管理費、修繕積立金について、区分所有法は定義を定めていませんが、管理費とは一般に、共用部分、敷地、附属施設の維持管理費用や管理組合の運営費用など、管理組合が行うマンションの管理全般に使われる費用をいい、修繕積立金は、将来行われる計画的修繕や災害などの緊急の場合の修繕などに備えるために積み立てられる金銭をいいます。

管理費、修繕積立金、専用使用料など、管理組合が区分所有者に請求し、月々定期的に徴収する金銭のことをあわせて「管理費等」と呼ぶことがあります。

管理費の総額は、1年間に発生する管理委託費、保険料、共用水道光熱費等の合算金額です。それを専有部分の床面積の割合に応じて月額に計算したものが、一般的な部屋別月額管理費となります。修繕積立金は、長期修繕計画書（25年以上の計画書）に基づいて計算された工事金額合計を1年単位に割り、さらに専有部分の床面積の割合に応じて月額に計算したものが一般的な部屋別月額修繕積立金となります。

区分所有法19条は、「各共有者は、規約に別段の定めがない限りその持分に応じて、共用部分の負担に任じ、共用部分から生ずる利益を収取する」と定めており、区分所有者である限り、当然に管理費支払義務を負うことになります。

(2)　管理費等の区分けと使途

管理組合の会計は、日常の建物の維持管理およびその他日常的な諸経費を

賄うための「管理費会計」（委託業務費、損害保険料、公租公課等）と、建物修繕のための計画的・将来的な支出に備えた、いわば貯金のような「修繕積立金会計」(大規模修繕工事費、エレベーター改修費等)の2種類に分かれています。

この区分は、標準管理規約25条に明記されています。

(3)　管理組合会計の種類

会計の種類は、一般的に営利会計と非営利会計に分かれます。営利を目的とする団体の代表である株式会社などは、企業会計で会計処理をしています。

マンション管理組合の場合、営利を目的とする団体ではないので、非営利会計に準じて会計処理をすることになります。

(4)　管理組合会計の内容

マンション会計業務の主な内容は、次のようなものです。

① 短期、中期、長期の事業計画と予算化の立案
② 会計帳簿の作成、収支状況（月次）の確認
③ 決算案の作成と報告
④ 収益事業がある場合は、諸税の申告と納付
⑤ 出納業務
⑥ 滞納者督促
⑦ 監査を受ける

(5)　管理組合会計報告の基準

管理組合会計報告は、一般原則として次の4点が基準となります。

① 予算準拠主義の原則　　予算に基づき収入、支出を行う。
② 複式簿記の原則
③ 真実性・明瞭性の原則　　財産状況は真実の内容を明瞭に表示する。
④ 継続性の原則　　計算書類の表示方法は、継続して行い、みだりに変更しない。

(6)　計算書類の種類

管理組合会計の計算書類は、次の計算書類を作成することが望ましいとされています。

① 　収支計算書

② 　貸借対照表

③ 　財産目録

④ 　支払明細書

(7)　会計処理の方法

　管理組合会計処理の方法では、現金主義（費用・収益の認識を現金の収支で認識する損益計算方式）ではなく、発生主義（費用・収益の認識を現金収支にとらわれず、合理的期間の帰属を通じて反映させる損益計算方式）で行うことを原則としています。すべての費用および収益はその支出および収入に基づいて計上し、その発生した期間に正しく反映するように処理することが必要です。

2　管理費等徴収方式

(1)　管理費等の徴収方法

　管理費等の徴収方法は、以下の3通りがあります。

(A)　現金集金

　各住戸を周り、現金を集金する方法です。自力管理方式を採用している管理組合以外では、最近ではほとんど実施されていません。

(B)　1つの金融機関に理事長名義の口座を開設し、同時に区分所有者も同機関に預金口座を開設する方法

　1つの金融機関に集約されるため、収納状況が早くわかります。

(C)　他銀行からの自動振替または集金代行会社を経由する方法

　管理費等が引き落とされる金融機関の口座を各区分所有者が自由に選択できる利点があります。

(2)　分別管理方式

　マンション管理適正化法施行規則の平成22年改正で、従来あった分別管理方式である原則方式、収納代行方式、支払一任代行方式が廃止され、イ・ロ・ハ方式に変更されました（〈図2〉参照）。

　従来わかりやすかった原則方式が、よりわかりにくい形に変更されました。

管理組合にとって、注意すべき課題の１つです。

（3）　保証契約

　管理会社に収納されている管理組合の管理費等について、保証契約があれば、全額が保証されているような錯覚を覚えますが、そうではありません。一般社団法人マンション管理業協会の管理費等保証委託契約約款１条によれば、あくまでも「管理費等１か月分の額を限度として」保証するものとされ

〈図２〉　改正前後の分別管理方式の相違点

従前の分別管理方式

①　原則方式
　　管理業者無関与で、管理組合員から直接、組合名義の口座に振込・振替を行い収納する方法

組合員　➡　管理費収納　保管口座
　　　　　　（管理組合名義）

②　収納代行方式
　　各種支払完了後、残った管理費等を１カ月以内に組合名義の保管口座へ収納する方式

組合員　➡　管理費等収納口座（管理業者名義）　➡　管理費等保管口座（管理組合名義）

③　支払一任代行方式
　　収納口座の印鑑と通帳は管理業者が保管。各種支払後、残りの管理費等を１カ月以内に組合名義の保管口座に収納する方式

組合員　➡　管理費等収納口座（管理組合名義）　➡　管理費等保管口座（管理組合名義）

①②③すべて廃止

改正後の分別管理方式
平成22年5月1日施行

イ　方式

組合員　― 修繕積立 / 管理費 →　収納口座　― 修繕積立 / 管理費用残額 →　保管口座

※今月分としての収納を翌月末までに保管口座へ資金移動。
※収納口座の名義は問わない。

ロ　方式

　　　　　　　　　　　　修繕積立費 →
組合員　管理費　管理組合名義 収納口座　→　保管口座

※修繕積立金は保証措置の対象とならない。
※今月分としての収納を翌月末までに保管口座へ資金移動。
※収納口座の名義は問わない。

ハ　方式

組合員　― 修繕積立費 / 管理費等 →　収納保管口座

※収納と保管を分けず、１つの口座しか認められていない。

89

ています。分別管理の方法として、翌月末日までに、管理会社の収納口座から管理組合の保管口座に資金移動するということは、収納口座に2カ月分は収納されているため、全額保証というものではありません（〈図2〉参照）。さらにいえば、上限が1カ月分ということです。

　これを考えると、旧原則方式であれば、収納口座が管理会社名義ではなく、管理組合名義の収納口座であって、管理会社が印鑑を保有しないので、保証契約をする必要はなく、安全な措置といえます。

3　管理費等の定め方

　区分所有法18条1項は、「共用部分の管理に関する事項は、……集会の決議で決する」と定めていますので、管理費は、総会の普通決議で定めることができます。ただし、原始規約で管理費の金額が定められているときは、それを改定するためには、区分所有者の数および議決権の各4分の3以上の賛成が必要となり、管理費の値上げが困難になる状況が見受けられます。そのような場合には、まず、管理費の金額はそのままにして、管理費を規約事項としている規定を削除することから始めるのがよいようです。

　区分所有法19条は、「各共有者は、規約に別段の定めがない限りその持分に応じて、共用部分の負担に任じ、共用部分から生ずる利益を収取する」と定めており、管理費の負担割合は、原則として共用部分の持分割合＝専有部分の床面積割合によります。ただし、規約で別段の定めをすることができます。修繕積立金についても同様に考えられています。

　管理費等の負担の差異がどこまで許容されるかは、当該差異が合理的と評価できるか否か、という観点から総合判断せざるを得ず、許容範囲を数値化することは困難です。しかし、区分所有法19条の趣旨および規約の内容について区分所有者間の利害の衡平を図らなければならないとする同法30条3項からすれば、たとえば専有部分の床面積割合による負担とされているにもかかわらず、他と比較して2倍以上の格差がある場合には無効となるものと考えられます。

　なお、専有部分の用途別に管理費等に差を設けることは、合理的な理由が
あれば2倍以上の格差も有効とした裁判例があります。住居部分と店舗部分
では、たとえば、不特定多数の人が出入りするなど、共用部分や敷地の利用
状況や態様が異なるなどの合理的な理由がある場合には、管理費の負担割合
に差を設けることも一般に許容されています（東京地裁昭和58年5月30日判決
（判時1094号57頁）は、店舗部分について、住居部分の2倍以上の管理費を定めた
規約を有効としています）。

　どのくらいの差までが有効となるかはケースによります。ただし、使用頻
度の立証となるとなかなか困難な面もあり、判例の傾向としては、使用頻度
の差は管理費に差を設ける合理的理由とはならないとする傾向がありそうで
す（東京高裁昭和59年11月29日判決（判時1139号44頁））。

　また、法人と個人で、管理費に差を設ける総会決議の有効性が争われた事
案では、負担能力の差は合理的な理由とならないとして、法人と個人で1.72
対1、1.65対1の差異を設けた総会決議を無効としています（東京地裁平成2
年7月24日判決（判時1382号83頁））。

　平成14年改正で新設された区分所有法30条3項は、「規約は、専有部分若
しくは共用部分又は建物の敷地若しくは附属施設……につき、これらの形状、
面積、位置関係、使用目的及び利用状況並びに区分所有者が支払った対価そ
の他の事情を総合的に考慮して、区分所有者間の利害の衡平が図られるよう
に定めなければならない」としていますので、今後、事例の集積が待たれる
ところです。

II　管理費等滞納者への対応

1　総　論

　マンションの適切な管理のためには、区分所有者から、管理費等（管理費
や修繕積立金）がしっかりと支払われていることがとても重要です。しかし、
マンションというのは長年にわたって存続するため、その間、高齢化や、病

気、失業等で状況が変わることにより、区分所有者が管理費等を支払うことができないということが発生することがあります。また、マンションの管理方法などに不満を抱いた区分所有者が管理費等の支払いを拒むこともあるかもしれません。

　このような状況を放置すれば、管理不全マンションともなりかねないため、早期かつ適切に対応する必要性がとても高いといえます。

　本項では、管理費等の滞納問題について論じます。

2　管理費等の性質

(1)　時　効

　管理費等の消滅時効は、5年間と考えられています（最高裁平成16年4月23日判決（民集58巻4号959頁））。民法改正後も、管理費等の消滅時効は期限の到来から5年間と考えられます（第7章Ⅰ2(3)参照）。管理組合としては、管理費等が時効消滅しないように適切に管理する必要があります。

　時効消滅を妨げるための方法についても、民法の改正により、「時効の更新」（従前の時効の中断にあたるもの）と「時効の完成猶予」（従前の時効の停止にあたるもの）と整理されました。

　たとえば、時効の更新のためには、債務者の承認や差押え、裁判上の請求などを行う必要があります（なお、裁判上の請求は、権利が確定せずに裁判が終わった場合には、別途の時効の更新のための対応が必要となりますので、注意が必要です）。

　また、「うちは定期的に通知文を送って請求しているから大丈夫」と理解している管理組合の方もいるかもしれませんが、こういった裁判外での催告は、請求時から6カ月間時効の完成を猶予するにすぎず、時効の更新のためには別途裁判上の請求などをする必要があります（改正民法150条）。通知文だけでは時効消滅を防ぐことはできませんので、注意が必要です。

(2)　特定承継人への請求

(A)　請求できる範囲

　区分所有法上、規約に基づく債務については、マンションの特定承継人（買い受けた人など）にも請求できることになります（同法8条）。特定承継人から滞納管理費等を支払ってもらうことができるため、滞納問題に対処することが可能となります。

　特定承継人に対して請求できる範囲として、一括受給している場合の電気料金や水道料金などまでを請求できるかという問題があります。名古屋高裁平成25年2月22日判決（判時2188号62頁）などは、一括受給する必要性を考慮し、特定承継人への請求を認めています。もっとも、必要性がある場合などに限定されますので、注意が必要です。

　駐車料金については、契約に基づき発生するものであるため、当然には特定承継人に請求できないとする考えが多いようですが、管理規約で規定している場合には特定承継人に滞納駐車料金を請求できるとする考えもありますので（上記名古屋高裁判決も、管理規約に駐車場料金についての規定がある事案において、駐車料金の特定承継人への請求を認めています）、管理組合としてはそのような対応が望ましいといえるでしょう。

(B)　特定承継人となる者

　特定承継人とは、マンションを直接買い受けた者だけではなく、競売により取得した者や譲渡担保権者も含まれます（前者につき東京地裁平成9年6月26日判決（判時1634号94頁）、後者につき、東京地裁平成6年3月29日判決（判時1521号80頁））。

　また、滞納者から買い受け、これを転売した後の中間取得者（たとえば、転売して利益を上げる不動産業者など）も、近時の裁判例では、特定承継人にあたるとされています（大阪地裁平成21年3月12日判決（判タ1326号275頁）など）。

　管理組合としては、区分所有者が変更した場合には、区分所有者（組合員）名簿が適切に更新されるように徹底したり、登記事項証明書を取得するなどして、区分所有者が誰であるかを確認しておくとよいでしょう。

(3)　賃借人への請求

　滞納管理費等を賃借人に請求できるかですが、これはできないと考えられます（東京地裁平成16年5月31日判決）。

　もっとも、後で述べる強制執行として、滞納者の賃借人に対する賃料支払請求権を差し押さえることにより、賃借人から滞納管理費等を回収するということは可能と考えられます。

(4)　配偶者居住権に基づき居住している配偶者への請求

　令和2年4月1日施行の改正相続法により、被相続人が死亡した場合、配偶者が配偶者居住権を取得する場合があります。この場合、所有者は別に存在し、配偶者は配偶者居住権により無償で建物に居住します。

　マンションに配偶者居住権に基づき配偶者が居住している場合でも、滞納管理費等はあくまで所有者にのみ請求することになります。

(5)　自分が使う共用部分ではない（一部共用部分である）として管理費等の支払いを拒むことができるか

　たとえば、1階の区分所有者は、通常はエレベーターを利用していませんので、その分の管理費等の支払いを拒むことが考えられます。

　しかし、一部共用部分となるためには、これが一部の区分所有者のみの共用であることが明白であることが必要であるとされており、エレベーターはこれにあたらないと考えられます。そして、全体の共用部分である以上、それにかかる管理費等の支払いをする義務を免れることはできないとして、管理費等の支払義務を争った主張を否定した判決があります（東京高裁昭和59年11月29日判決（判タ566号155頁））。

3　滞納者への対応方法

(1)　はじめに

　滞納者への対応方法としては、以下に記載するような法的措置が考えられます。しかし、これらはいずれも期間や費用がかかります。ですので、管理組合としては、まずは滞納者との間でよく話し合う機会をもち、滞納の理由

を確認するとともに支払いを促すことが重要です。

　また、時間が経過すればするほど、対応が困難になってしまいますので、滞納額が少ない早期の段階で対処することが必要です。

(2)　任意の話合い

　滞納者には早期に対応することが望ましいので、まずは、管理組合として、話合いの機会をもつなどして、滞納の理由を確認することがよいでしょう。

　たとえば、滞納の理由が管理に対する不満などであれば、これについてしっかりと説明をすることで、滞納が解消するかもしれませんし、「自分は1階の区分所有者なので、全体に関する管理費等は支払う義務がない」などと主張するのであれば、法律的な説明をすることで対応できるかもしれません。

　支払う意思はあるが、現在事情があり支払えないというのであれば、分割払いなどの対応策を検討してもよいでしょう。

　しかし、話合いを拒否したり、話合いをしても支払う意思がないような場合には、後記(3)のような措置を検討する必要があるでしょう。

(3)　訴訟などの法的措置

　滞納者に対して行うことができる法的措置としては、以下のようなものがあります。

(A)　支払督促

　裁判所に行くことなく、書面審理だけで滞納区分所有者に支払督促を出してもらうことができます。支払督促は判決と同じ効力がありますので、強制執行をすることもできます。この方法は費用も安く、簡単に利用することができます。

　ただし、滞納区分所有者が支払督促に異議を出した場合には通常訴訟の手続に移行しますので、注意が必要です。

(B)　少額訴訟

　少額（60万円まで）の請求をする場合に利用することができる制度です。原則として1回の期日で審理を終え、判決を出してもらうことができますし、通常訴訟よりも費用を抑えることができます。

支払督促だと異議が出されることが予想される場合には、この少額訴訟を利用することを検討してもよいでしょう。

(C)　訴　　訟

一般的に知られている裁判のことです。

前記(A)(B)の２つに比べて、時間と費用がかかりますが、滞納金が多額である、あるいは支払督促を出しても異議が出されそうというときは、最初から通常訴訟を提起したほうがよい場合もあるでしょう。

なお、区分所有者が今後も支払いをしないと思われる場合、滞納分だけではなく、今後発生する管理費等の支払いも命じさせることができる場合があり、滞納者への対応には有効な場合があります。

(D)　強制執行

前記(A)(B)(C)の３つの方法により判決など（これらを債務名義といいます）を取得すると、滞納者の財産の差押えをすることができ、これにより管理費等を回収することができます。

もっとも、滞納者の財産を把握していないと強制執行により回収することはできません。たとえば、勤務先や、預金口座の支店名までを把握している必要があります。また、マンション自体を競売にかけることも可能ですが、マンションに抵当権が設定されていたり、税金の滞納があったりして、売却金額がこれらに満たないような場合には、競売自体を進めることができません（剰余主義、民事執行法63条）。現実には、以上のような問題から回収ができないという事態が少なくありません。

なお、令和２年４月１日に施行された民事執行法では、①不動産に関する情報取得手続（民事執行法205条）、②預貯金債権等に係る情報取得手続（同法207条）などが新設されました。特に、②の手続をとることで、滞納者の預金口座が不明であるという問題については、ある程度対応ができるようになる見通しです。強制執行を行う際には、これらの手続を行うことも検討しながら、対応すればよいと考えます。

⒠　先取特権による競売

マンションの管理費等については先取特権というものが認められており（区分所有法7条）、前記(A)～(C)の手続をすることなく、マンションを競売することができます。

しかし、この場合も、上記の剰余主義が適用されるため、必ずしも実効的とはいいにくいと思われます。なお、抵当権の設定の有無は登記事項証明書を見れば確認できます。

⒡　配当要求

前記(D)と(E)は管理組合自身が競売を申し立てて手続を進めることになりますが、他の債権者が競売を申し立てている場合には、配当要求の手続をすることにより、この競売手続内で配当を受けられることがあります。

⑷　59条競売

以上のような方策が功を奏しない場合、その人の所有建物を区分所有法59条に基づいて競売にかけることが可能です。

区分所有法59条は、「区分所有者の共同の利益に反する行為」がある場合、マンションを競売できる旨規定しており、管理費の滞納もこれにあたると考えられているため、滞納額が大きくなった場合には、59条競売の申立ても選択肢になり得ます。

いくら滞納があれば競売が認められる程度となるのかということには明確な基準はありませんので、実際に訴訟にするかどうかの決断は難しいですが、この方法によれば、滞納者自体を排除することができ、滞納問題を根本的に解決することもできるため、最終手段としては検討に値するものと考えられます。

また、59条競売が認められるためには、「他の方法によってはその障害を除去して共用部分の利用の確保その他の区分所有者の共同生活の維持を図ることが困難であるとき」という要件を満たす必要があります。たとえば、マンションを競売にかけたものの、無剰余取消しされてしまった場合などが考えられますが、実際に競売にかけなくても、登記記録上抵当権が設定されて

いることなどの事情があれば、このような要件を満たすこともあります。

　詳細は事案によりますので、59条競売を進める場合には、専門家に相談するとよいでしょう。

　なお、競売を認める判決が出された後に区分所有者が部屋を他人に売ってしまうと、そのマンションを競売することはできなくなってしまいます（最高裁平成23年10月11日判決（集民238号1頁））ので、判決が認められた場合には迅速な対応が必要になります。なお、これを回避するために、59条競売を求める裁判を申し立てる前に、所有者を変更しないように仮処分を申し立てることについては、最高裁はこれを否定しています（最高裁平成28年3月18日決定（民集70巻3号937頁））。ですので、59条競売をしようとする場合には、判決後すぐに競売をできるようにするしかありません。

(5)　58条による使用禁止

　区分所有法58条は、共同の利益に反する行為をしている場合、専有部分の使用禁止を請求できるとしています。上記のとおり、管理費等の滞納は共同の利益に反する行為といえますので、本条により専有部分の使用禁止を求めることも考えられます。

　しかし、専有部分の使用を禁止しても、滞納の解消には直結しないという理由で、裁判所は、現状においてはこれを認めていません（大阪高裁平成14年5月16日判決（判タ1109号253頁））。

(6)　水道・電気等の供給停止

　管理組合が水道や電気の料金を集金しているような場合、滞納者に対する水道や電気等の供給を停止することで、事実上、支払いを促そうとすることが考えられます。

　しかし、供給停止をしたことが区分所有者の平穏な生活を侵害するものであるなどとして、不法行為であるとして管理組合に損害賠償を命じた裁判例があります（福岡地裁小倉支部平成9年5月7日判決など）。

　水道や電気が生活において不可欠なものであることからすれば、たとえ管理費等を滞納している人がいるとしても、これらを停止する措置を講じるこ

とは、基本的には避けたほうがよいでしょう。

(7)　氏名公表

　管理費等を滞納している人の氏名などを公表することで、事実上、支払いを促そうという管理組合がしばしばありますが、滞納者側から、これがプライバシー権の侵害や名誉毀損であるとして、管理組合に対して慰謝料の請求を求めることが考えられます。

　東京地裁平成11年12月24日判決（判時1712号159頁）は、管理組合が、事前に支払いの意思があるのであれば公表を控える旨を伝え、管理費等を一部でも支払っていれば氏名を削除する措置を講じていたなどの点を考慮し、立看板の設置による氏名の公表は不法行為にはあたらないとしました。

　しかし、個人情報の取扱いについて議論のある現在においても、この裁判例と全く同じように考えられるとは限らないことなどからすれば、管理組合としては、安易な氏名の公表は差し控えたほうがよいでしょう。少なくとも、規約において、管理費等の回収に関して氏名の公表に関するルールを定め、ルールに従って実際に公表をする場合にも、事前に通知をし対処の機会を与えておくなどの必要があるといえるでしょう。

4　法的措置をとる場合の注意点

(1)　決　議

　前記3で述べた法的措置を講じる場合には、その旨の決議を経る必要があります。基本的には総会決議によることになりますが、標準管理規約54条1項7号、60条4項のような規定がある場合には、理事会決議で足りると考えられます。

　裁判所において手続をする際には、適切な内部手続をとっている資料として、管理規約のほか、これらの決議に関する議事録の提出を求められることが一般的です。

(2)　遅延損害金

滞納者に対しては、遅延損害金を請求することができます。

　管理規約に遅延損害金の規定がある場合には、それに基づく利率の遅延損害金を請求することになります（たとえば、標準管理規約60条2項は規定において利率を決めることとしています）が、規約に定めがない場合には平成29年改正後の民法のもとでは年3％の割合となります（改正民法404条。なお、法定利率は、3年ごとに見直される予定です）。また、遅延損害金は、各支払期日の翌日から請求することになります。

(3)　弁護士費用

　法的措置を講じる場合には、弁護士に費用を支出して依頼することがあります。この弁護士費用については、管理規約に規定することで、滞納者に請求することができます。

　たとえば、標準管理規約60条2項のように「違約金として」弁護士費用を負担させるようにしておくとよいでしょう。この場合、実際に支払った弁護士費用を滞納者に請求できると考えられます（東京高裁平成26年4月16日判決（判時2226号26頁））。

　上記のような管理規約にしていない場合には、弁護士費用を負担しても、これを滞納者に請求することができなくなってしまいます。

Ⅲ　マンション管理と保険

1　マンションのリスクと保険

　火災、爆発、落雷、風災、雪災、水ぬれ、破損、汚損など、マンションの賠償事故リスクは多様です。上記のような各種の事故による損害のほか、地震による損害や電気的・機械的事故、個人の賠償責任となる事故などが考えられます。

　マンションを取り巻くリスクを考えた場合、マンションに損害保険をかけておかないと、事故が起こって、管理組合が責任を負う場合、管理組合の費用負担で損害を補償することになりますので、保険を賢く利用することが重要です。

2　マンション総合保険の対象の範囲

　マンション総合保険は、建物の共用部分および共用部分に収容される区分所有者共有の動産が対象となり、マンションの専有部分は、対象になりません。対象の範囲は、具体的には以下のとおりです。

　①　専有部分以外の建物の部分

　②　専有部分に属さない建物の附属物で建物に直接附属する設備

　③　専有部分に属さない建物の附属物で建物に直接附属しない設備

　④　管理規約により共用部分となる建物の部分または附属の建物

　⑤　①〜④までに掲げる部分にある畳、建具その他これらに類する物

　⑥　①〜⑤に収容される区分所有者共有の動産

　なお、マンションの共用部分の範囲を決める基準として、上塗り基準と壁芯基準があります。

　「上塗り基準」とは、共用部分と専有部分の境界を天井、壁、床など部屋の内側とする基準です。

　「壁芯基準」とは、共用部分と専有部分の境界を天井、壁、床などの真ん中（芯）とするものです。

　共用部分と専有部分の区別については、管理規約に定められていますので、確認しましょう。

〈図3〉　壁芯基準と上塗り基準

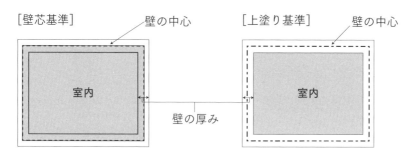

3　契約プラン

　契約プランは、各マンションの形態でさまざまな違いがありますので、代表的な契約プランを紹介します。

【物件サンプル】

東京都荒川区所在

築20年、10階建て、住居数28戸

　下記プランは、あくまでも一般的なマンション保険の一例です。

　また、各マンションでの補償の相違点として、免責金額（保険使用の際に管理組合が負担する金額）が異なっていたり、水災が不担保にされている場合等があります。

満期日	令和○年○月○○日
建物評価額	1億6,370万円
保険金額	1億6,370万円
個人賠償責任	3,000万円
施設賠償責任	1億円
地震保険	加入
保険料	411,290円／年

【補償内容】　　　　　　　　　　　　　　　　※黒塗り部分は不担保です。

No.	補償項目	お支払い保険金
1	火災	損害額（免責1万円）
2	落雷	損害額（免責1万円）
3	破裂・爆発	損害額（免責1万円）
4	建物外部からの物体の飛来・衝突	損害額（免責1万円）
5	騒じょう・集団行動	損害額（免責1万円）
6	風災・ひょう災・雪災	損害額（免責1万円）
7	盗難による盗取・き損・汚損	損害額（免責1万円）
8	水濡れ	損害額（免責1万円）
9	水災	

10	上記以外の破損・汚損等	損害額（免責1万円）
11	共用部付属機械設備補償	損害額（免責1万円）※1事故300万円限度
12	ドアロック交換費用	
13	水道管修理費用（凍結）	
14	臨時費用	損害保険金×20%（3,000万円限度）
15	残存物取り片付け費用	実費
16	失火見舞い費用	実費（被災世帯×30万円限度、損害保険金×30%限度）
17	修理付帯費用	実費（契約金×30%または1,000万円のいずれか低い額）
18	損害防止費用	
19	地震火災費用	
20	水濡れ原因調査費用	実費（1事故につき100万円限度）
21	個人賠償責任	損害額（免責0円）
22	施設賠償責任	損害額（免責0円）
23	共用部什器・備品等損害賠償	
24	地震保険	損害状況により100%・60%・30%・5%

4　地震保険

　平成28年（2016年）熊本地震が起き、いつ首都圏直下型地震や南海トラフ地震が起きてもおかしくないという状況にあることから、最近は、地震保険に加入する管理組合が増えています。

　地震保険の補償対象としては、居住の用に供する建物および家財であり、地震により建物が倒壊・破損した場合、津波により建物が流された場合、地震により建物に火災が発生し炎上した場合、もしくは地震により火災が発生し範囲が拡大・延焼したことによって建物が炎上した場合に、保険金が支払われることになります。

　ここでポイントとなるのが、地震による火災は通常の火災保険の補償対象外となる点です。損害もしくは損害の拡大原因が地震の場合は、地震保険でなければ保険の対象とはならないのです。

　以下のとおり、従来、地震保険はその損害の程度により3段階での損害評価を行っていました。

●建物の損害の程度の基準
・全損：建物主要構造部への損害が時価額の50％、もしくは焼失・流失した床面積が70％以上となった場合
・半損：建物主要構造部への損害が時価額の20％以上〜50％未満、もしくは焼失・流失した床面積が20％以上〜70％未満となった場合
・一部損：建物主要構造部への損害は時価額の3％以上〜20％未満、もしくは床上浸水か、地盤面から45cmを超える浸水を受け、その損害が全損・半損に至らない場合
●保険金の支払金額
・全損：地震保険金額の100％
・半損：地震保険金額の50％
・一部損：地震保険金額の5％

しかし、地震保険は平成29年1月より商品内容が改定されました。改定内容は、以下のとおりです。

●保険料の改定（全国平均で、約5％強の引上げ）
●損害区分の変更（半損が大半損と小半損の2区分に分割）
・大半損：建物主要構造部への損害が時価額の40％以上〜50％未満、もしくは焼失・流失した床面積が50％以上〜70％未満となった場合。
支払保険金：地震保険金額の60％
・小半損：建物主要構造部への損害が時価額の20％以上〜40％未満、もしくは焼失・流失した床面積が20％以上〜50％未満となった場合。
支払保険金：地震保険金額の30％

なお、すでに契約されているものは、改定前の内容にて損害認定等を行います。満期を迎えた契約から、更新時に改定後の内容が適用されることにな

ります。

5　個人賠償責任保険

　個人賠償責任保険は、本来、個人でかける保険ですが、管理組合で一括してかけることもできます。区分所有者が不注意で階下に水漏れ損害を与えたというような場合に、保険が適用されることになりますので、管理組合内のトラブルを防ぐ意味で、一括して保険をかけておくことをお勧めします。

6　自転車保険

　東京都や兵庫県では、条例で自転車保険の加入が義務化されました。各都道府県でも同様の条例を制定する動きがあります。これは、平成20年に、小学生が自転車を運転して、60歳代女性に衝突して重傷（重い障害）を負わせた事故がきっかけです。この事故で、神戸地方裁判所は、小学生の保護者に約9500万円の支払いを命じました。

　マンションでは、自転車を利用する方が多く、また自転車シェアリングも一定程度普及してきていますので、自転車保険のポイントを以下に説明します。

　自転車保険には、大きく分けて3種類があります。

①　自転車単独保険（自転車による事故のみを補償する保険）

②　自動車保険や火災保険など別の保険に付く特約としてのもの（個人賠償責任保険）

③　自転車の点検整備で付帯される保険（TSマーク）

　詳しくは、〔表5〕を参照してください。

　個人の自転車は個人の責任で、共用自転車は管理組合の責任で、保険に加入しましょう。

7　マンション総合保険の見直し

　マンション総合保険が満期になり、契約を見直す時期があります。その際、

〔表5〕　自転車保険の種類

名　称	保険料 （概算）	補償内容 （代表的な内容）	特徴（注意点）
自転車 単独保険	300円〜1200 円／年	入院日額4000円、 手術4万円、死亡 250万円 賠償2億円	家族がいる場合にはおのおの個 別加入もしくは家族タイプへの 加入が必要 自転車の所有は問わない
個人賠償 責任保険	2000円／年	賠償1億円〜無制 限	同居家族で2契約以上は不要 単独加入不可。既存の保険に付 帯する必要がある 自転車の所有は問わない
TSマーク	自転車整備費 用に含まれる	入院一時金1万円 or10万円 賠償1000万円or 1億円	入院は15日以上から支払われる 賠償は相手に死亡か重度後遺障 害を負わせた場合のみ シールが貼ってある自転車のみ 対象

どのような内容を比較検討するのかが、総会・理事会で話題となります。

　比較検討すべき内容は、以下のとおりです。

●補償項目の見直し

　どのようなときに保険が下りるのか、管理組合としておおよそでも把握しておくことはとても大切です。

　補償項目として代表的なものは、以下のとおりです。

・火災や雷、風など天災による損害

・洪水や浸水など水による損害

・飛来物などによる損害

・地震による損害

・漏水の原因調査費用補償

・賠償補償

　これらの補償項目のうち、自身のマンションがどこまでカバーされているかを見ておきましょう。その際、行政が公開している災害ハザードマップをあわせて見ておくとよいでしょう。

●保険金額の見直し

　マンション保険の保険金額は、通常、再建築に必要な金額を基準に設定します。しかし、マンションの場合には普通の民家と異なり、建物全体が全焼する可能性は低いため、金額を下げて加入する例も多いです。

　万が一全焼したとき、保険金をどのように使うかも重要です。建物を再建するか、修繕するか、全戸に均等分配するかなど、それぞれの場合で必要な金額は違うはずです。一度理事会などで話し合ってみるのもよいかと思います。

●保険期間の見直し

　マンションの保険は以前から値上がりが続いており、特に首都圏に関しては昨今の異常気象の影響もあり、今後も値上がり基調であるといわれています。

　保険期間を長期とすることにより、値上げを先送りすることが可能です。

また、マンション保険の更新の際に特に大事なポイントは以下の2点です。

①　必ず複数の保険会社で見積りをとる　　各保険会社において、現在は保険料差がかなり大きくなっています。複数の見積りをとることにより、同じ条件でより安価な契約に結びつけることができます。

②　賠償補償の有無　　賠償補償は、マンション保険においては主に漏水事故が起きた際に必要となります。マンションの共用部分配管が原因であれば施設賠償特約、専有部分配管からであれば個人賠償包括特約に基づいて補償されます。漏水事故は居住者同士のトラブルに発展しやすく、マンション保険でカバーしておくことにより未然にトラブルを回避できる可能性が高まります。

Ⅳ　管理組合の税務

1　管理組合の法人税法上の取扱い

　マンションの管理組合は、「法人でない社団または財団で代表者または管理人の定めがある」ことから、法人税法上は人格のない社団等に該当します（法人税法2条8号）。また、管理組合法人は法人税法上、公益法人等とみなされます（区分所有法47条13項）。

　人格のない社団である管理組合および管理組合法人（以下、「管理組合等」といいます）は、通常、課税されることはありません。しかし、「収益事業を営む場合に限り」どちらも収益事業の所得等に対して課税されることになります（法人税法3条、5条、7条）。

　収益事業とは物品販売業、不動産販売業、不動産貸付業、製造業、通信業、飲食業、旅館業等34業種がありますが、マンション管理組合がこれらの事業を継続的に行っている場合には収益事業に該当することになります。

　なお、管理組合等が行う収益事業の具体例としては、以下のものが考えられます。

① 　不動産貸付業（携帯電話基地局設置収入、自動販売機設置収入、電柱設置収入、ケーブルテレビ設置収入、区分所有者以外への会議室のレンタル料収入等）
② 　製造業（太陽光発電設備による売電収入等）
③ 　駐車場業（区分所有者以外から受領する駐車場収入等）

2　課税・非課税の判断基準

　駐車場収入を例にとると、区分所有者（組合員）以外の者に駐車場を貸している場合、以下の3通りのケースが想定されます。

ケース1　　マンションに恒常的に駐車場の空きスペースがあり、管理

費や修繕積立金を補填する目的もあって、外部にも広く利用者を募集

し、募集要件も区分所有者と外部利用者とを同一としているもの。

ケース２　マンションの駐車場に空きスペースが多いが、あくまで区
分所有者優先で利用者を募集しており、区分所有者からの希望がある
場合には外部利用者には一定期間経過後に明渡しを求めるもの。

ケース３　区分所有者の退去によりマンションの駐車場に一時的に空
きスペースが生じたが、たまたま近隣で工事をしている事業者に短期
で貸し付けるもの。

ここで、収益事業とならないための要件としては、以下のものがあげられ
ます。

① 区分所有者のための共済的事業（区分所有者同士で助け合う事業）であ
ること

② 駐車料金は区分所有者が駐車場の敷地を特別に利用することによる管
理費の割増金であること

③ 駐車場の使用料収入は区分所有者に分配せず、管理費、修繕積立金に
充当されること

以上の３要件から考えると、ケース１は、募集は外部に対しても広く行い、
また、募集要件が区分所有者と外部利用者とで同一であるため、区分所有者
に対する優先性が全くみられないことから、区分所有者のための共済的事業
とは認められず、区分所有者とそれ以外の者からの駐車場収入がすべて収益
事業に該当することになると思われます。

ケース２は、区分所有者を優先する条件を設定していることから、区分所
有者の使用部分は収益事業に該当しないものの、区分所有者以外から得る駐
車料金は、管理費の割増金という性質ではないことから、外部使用分につい
ては収益事業に該当することになります。

ケース３では、区分所有者の利用の妨げにならない範囲で短期的に貸し付
けているものであることから、外部使用についても共済的事業と一体的に行

109

われているものとして、その全体が収益事業に該当しないことと思われます。

　なお、国税庁ウェブサイトの「マンション管理組合が区分所有者以外の者へのマンション駐車場の使用を認めた場合の収益事業の判定について」（平成24年2月13日回答）を参照してください。上記の例では、区分所有者のための共済的事業という判断ポイントが国税庁から提示されています。

　携帯電話基地局設置収入などについては年間100万円を超える収入がある場合もあるようですが、これを共済的事業というのは難しく、収益事業として確定申告する必要がありそうです。

3　必要経費

　上記の収益事業には必要経費が認められます。必要経費には、収益事業について直接要した費用の直接経費と、収益事業と収益事業以外の事業に共通する費用である共通経費が考えられます。

(1)　直接経費

　直接経費としては、電気使用量メーターを別管理している携帯電話基地局の電気料、外部への駐車場募集費、広告宣伝費、管理組合が取得した太陽光発電設備の減価償却費、税務申告のための税理士報酬などが考えられます。

(2)　共通経費

　共通経費としては、区分所有者と外部使用者が混在する駐車場のメンテナンス費用、電気使用量メーターが共通の場合の携帯電話基地局の電気料、管理委託費のうち収益事業と非収益事業に共通する費用などが考えられます。

(3)　共通経費の按分

　管理組合等が収益事業と収益事業以外の事業を行っている場合における費用または損失の額の区分経理について、共通経費の額は、継続的に、資産の使用割合、従業員の従事割合、資産の帳簿価額の比、収入金額の比その他当該費用または損失の性質に応ずる合理的な基準により収益事業と収益事業以外の事業とに配賦し、これに基づいて経理するとされています（法人税法基本通達15−2−5）。

　また、減価償却費については、管理組合が収益事業を始めるにあたり「取得」した資産のみがその対象となり、マンション建築当初の設備は対象となりません。管理組合等で売電事業を始めるため太陽光発電のパネルを購入し、設置する場合には、減価償却費の対象資産となります。

4　届出と申告

(1)　収益事業開始の届出

　管理組合等が収益事業を開始したときには、以下の書類等を提出しなければなりません。

①　収益事業開始届出書　　所轄税務署長に対して、収益事業を開始した日以後2カ月以内に、管理規約を添付して提出します。

②　青色申告承認申請書（任意）　　所轄税務署長に対して収益事業開始日以後3カ月を経過した日か事業年度終了日のいずれか早い日の前日までに提出します。

③　法人住民税、事業税　　税務署に対するものと同様、所轄都税事務所（県税事務所）、市役所に対して必ず事業開始届出書を提出します。

(2)　申告手続

　原則として事業年度終了の日の翌日から2カ月以内に確定した決算に基づき、マンションの所在地を所轄する税務署長に法人税の確定申告書を提出し、納税します。

　確定申告書には下記の書類を添付します。

①　貸借対照表（必ずしも必要ではありません）

②　損益計算書または収支計算書　　共通経費を計上する場合には算定基準の記載があったほうがよいでしょう。

③　法人事業概況説明書

④　管理費会計の収支計算書

⑤　修繕積立金会計の収支計算書

駐車場貸付け等の収益事業会計、管理費収入の管理費会計、修繕積立金を

扱う修繕積立金会計は、経理処理上一体となって計算されますので、それぞれの収支明細の添付が必要になります。

　たとえば、収益事業の期間が4月から翌年3月の場合、申告期限は5月末となりますが、管理費会計が完了しないと収益事業会計も確定しないでしょう。もし、5月末までに収益事業の決算が確定しない場合には、事前に税務署等に届出をすることにより、申告期限を1カ月延長できます。ただし、延納の利子税が、令和2年5月現在、年率1.6％課税されます。

　同時に東京23区の場合には都税事務所、23区以外の場合には都税事務所と市役所、県の場合には県税事務所と市役所へ法人住民税、事業税の申告および納税も行います。

(3) 税率および税額

　管理組合等の法人税の税率は、資本金1億円以下の中小企業と同じです。年800万円以下の所得（収入－経費）については15％（年800万円超の所得については23.2％）となります。さらに、地方法人税が法人税額の10.3％課税されます。

　法人住民税は、法人税額の7％（法人税額が年1000万円以下で東京23区の場合）の法人税割と、均等割7万円（東京23区の場合）が課税されます。

　法人事業税は、所得金額に応じて所得金額の3.5％〜7.48％の所得割と、所得割の37％の特別法人事業税が課税されます。

　なお、上記税率は、いずれも令和元年10月1日以後開始事業年度のものとなります。

（例）　令和2年9月期で利益100万円が出た管理組合（東京23区）の場合

法　人　税　　100万円×15％＝15万円

地方法人税　　15万円×10.3％＝1万5400円

法人住民税

　（法人税割）　15万円×7％＝1万500円

　（均等割）　　7万円

法人事業税
　（所得割）　　100万円×3.5％＝3万5000円
　（特別地方法人税）　3万5000円×37％＝1万2900円（百円未満切捨て）
　合　　　計　　29万3800円

(4)　確定申告を行う者

　確定申告については、管理組合等の区分所有者自ら行うことが可能ですし、税理士に申告を依頼することもできます。しかし、管理会社の社員が申告を代行することは税理士法違反となりますのでご注意ください。

(5)　申告しない場合の罰則

　管理組合等が収益事業を行い、申告義務があるにもかかわらず申告せず、無申告を税務署から指摘された場合、最長5年間さかのぼって申告しなければなりません。

　この場合、下記の加算税が課税されます。
① 　無申告加算税（法人税）　　納税額の15％から20％。
② 　不申告加算金（事業税）　　納税額の15％から20％。

　ただし、税務署から指摘を受ける前に自主申告した場合には、5％の加算となります。税務署からの「お尋ね」がきた場合、速やかに申告すれば、加算税はこの5％で済みます。

　その他、税金を申告期限までに納付しなかったことによる延滞税（国税）と延滞金（地方税）が課税されます。令和2年5月現在年率2.6％となります。

　管理組合等が収益事業を開始したときには、理事会、総会等において速やかに申告手続を進めることをご検討ください。

5　管理組合とマイナンバー

　平成28年から施行されたマイナンバー制度ですが、管理組合等がマイナンバーの取扱者になる可能性はあります。理事に給料を支払う場合や税理士に報酬を支払う場合等です。

　税務署に対して法定調書を提出する際に、理事の源泉徴収票や税理士の支払調書にマイナンバーを記入します。

　マイナンバーは取扱いに十分気をつける必要があります。預かった者がマイナンバーを漏らした場合には厳格な罰則も設けられています。マイナンバーの記載書類は必ず鍵のかかるキャビネット等に保管しておきましょう。

第④章

共用部分の維持管理

Ⅰ　はじめに——マンション維持管理の基礎

1　日常修繕と定期修繕

マンションの維持管理の目的は、「マンションの利用に支障なく健全な状態に保つこと」です。そのための維持管理を分けると次のようになります。

① 　日常修繕　　日々の点検をもとに緊急性のある内容や必要性の高い内容を修繕します。(例)廊下の照明機具交換、植栽の剪定など。

② 　定期修繕　　年1回や5年、10年単位で行われる建物全体の点検により、大きな不具合が生じていないかを点検し、必要に応じて修繕します。修繕工事の規模により、中規模修繕、大規模修繕などと呼ばれます。(例)外壁補修工事、防水補修工事、鉄部塗装工事、設備配管更新工事など。

③ 　改修　　居住者の年齢的変化、社会的状況の変化など、時代変化により不足あるいは陳腐化した機能を改良します。(例)バリアフリー化、耐震化、防犯対策など(〔表6〕参照)。なお、改修は、修繕＋改良のことをいいます。

この3つの考え方を理解し、資産価値、快適性、時代要請などを踏まえて、区分所有者の合意を得ながら長く住み続けられるマンションとなるよう維持管理を行います(〈図4〉参照)。管理組合だけで対応するのが難しい場合、①は管理会社が、②や③は建築の専門的知識が必要なため、建築士に依頼して進めましょう。

2　点　検

マンションの場合は、各種の点検(〔表7〕～〔表10〕参照)が法令上位置づけられていますので、それら点検の結果を日常修繕や定期修繕に活かすことが大切です。

また、定期修繕には10～15年目を目安に足場をかけて主に外壁や防水などを修繕する「大規模修繕工事」を行うのが一般的です。その後も定期的に

〔表６〕　高経年マンションの陳腐化の例

住戸の居住性能	住戸面積の狭隘化	住戸面積が狭い、住戸面積が画一的で多様な規模の住戸がない、住戸内に洗濯機置き場がない　等
	居住環境性能の低下	結露がよく発生する、冷暖房が効きにくい、すきま風が入る、外部騒音が大きい　等
	設備の旧式化・陳腐化	材料・機器の性能が老朽化・旧式化している、給排水システムが旧式化している、電気容量が不足している　等
建物共用部分の性能	耐震性能が低い	旧耐震基準である、玄関が耐震ドアになっていない　等
	バリアフリーでない	段差がある、手すりがない、エレベーターがない　等
	防犯性能が低い	オートロックでない、見通しが確保されていない、照明が薄暗いまたは不足している、防犯に対する配慮がなされていない　等
	エントランスの陳腐化	内装仕上材、照明器具、集合郵便受け・掲示板等の金物類の性能、デザイン等のエントランスホールの雰囲気が陳腐化している　等
	共用スペースの機能の陳腐化	管理事務所、宅配ロッカー・トランクルーム、共用倉庫、ラウンジ、プレイルーム、宿泊室等の機能がない　等
	外観イメージの陳腐化	仕上材、デザイン等の外観の雰囲気が陳腐化している　等
敷地内の性能	バリアフリーでない	段差がある、手すりがない　等
	敷地内のイメージの陳腐化	車道・歩道・広場等の舗装材料のデザイン・性能、屋外灯や外構工作物等のデザインが陳腐化している、緑化環境が整備されていない　等
	附属・共用施設が整備されていない	集会所の機能が十分でない、駐車場・駐輪場・バイク置き場等が不足している　等

※国土交通省「改修によるマンションの再生手法に関するマニュアル」をもとに作成

大規模修繕工事を繰り返し、長寿命のマンションとすべく維持管理します。特に20年目以降の修繕では、建物以外に給排水管などの設備も修繕の対象となります。25年目以降には、エレベーターやアルミサッシの交換など多額の費用を要する工事が発生します。

〈図４〉　計画修繕と改修の重要性

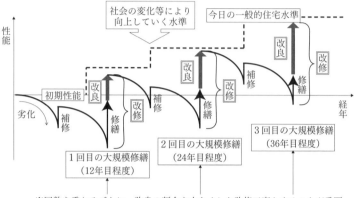

※回数を重ねるごとに、改良の割合を大きくした改修工事とすることが重要

※国土交通省「改修によるマンションの再生手法に関するマニュアル」抜粋

〔表７〕　点検の種類

日常点検	定期点検			臨時点検
管理員による見回り等	点検箇所や時期をあらかじめ決めておいて実施する点検			・不具合が生じたときに原因を究明するために実施する点検 ・大きな工事を行う前に行う診断調査（本章Ⅱ2(2)参照）
	法定点検	保守契約点検	自主点検	
	建築基準法や消防法などで実施義務が定められている点検 報告義務を伴う法定点検もある（〔表８〕参照）	給排水ポンプや自動ドア、機械式駐車装置など、法定で決められていなくても保守契約を結んで行う点検	その他マンション独自で定期的に行う点検（管理会社が日常点検や法定点検に加味して提案する場合もある）	

〔表8〕　報告義務のある法定点検の一覧（共同住宅の場合。複合用途を除く）

法定点検の名称 （関係する法令）	対象となる 建物・設備	点検等の時期	点検実施場所	点検内容の例
特定建築物等定期調査（※1） （建築基準法12条1項）	建築基準法12条1項で定められた建築物（※2）	3年以内ごとに点検・報告（※3）	建築物の敷地、構造、建築設備	目視・打検による建物・設備・非常照明の劣化具合確認、避難経路の確保状況確認等
防火設備定期検査報告（※1） （建築基準法12条3項）	上記の建物で、自動閉鎖式防火扉・シャッター等がある建物	1年以内ごとに点検・報告（※3）	自動閉鎖式防火扉・防火シャッター（常時閉鎖式や外壁開口部は除く）	該当部の作動状況
建築設備定期検査 （建築基準法12条3項）	特定建築物等定期調査が必要な建築物に設けられた設備	1年以内ごとに点検・報告（※3）	換気設備、排煙設備、非常用の照明装置、給水設備、排水設備	換気設備・排煙設備：風量測定 非常用の照明装置：照度測定 給水設備・排水設備：機器・配管の検査
昇降機等定期検査 （建築基準法12条3項）	エレベーターやエスカレーター等が設置されている建物	1年以内ごとに点検・報告	昇降機（エレベーター）	機器類の作動状況・劣化状況
消防用設備等点検 （消防法17条の3の3）	消防法17条の3の3により、消防用設備を設置することが義務づけられている建物	機器点検実施：6カ月ごと 報告書の提出は3年以内ごと（以下同様）	消火器具、消防機関へ通報する火災報知設備、誘導灯、誘導標識、消防用水、無線通信補助設備および非常コンセント設備	【機器点検】 ・非常電源、消防ポンプの作動点検 ・外観または簡易な操作で判別できる箇所の機能点検 ・配置や損傷の有無を判断する外観点検 【総合点検】 設備を作動・使用させて行う確認
		機器点検実施：6カ月ごと 総合点検実施：毎年	消火栓設備（屋内消火栓、屋外消火栓、連結送水管）、消火設備（泡、粉末、ガス等）、スプリンクラー設備、警報設備（自動火災報知、ガス漏れ火災警報、漏電火災警報器、非常警報器具）、避難器具、排煙設備、非常電源等	
		総合点検実施：毎年	配線	

省エネ法定期報告（省エネ法75条5項）	・新築時に省エネ法による届出を行った建築物（床面積2000㎡以上など）・増築、改修、改築等で工事を行う箇所の合計面積が2000㎡以上または全体の1/2以上・空気調和設備等の設置をする場合（細かい規定あり）	3年度ごと	外壁・窓等、空気調和設備、空気調和以外の機械換気設備、照明設備、給湯設備、昇降機	維持保全の状況（変更・劣化・作動・保守状況）の確認

※1　平成28年6月に施行された建築基準法の改正により、「特殊建築物等定期調査」から変更になった。

※2　以下のいずれかにあてはまる建築物（マンションに特に関係する条件のみを記載しているため、詳しくは特定行政庁にお問い合わせください）

　　①　床面積の合計が100㎡を超える特殊建築物のうち、安全・防火・衛生上特に重要なものであるとして建築基準法施行令で定めるもの　　地階または3階以上の階に、共同住宅用途の床面積の合計が200㎡以上存する建築物（建築基準法施行令16条1項3号）。

　　②　建築基準法施行令で定める特定建築物で特定行政庁が指定するもの　　事務所に類する用途の建築物で、階数が5以上、または延べ面積が1000㎡を超える建築物（建築基準法施行令16条2項、14条の2）。

　　東京都の場合、①にあてはまらないマンションでも、床面積の合計が1000㎡を超え、5階以上に共同住宅用途がある建築物はこの特定建築物に該当する（東京都建築基準法施行細則10条2項）。

※3　特定行政庁による。

《用語の説明》

①　建築物（建築基準法2条1号（抜粋））　　土地に定着する工作物のうち、屋根および柱もしくは壁を有するもの、これに附属する門もしくは塀をいい、建築設備を含むもの。

②　特殊建築物（建築基準法2条2号）　　学校、体育館、病院、劇場、観覧場、集会場、展示場、百貨店、市場、ダンスホール、遊技場、公衆浴場、旅館、共同住宅、寄宿舎、下宿、工場、倉庫、自動車車庫、危険物の貯蔵場、と畜場、火葬場、汚物処理場その他これらに類する用途に供する建築物をいう。

③　特定建築物　　建築基準法では用語の定義はないが、「建築物における衛生的環境の確保に関する法律」（以下、「ビル管法」という）2条1項に定義があり、「多数の者が使用し、又は利用し、かつ、その維持管理について環境衛生上特に配慮が必要なものとして政令で定めるもの」と定義され、これは同法施行令1条にて、延べ床面積3000㎡以上の建築物（興行場、百貨店、集会場、図書館、博物館、美術館または遊技場、店舗または事務所）と規定されている。

　　注意点として、ビル管法施行令の特定建築物に共同住宅は入っていないが、建築基準法12条1項で規定する特定建築物には「床面積の合計が100㎡を超える特殊建築物」と「事務所に類する用途の建築物で、階数が5以上、または延べ面積が1000㎡を超える建築物」が含まれている。

〔表9〕　指定機関による検査義務のある法定点検の一覧

法定点検の名称 （関係する法令）	対象となる 建物・設備	点検等の 時期	点検実施 場所	点検内容 の例
専用水道定期水質検査 （水道法3条7項、20条） 専用水道とは、居住人口101人以上に供給する水道または1日最大給水量が20㎥を超える水道で以下のいずれかに該当するもの ①自己水源（井戸水等）のみを供給 ②自己水源と市区町村の水道事業体から供給される水を混合して供給 ③市区町村の水道事業体から供給される水のみの場合、次のいずれかに該当 ⓐ水槽容量100㎥超 ⓑ口径25mm以上の導管の全長が1500m超	専用水道が設置されている建物	水質検査：毎月	給水栓、水槽	水質
		消毒の残留効果等に関する検査：毎日	給水栓、水槽	色、濁り、残留塩素（消毒の残留効果）
簡易専用水道管理状況検査 （水道法3条7項、20条） 簡易専用水道とは、以下にあてはまる水道 ①専用水道以外 ②市区町村の水道事業体から供給される水のみを水源とする飲料水の供給施設 ③受水槽の有効容量が10㎥超	簡易専用水道が設置されている建物	水質検査：毎年	給水栓、水槽	水質
		水槽の掃除：毎年	水槽	
浄化槽の保守点検、清掃、定期検査 （浄化槽法8条～11条）	浄化槽が設置されている場合	保守点検：浄化槽の種類により1回／毎週～6カ月	浄化槽	傷・変形・水漏れの発生、機器の動作、消毒の実施、害虫・悪臭の発生状況等の確認
		清掃：浄化槽の種類により1回／6カ月～1年	浄化槽	
		水質検査：毎年	浄化槽	

〔表10〕　点検の義務のみがある法定点検

点検の名称 （関係する法令）	対象となる 建物・設備	点検等の 時期	点検実施 場所	点検内容 の例
自家用電気工作物定期点検 （電気事業法39条、42条） 自家用電気工作物とは以下のいずれかに該当する電気設備 ①高圧（600V超）で受電 ②10kW以上	自家用電気工作物が設置されている建物	日常巡視点検：毎月	機器の外観目視	機器類の損傷、変形、加熱による変色等の有無を確認
		定期点検：毎年	機器類（停電点検）	機器の固定状況、絶縁抵抗、保護装置の作動確認等
		精密点検：3年ごと	機器類（停電点検）	機器の特性試験、分解点検、変圧器の劣化測定等
増圧給水設備定期点検 （東京都給水条例施行規程8条の2）	増圧直結給水ポンプを設置している建物	毎年	逆流防止弁、運転制御盤ほか	逆流防止機能、運転制御機能の動作確認

（注）　点検義務のみ規定があり、点検内容などの具体的な定めはないため、一般的な取扱いを記載した。

3　耐震化工事

　耐震性能の不足を確認するには耐震診断を行う必要がありますが、建築基準法の構造規定が大幅に改正された昭和56年（1981年）より前に確認済証を取得した建物は一般的に「旧耐震建築物」と呼ばれており、震度5程度の地震で倒壊しないよう設計されている建築物のため、それを超える地震では倒壊するおそれがあります。また阪神・淡路大震災や東日本大震災のときに崩壊や大きなダメージを受けた建築物は、旧耐震の建築物が新耐震の建築物より圧倒的に多い状況でした。[1]また構造や建物の形状により構造上バランスの悪い建物も耐震性能を満たさない可能性があります（〈図5〉参照）。

　耐震診断を実施しようとする場合、「耐震性能不足が明らかになると資産価値が下がるので賛成できない」といった意見が出ることがあります。しか

〈図5〉　構造上バランスの悪い建物形状の例

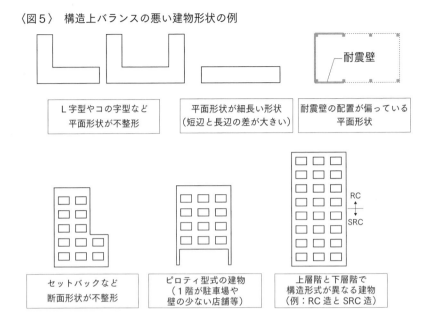

し、旧耐震建築物というだけですでに耐震性能が劣っているといっても過言ではありませんし、耐震性能は生命や財産にかかわる重要な内容のため、時間をかけてでも十分にその必要性を共有し、耐震性能の実態を正確につかむことが必要です。1階駐車場の柱補強だけで耐震化できた例もあるなど、当初思っていたよりも小規模な補強で済むこともあります。健康診断と同様に、大病を不安視せず、まずは耐震診断を受けられることをお勧めします。

　耐震改修が必要となった場合は、診断結果に基づき、耐震改修設計を行い、耐震改修工事を行います。改修方法によっては、各住戸に日当たりなどの影響が出る場合もありますので、建築士と相談しながら全員が納得できる改修方法を見つけ出せるよう配慮しましょう。診断・設計・工事の各段階で区分

1　平成7年阪神・淡路大震災建築震災調査委員会中間報告によれば、非木造建築物の調査数3602棟のうち倒壊または崩落した建築物で、旧耐震の建物は923棟中37棟（4.0%）、新耐震の建物は1402棟中2棟（0.1%）、建替えが必要な「大破」した建築物で、旧耐震の建物のは923棟中86棟（9.3%）、新耐震の建物は1402棟中22棟（1.5%）と報告されている。

所有者や居住者の協力なしにはできませんので、現状把握、改修内容、工事内容を段階的に説明し、管理組合内の合意を得ながら進めてください。

　耐震改修の詳細な進め方などは、国土交通省による「マンション耐震化マニュアル（平成26年7月再改訂）」を参考にするとよいでしょう。また、自治体によってはマンションの耐震化を支援する制度(専門家派遣や助成制度など)があります。たとえば、東京都では区市町村と一体となって耐震アドバイザー派遣や診断・改修助成制度があります。まずは、お近くの区市町村に相談してみてください。窓口の多くは「建築指導課」です。

4　共用部分のバリアフリー化

　居住者の高齢化に伴い、場合によっては廊下などの共用部分をバリアフリー対応に改修する必要があります。

　バリアフリーといっても、段差解消を目的としたスロープ設置、歩行補助のための手すり設置など比較的小さな工事から、エレベーターの設置といった大がかりなものまで多種多様で、対象とする利用者のハンディキャップをどの程度まで想定して整備するかが重要となります。具体的な設計内容については、車いす利用を前提としたバリアフリー法[2]で定めている整備基準が参考になりますが、そもそも廊下の幅員が足りない、エレベーターがかご内で車いすが回転できる大きさではない（一般的には11人乗りエレベーターが必要）など、既存建物の規格により難しい場合もあります。また、新たにエレベーターを設置する場合は、建築基準法において増築および昇降機の設置に関する建築確認申請が必要となり、規模次第ではマンション全体をバリアフリー法および条例に基づく基準に適合させなくてはならない場合もあります。バ

2　バリアフリー法（高齢者、障害者等の移動等の円滑化の促進に関する法律。平成18年6月21日公布、同年12月20日施行）は、高齢者や障害者などの自立した日常生活や社会生活を確保するために、旅客施設・車両等、道路、路外駐車場、都市公園、建築物に対して、バリアフリー化基準（移動等円滑化基準）への適合を求めるとともに、駅を中心とした地区や、高齢者や障害者などが利用する施設が集中する地区（重点整備地区）において、住民参加による重点的かつ一体的なバリアフリー化を進めるための措置などを定めています。

リアフリー化の検討にあたっては建築士に相談し、どの程度まで整備が可能かを判断してから取り組むことが賢明です。

　なお、団地のように1つの敷地に複数の建物が建っている場合は、新築時に建築基準法による「一団地建築物設計制度」[3]を受けている可能性があります。その場合、エレベーター設置などで増築を行う場合は、たとえば、他棟へ日影の影響がないこと、避難経路に支障がないことなどについて、あらためて建築審査会の同意を得る必要が出てきます。

5　長期修繕計画書

　新築後70年以上、最近では100年住宅とまでいわれるように、マンションを長く使い続けることが重要となっています。長く使い続けるためには、定期的な修繕を行って建物を健全な状態に保つことが重要で、あわせて工事費のもととなる修繕積立金が確保されていることが求められます。管理組合では修繕積立金を徴収し、日常修繕や定期修繕の元手としていますが、その修繕積立金の算定根拠となるのが「長期修繕計画書」（以下、「長計」ともいいます）と呼ばれるものです。

　一般的に、長計はこの先25〜30年程度の期間に生じる修繕工事を見通し、修繕項目、時期、費用を総合的に把握し計画書としてまとめたもので、マンション管理においては管理組合として必ず作っておかなければならない重要な書類です（標準管理規約32条3号、同条関係コメント参照）。重要なのは、長計の内容が、自分たちのマンションに見合っているかです。また、物価の変動、工事の実施等により変動するもののため、5年程度ごとに見直しすることも重要です。

3　建築基準法では1つの敷地に1つの建物を建てることが原則ですが、「一団地建築物設計制度」（建築基準法86条1項）は、特例的に複数建築物を同一敷地内にあるものとみなして建築規制を適用するものです。
　　特定行政庁が、その位置および構造が安全上、防火上、衛生上支障がないと認める（建築審査会の同意を得る）建築物については、接道義務、容積率制限、建ぺい率制限、日影規制等が、同一敷地内にあるものとみなして適用されます。

(1)　長期修繕計画書の目的

長期修繕計画書は、以下の目的のために必要とされる計画書です。

① 　将来見込まれる修繕・改修工事の内容、おおよその時期、概算費用の明確化

② 　計画修繕工事実施のために積み立てる修繕積立金の額の根拠の明確化

③ 　修繕・改修工事に関する長期計画についての合意形成（円滑な計画修繕の実施）

いったん作成された①の計画どおりに工事を進めなくてはならないと勘違いされているケースが見受けられますが、これは間違いです。実際にはこの長計に記載されている工事の時期が近づいたときに、実施の有無も含めて検討し、場合によっては先送りや前倒しにしてもかまいません。あくまでも工事の時期については②を算出するための根拠であり、目安と考えます。

(2)　長期修繕計画書の精度と作成依頼先

算出根拠となる工事費は物価変動等により年々変化するため、先に行くほど誤差は大きくなります。また、作成方法にもその差があり、必要な工事が入っていない等かなり精度の低い長計も多く目にします。平成20年6月に国土交通省から「長期修繕計画標準様式・長期修繕計画作成ガイドライン・長期修繕計画作成ガイドラインコメント」という長計作成の基準書が出てますので、これを基準に考えるとよろしいでしょう。右のQRコードからアクセスできます。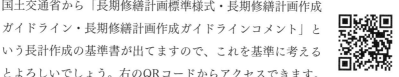

場合によっては、既存の長計を建築士などの第三者の専門家にチェックしてもらう方法もあります。

新規に作る場合は、管理会社または建築士に依頼するのが一般的ですが、管理会社は長計をもとに次期の工事計画を提案することが多いため、管理会社の作成する長計はおのずと自分たちに都合のよい内容で構成されがちであることは覚えておきましょう。

(3)　長期修繕計画書の活用方法

将来に必要な工事費用が明確になることから、「計画期間における工事費

の累計額」÷「計画期間の月数」で「月あたりに必要な修繕積立金」が計算できます。これを管理規約で定められている持分割合で分けると各戸の月あたりの修繕積立金が算出されます。この計算方法は計画期間を通して修繕積立金が変わらないため「均等積立方式」と呼びます。ただし、計算した結果、現在の積立金が不足していることが判明し、増額しようとしたときに増額幅が大きすぎて区分所有者の賛同が得られないような場合は、段階的増額方法や借入れを考えることが必要になってきます。このような合理的な修繕積立金の計画を可能にすることが長計の重要な目的の1つです。

　また、長計に記載の工事が近づいてきたときは、その前の期で予算組みに利用します。ただし気をつけることは、実際の実施の必要性は必ず調査をして決めることです。管理会社主導の理事会の場合、予算に入っているからと勝手に進む場合がありますが、必要かどうかは調査で判断するもので、長計に入っているから行うというものではありません。また工事見積りをとったとき、長計の工事費より安いというだけでは決めないでください。これは計画が破綻しないよう長計ではある程度余裕を見込んでいるため、特に管理会社の長計ではその傾向が高いことから必ず競争見積りを行いましょう。

(4)　工事費の変遷

　修繕工事は毎回同じ工事費ではありません。これはマンションの経年数によって実施される工事内容が異なるためです（〔表11〕参照）。

　特に注意したいのは築30〜40年頃の工事費で、ここには建物の一生の中で最も費用のかかる工事が集中するため、この時期をどうやって乗り越えることができるのかが大きな鍵となります。

　工事費用がかかる代表的な項目としては以下の工事があげられます。

・アルミサッシの更新（築40年前後実施。100万円／戸超も多い）

・エレベーターの更新（築30年前後実施。1機800〜1500万円）

・給排水設備の更新（配管の種類によって異なる）

〔表11〕 経年による修繕工事範囲と工事費（例）

期間	建築工事		設備工事	1戸あたりの工事費用	必要な月額
築1年～12年頃	A	・防水工事（屋上、バルコニー、外廊下、外階段など）・外壁等仕上工事（躯体補修、シーリング、外壁塗装、タイル補修等）・鉄部等塗装	・給水ポンプオーバーホール・排水ポンプ更新・アンテナブースター更新	約130～160万円	約9,100～11,200円（152～187円／㎡）
	約8,800～10,400万円（110～130万円／戸）		約1,600～2,400万円（20～30万円／戸）	建築・設備の合計 約10,200～12,800万円	
築13年～24年頃	上記Aに加えて・金物類の交換（集合郵便受、室名札ほか）・自動ドアの更新等		・受水槽更新、給水システム変更・給水管更生・照明器具更新・オートロックシステム更新・自動火災報知システム更新等	約200～250万円	約13,900～17,400円（232～290円／㎡）
	約9,600～12,000万円（120～150万円／戸）		約6,400～8,000万円（80～100万円／戸）	建築・設備の合計 約16,000～20,000万円	
築25年～36年頃	上記Aに加えて・金物類の交換（アルミサッシ、玄関ドア、金属手すり、外構フェンスほか）・エントランス改修・駐輪場、駐車場改修・外構改修		・給水、給湯、排水管更新・エレベーター更新・変電・幹線設備更新ほか	約400～500万円	約27,800～34,800円（463～580円／㎡）
	約20,000～24,000万円（250～300万円／戸）		約12,000～16,000万円（150～200万円／戸）	建築・設備の合計 約32,000～40,000万円	

※ 6階建て80戸、平均専有面積:60㎡／戸の場合の概算費用　平成30年（2018年）頃の工事費をもとに算出

アルミサッシは、古いマンションだと積立金から拠出できずに個人負担としている場合がありますが、共用部分のため積立金からの拠出が原則です。

専有部分内の配管改修は、原則は区分所有者が行うものですが、漏水事故は専有部分で発生する場合が多いこと、共用部分の更新と同時に行うことで費用が安く済むことから全戸同時に行い、積立金からの拠出とする例も多いため、長計に入れるかどうかの議論をするとよいでしょう。

(5)　借入れの利用

いざ工事といった際に積立額が足りないとき、区分所有者から一時金を徴収する以外に借入れを利用する方法があります。借入れを嫌う方はかなりいらっしゃいますが、借入れをうまく利用すると毎月の積立金を下げることが可能です。これも長計上で取り入れておくことによって可能となります。

築30～40年頃を含む計画を立てた場合に工事費を均等積立てで賄おうとすると、一番工事費がかかるところで積立金がショートしないように積立金を設定しないといけません（〈図６〉の点線表示参照）。しかし、この時期を過ぎると必要な工事費は下がります。そのため、この場は借入れで乗り切り、支払いを後ろに回すことで月々の積立金額を低く抑えることが可能となります。その際、長計で返済費用・期間の計算も見込み、無理を生じないように借入額を設定する必要があります（〈図６〉の実線表示参照）。

なお、借入先は一般の銀行ではなく〔表12〕の機関となります。

(6)　長期修繕計画の有効化

作成した（または変更した）長期修繕計画は、総会による承認を経て有効になります。また、修繕計画に基づく修繕積立金ですが、国土交通省「マンションの修繕積立金に関するガイドライン（平成23年４月）」（QRコードからアクセス可能）にも、修繕積立金の目安が出ていますので参考にするとよろしいでしょう。

(7)　長期修繕計画書の見直し

長期修繕計画書は１度作ったら終わりではなく、必要に応じて見直すことも必要です。タイミングとしては、中規模修繕工事や大規模修繕工事の後、

〈図6〉　積立金累計モデル　　　　　　　（折れ線の勾配が緩いほど積立金が低いことを表す）

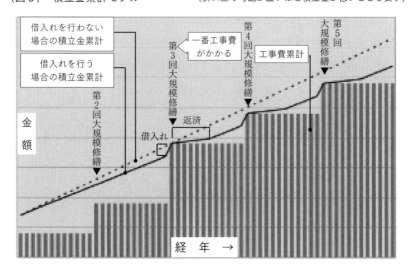

〔表12〕　借入先の比較

	公的機関	民間機関
借入先	独立行政法人住宅金融支援機構	イオンプロダクトファイナンス㈱ 三菱電機クレジット㈱ リコーリース㈱　ほか
利　率	2020年4月4日現在年0.71% すまい・る債保有組合は年0.51%	滞納率や賃貸率などにより2～4％程度
担　保	不要	不要
保　証	(公財)マンション管理センターの保証委託が必要 （借入額と返済期間による） 例：7年返済の場合、融資額10万円あたり1,963円、すまい・る債保有組合は1,570円	不要
手　続	3回程度、理事長が機構の事務所（水道橋）に出向いて処理	融資会社担当者がマンションまで出向いて処理
融資実行時期	工事終了の2カ月後	工事開始後随時
その他	提出書類が多い	限度額がある（1～2億円──応相談）

一般的には 5 年程度ごとに費用や次回修繕時期の見直しを行うとよいでしょう。

　長期修繕計画書の見直しにあたっては、区分所有者や社会状況の変化も関係してくる場合があります。耐震改修やバリアフリー改修、消費税の増税、物価高騰など、さまざまな変化の要因を見据えながら長期修繕計画書に反映していくことが理想的です。

　修繕の基本は物体としての建物を健全な状態に保つことですが、「マンション＝住まい」としてとらえると、安心して長く快適に住めるように維持することも重要です。安全で快適なマンションライフに向けた改修の必要性を管理組合内で話し合いながら、積極的に議論することが重要です。

Ⅱ　大規模修繕工事の進め方

1　大規模修繕工事とは

　建物は手入れを怠ると劣化してしまい、寿命が短くなります。鉄筋コンクリートの建物は、適切に手入れをしていれば70年以上使用できます。

　定期的に下記の内容を伴う工事を、一般的に大規模修繕工事と称します。

・建物を長持ちさせ資産を維持していくために行う計画修繕工事[4]

・通常は足場を架けて行う、複数のまとまった工事

・長期修繕計画では12年周期が多い（実質10 ～ 15年）

・対象は共用部分で、費用は修繕積立金を用いて行う工事（管理規約で修繕積立金の取崩しの規定がある）。ただし、昨今は、給水管更生工事など施工上合理性があったり、劣化により他室に影響を及ぼす箇所の工事の場合は、総会決議を経て、専有部分を含む場合もある。

4　問題が発生して行う工事を対処修繕といい、問題発生前に予防的に行う工事を計画修繕といいます。

なお、建築基準法の中で工事の種類として以下の定義がされています。

① 建築：建築物の新築、増築、改築、移転

② 大規模の修繕：建築物の主要構造部を含む過半の修繕

③ 大規模の模様替：建築物の主要構造部を含む過半の模様替

しかし、本章で述べている一般的に「大規模修繕工事」と呼ばれる工事は、過半の主要構造部を含まない修繕のため上記のいずれにもあてはまりません。

2　大規模修繕工事までの流れ

大規模修繕工事は、思い立ったらすぐに取りかかれるわけではなく、いろいろと準備が必要になり、主な流れは〔表13〕のとおりとなります。

多くの区分所有者に周知するように心がけることがポイントです。

(1)　準備段階

(A)　大規模修繕工事専門の委員会を立ち上げる

すべてを管理会社に任せてしまうマンションが多い中、自分たちの資産ですので自分たちで劣化状況を把握し考えることが必要です。その準備として、理事会が中心となって取り組むことも可能ですが、期ごとにメンバーが替わる理事会では検討から工事完了まで２年程度はかかる大規模修繕工事を継続的に効率よく高水準でまとめ上げることはできません。そこで、大規模修繕工事専門の委員会を立ち上げて、複数年にまたがる検討を固定メンバーで行うようにしましょう。

委員会メンバー構成のポイントは、以下のとおりです。

・メンバーを公募する。希望者がいない場合は、理事や役員の経験者、公平な意見を出せる方などに声をかける。必ずしも専門家である必要はない。

・理事との兼任者を入れておくことで、理事会との連携も保つことが容易になる。

・老若男女揃うのが望ましい。いろいろな参加者がいると意見が広がる。

特に常時在宅している方の意見は重要。

　専門委員会は、理事会の諮問機関と位置づけられます。専門委員会から答申された審議結果が理事会で快く追認される組織づくりが必要です。

　(B)　専門家（パートナー）への依頼方式を決める

　適正な補修箇所や価格を知るなど、工事にあたっては専門的な知識が必要なため、委員会だけで検討するのは無理があります。専門家であるパートナー

〔表13〕　大規模修繕工事までの流れ

(1) 準備段階	・大規模修繕工事専門委員会の設立 ・パートナー決定（専門家の活用方法） ・大規模修繕工事の検討開始を告げる総会決議 ・調査までのスケジュール検討
(2) 建物調査診断 （2～3カ月）	・不具合・劣化部分の調査（パイロット調査） ・区分所有者意識調査、居住者による不具合箇所聴き取り（アンケート） ・調査結果報告会の開催
(3) 修繕計画立案 （3～4カ月）	・工事までのスケジュール、工事時期の検討 ・区分所有者要望聴き取り ・工事範囲と修繕方法検討 ・予算検討 ・工事仕様書作成 ・工事範囲説明会の実施
(4) 工事会社選定 （3～4カ月）	・公募条件検討 ・公募（専門新聞、WEB） ・見積発注会社選定（第1次選定） ・見積発注 ・選定会議開催（第2次選定） ・ヒアリング（第3次選定） ・工事会社および予算の承認総会の実施
(5) 工　事	・工事実施状況の把握 ・色決め等の検討

を活用しましょう。

　パートナーには大きく分けて2つの方式があり、それぞれ特徴があります（〔表14〕参照）。

　できるだけ管理組合側の手間をかけたくない場合は責任施工方式（大抵の場合、管理会社に委託していることが多い）を選択するのに対し、工事の内容をきちんと把握し、費用も安く済ませたい場合は設計監理方式を選択します。

　責任施工方式はすべてお任せになるため、高額な工事費用になる可能性が

〔表14〕　パートナー方式比較

主な方式	責任施工方式	設計監理方式
概　要	安心できそうな工事会社や管理会社に建物診断・補修計画・工事の施工をすべて委託する。	設計事務所や管理会社に、建物診断・補修計画・工事会社選定・監理を委託する。 工事会社選定は公募を行い、見積合わせを行う。
パートナー	工事会社または管理会社	設計事務所
メリット	・管理組合の手間がかからない。 ・設計管理費用がかからない。	・第三者による工事の厳正な品質チェックが入る。 ・工事費用のコストダウンが図れる。 ・何を行っているのかが透明に進む。 ・建築士資格者がかかわる。
デメリット	・内容が管理会社の思惑でどのようにも進められる。 ・競争がないため工事価格は割高になる。 ・第三者がいないため品質チェックが甘くなる。 ・工事品質や状況などが管理組合から見えにくい。	・設計監理費用が発生する。ただし、工事費は安くなるため、トータルとしては安くつく。 ・打合せが多くなる。

あります。また、第三者チェックがないため、作業や品質が甘くなることも考えられます。

　これに対し、設計監理方式は、管理組合とパートナーが協力し合って進めるため、納得と安心が得られやすく、「オーダーメイド」に例えられます。この方式を採用することで、見積金額を第三者の目で審査することになりますので、結果的に工事費が安く済むことにもつながります。充実した結果が得られやすい方式といえます。

　大規模修繕工事は、建物を長く使い続けるための大切な工事です。工事が終了した後のフォローやアフター点検、補修なども重要です。

　工事前、工事中、工事後の管理組合のさまざまな負担を軽減するため、設計監理者としてふさわしいパートナーの選定をお勧めします。

（C）　設計監理方式のパートナーの選び方

「大規模修繕工事」は建築基準法上で対象としている工事ではないため、計画を立てるにあたって有資格者は必要ありません。しかし、修繕工事における必要知識は、新築時の知識だけではなく、その劣化状況から改修方法を判断するなど、新築時の知識＋αが求められます。したがって、最低でも有資格者が携わる必要性があることから「建築士」が行うべきと考えますし、その中でも同じ理由により改修工事の経験の豊かな建築士である必要があります。

「新築設計」しか行っていない建築士の場合、「新築設計」と「改修設計」の違いすら知らずに携わってしまっている場合もありますので、建築士であれば誰でもよいわけではありません。注意が必要です。

　建築士を選ぶ場合、建築士の所属する「設計事務所」に依頼します。間違えやすい設計事務所の選び方として、以下のようなものがあります。

①　工事会社を選定するのと同じ方法で選定してしまう（例：管理組合側から劣化調査診断や補修箇所の項目、作業数（人工）を指定して、単価のみを入れてもらう形式をとる）　どのような方法で建物診断や補修設計を行うのかは専門家でないと判断できません。中途半端な情報で項目や作業

数を指定すると、無駄な項目が入ったり、足りないものが生じてしまいます。足場を立てないと実施できない調査が入っていた例もあります。

②　市販本に記載されている改修方法や経験の少ないマンション管理士の助言などにより、選定を試みようとする（例：上記①の条件をもとに、金額や会社の規模で判断する）　パートナーの差は個人の素質・能力に最も現れます。①の方法だと必然的に業務費用や会社の規模で判断することになり、個人の素質・能力は二の次、三の次になります。金額は一般区分所有者への選定理由として説明しやすいですが、パートナーの業務費用の差は工事金額の差に比べればわずかでしかなく、バックマージンを受け取っているパートナーがいることも覚えておく必要があります（国土交通省「設計コンサルタントを活用したマンション大規模修繕工事の発注等の相談窓口の周知について（通知）」（平成29年1月27日）参照。QRコードからアクセス可能）。

　また、会社規模が大きいほど、経験豊富な技術者は多くの物件を並行して見ることになるため、実際の個別の現場担当者は経験の浅い技術者になりがちです。

　マンションの改修設計に携わる設計事務所が増えてきたのは、新築工事が減り、逆に改修工事が増えて「仕事になる」と思われるようになった近年です。それまでは、マンションの改修工事の質や工事費用に疑問をもち、管理組合の利益を守るためや工事の質の向上のために力を注いできた熱意のある設計事務所のみが携わってきたという歴史があります。それらのほとんどは、規模の小さな設計事務所であることを考えると、パートナー選定の際に規模の大きな事務所に限定すると、こういった経験・技術や熱意をもった設計事務所が除外されてしまうことになるので、大変もったいないことになります。

　一見、技術者の差は見えにくいですが、実際にはかなりの差があることを知っておいてほしいと思います。

　選定する場合は以下の点を重視するとよいでしょう。

① 会社や団体の規模等ではなく担当者で選ぶ

・専門家として信頼できる人

・マンション改修に対する経験や実績が豊富な人

・特定の業者や企業とかかわりをもたない第三者であることを約束できる人、そのようにして管理組合の利益を守れる人

・建築技術だけではなく、資金計画や借入れなどの資金面にも配慮できる人

・区分所有法や管理規約など管理組合運営に関する知識も備えている人

・工事会社へはもちろん、管理会社へもきちんと意見が言える人

・管理組合がわかりやすいように説明ができる（コミュニケーションがとりやすい、組合の意見に真摯に耳を傾けてくれる）人

・管理組合に対しても、中立的な意見を言ってくれる人（何でも言うことを聞く人は要注意）

② 業務費用にとらわれない

・パートナーに支払う委託業務費用は、工事費に比べればごくわずかな費用。パートナーによって今後の工事費用が変動することを考えれば、上記①の基準で選定することのほうがパートナーの費用の大小より大切。100万円程度の費用を削って数千万円損することのないよう熟慮する。

・設計事務所の業務報酬は、国土交通省の告示で算定基準が規定されている。これは、直接人件費（作業量に技術者の力量に応じた報酬額を掛けた金額）に経費・技術料を加算したもので、建築士報酬を算定する際の参考となる。

・委託業務費用が安い場合、マンションを管理している管理会社や決定した工事会社から紹介料やバックマージンなどを受ける場合が見受けられる。このような費用の授受は公平な判断や工事会社への指示力を妨げるし、管理組合を単なる「客」としか見ていないことになる。場

137

合によっては出来レースを組まれる場合もある。
・委託業務費用が安い場合、契約前には経験豊富な建築士が来ていても、契約後は経験の少ない担当者だけになる場合がある。

③　ヒアリング（面接）の実施
・コミュニケーションがとりやすいかは直接会って話をする必要がある。必ずヒアリングを行って確かめる。
・実際の実務を行う担当者がヒアリングに参加するよう要請する。
・資料について、多額の費用がかかっていたり、まだ決まっていない先の設計内容まで網羅したりする資料の作成は、業務費用から考えると難しいのが実態。そのような資料を提出できるのは、実務に対して営業の比率が高い会社。
・担当者がかかわった他の管理組合の方の話を聞いてみる。

　パートナーの質が悪かった場合、そのパートナーを選定した執行部（理事会や専門委員会）の責任が問われることを恐れたり、それによる工事品質が悪かった場合は資産価値に影響することを恐れて、パートナーの質に関してなかなか表立って明確な評価が出てくることは少ないのが現状です。悪質なパートナーはリピーターが少ないことで判断ができます。

　したがって、リピーターや紹介が多い建築士や、大規模修繕工事を実施した他の管理組合が紹介する建築士はよいパートナーとしての1つの基準となりますし、実際にお付き合いしてみた印象を聞いてみることをお勧めします。

　また、決定する前に、担当予定の建築士に有償でもかまわないので、修繕についての講習会を開いてもらうと勉強になるだけでなく、その建築士の力量や知識を判断する材料にもなります。

　信頼できるよいパートナーにめぐり会えると、大規模修繕工事だけでなく、その先まで長い付き合いが可能です。かかりつけのお医者さんのように携わってもらえるパートナーを選びましょう。

(D)　総会の実施

この時期の総会において、以下を決議しておく必要があります。

①　大規模修繕工事を近々実施すること（正確な日程は決めなくてかまわない）

②　パートナーとの契約（どこにいくらで発注するか）

(2)　建物調査診断

今後のロードマップ（進め方やスケジュール）はパートナーが作ります。これに基づいて大規模修繕工事まで進めていきますが、その最初の作業が建物劣化診断調査になります。

(A)　不具合・劣化部分の調査

(a)　資料の準備

調査に先立ち、以下にあげた資料を準備し、パートナーに提供する必要がありますので、前もって準備をしておくとよいでしょう。

・建物概要（下記書類に記載されていない内容を記載したもの——売主、設計者、施工者、管理会社、完成引渡日などの情報）
・新築時の建物の図面（竣工図書）
・新築時からこれまでの修繕・改修履歴
・各種検査報告書

なお、竣工図書はいろいろな工事で利用するため、やぶけたり、印刷がかすれてきたりします。早めにデジタル化（スキャニング）しておくことをお勧めします。

(b)　区分所有者意識調査、居住者による不具合箇所聴き取り（アンケート）

調査前には、居住者・区分所有者にアンケートを行うのが一般的です。このアンケート項目には、居住者が把握している不具合内容と大規模修繕工事に対する質問や要望事項などを入れますが、通常はパートナーがひな型を作成し、管理組合と内容を吟味したうえで行います。

(c)　調査箇所

調査部位や方法の適正さは主にパートナーが判断することになりますが、外壁など高所の調査は足場がないとできないこと、調査用足場をかけると費用が膨大になること、工事が始まればあらためてすべてを調査することになることから、部位によっては部分調査によって劣化傾向をみることになります。そのため、このあとに工事数量を積算しますが、躯体補修など調査では数量が確定できない箇所は、調査結果から想定数量を割り出し、工事開始後に増減精算を行う「精算工事」として扱うことが一般的です。

調査箇所・方法は、一般的には〔表15〕の部分で行います。

(B)　調査結果報告会の開催

パートナーより調査結果報告書が提出されたら、専門委員会にて報告を受けます。その後、一般居住者へ向けた報告会を開催して、建物の状況を広く知ってもらいましょう。多くの人に状況を知ってもらうことで、この先の居住者の協力態勢など、進め方がスムーズになります。

できれば、パートナーに建物を案内してもらい、居住者自ら不具合部分を見ておくことでより理解が深まります。

(3)　修繕計画立案

工事範囲、予算、工期と時期を盛り込んだ修繕計画を立案し、最終的には区分所有者へ工事範囲の説明会を実施することをめざしますが、そのためには、理事会（または専門委員会）とパートナーとの打合せを1カ月に1回程度行います。また、工事の実施時期は劣化状態や資金面などから想定し、最終的には、工事範囲や社会情勢なども加味するなどして決定するのが望ましい方法ですが、工事実施までの途中には必ず総会の開催もあるため、通常は調査診断後、工事業者選定の総会決議まで6カ月から8カ月が必要になります。十分な期間を確保して的確に進めるようにしましょう。

(A)　工事範囲検討

調査結果に基づき、工事範囲を決めていきます。その内容は、パートナーからの提案に、管理組合からの要望を加えたものがベースとなります。管理

〔表15〕　主な調査箇所

建築部分	・共用部分のうち、手が届く専用使用されていない箇所すべて（屋上・屋根・外壁・共用廊下・エントランス周り・機械室・ごみ置き場・駐車場・駐輪場など） ・専用使用されている共用部分（主にバルコニー）の一部（全住戸の1/10程度） ・主に目視調査で軀体・仕上・防水等の劣化具合を確認 ・機械調査（破壊調査）にて、既存仕上材付着力（塗装面・タイル面）、コンクリート中性化、シーリング材質の試験を実施
設備部分	第1回目の大規模修繕工事ではほとんど行う必要はありませんが、新築時の工事瑕疵が気になる場合は調査を行う場合もあります。 ・メーターボックス内・一部の住戸のパイプスペース内の配管類、水槽類、機械・機器・器具類 ・給排水衛生設備の外観 ・電気関係の外観 ・消防設備の外観 ・配管経路、材質を確認 ・築年数が経っている場合、設備配管類の抜管（配管を切り取って内部を確認する）や内視鏡による劣化状況を検査

組合の要望は、調査前のアンケートも活用しますが、調査結果から提案された補修内容が、修繕委員会や理事会だけでは判断できなかった場合など、マンションの状況によってはあらためてアンケートをとることも必要です。しかし、多くの内容を盛り込みすぎると工事費がかさんでしまうため、調査結果と予算をもとにパートナーに工事範囲と工事費予算書を作ってもらい、優先順位と、どの項目を実施すればどの程度の費用になるかを検討し決めていきます。

◎「予算書」の内容

　・工事範囲や内容を網羅した見積書形式の書類

　・パートナーが数量を積算し、標準単価を掛けて出す

・金額から工事範囲の検討が容易になる

・工事会社にはこの予算書をベースに、金額を伏せ、項目と数量のみの資料として提出することにより、競争見積りの際に項目や数量が共通となり、金額のみの差になる

　なお、大規模修繕工事の基本方針（目的）を明確にしておくと実施項目の選択にぶれが少なくなります。ある古いマンションでは、資産価値の減少を抑えることを大目的とし、「近隣新築マンションに見劣りしない建物にする」とのスローガンを掲げ、エントランスの改修や耐震工事までも実施しました。

　その結果、中古売買価格が2割以上上昇したという例もあります。

(B)　工事費予算の検討

　工事範囲を決めるには、負担可能な予算を把握しておく必要があります。予算を決めるにあたっては、長期修繕計画をもとに出費可能な額を出しておくことが望ましい方法ですが、長期修繕計画書自体がずさんな場合も多いため、1度パートナーにチェックしてもらいましょう。あまりにずさんな場合は長期修繕計画書自体を作り直す必要があり、別途費用が発生します。

　この検討結果によって、修繕積立金を今後増額する必要があることが発覚する場合も少なくありません。

　すべてを手持ち資金で賄えることが望ましいですが、必要な工事ができない場合、一時金の徴収や借入れを検討せざるを得ない場合もあります。特に、一時金は支払えない住戸も出てくることが想定されるため、非常にハードルの高い方法です。一方で、借入れはうまく使うと修繕積立金の増額を抑えることができる場合も多く、また本書執筆時点（令和2年9月1日）では、独立行政法人住宅金融支援機構の借入金利は10年以内の償還期間の場合0.69％と非常に低く担保も必要ないため[5]、一考されることをお勧めします。

5　別途、公益財団法人マンション管理センターの保証が必要です。

（C）　工事期間（工期と時期）

　工事規模をもとにどのくらいの工期が必要なのかを判断します。また、工事内容によっては季節（気温や湿度）の影響を受けますし、劣化状態や資金面も考慮する必要がありますので、パートナーの助言をもとに適切な工事開始時期を検討します。

（D）　工事範囲説明会の実施

　ある程度工事箇所・基本方針ができた段階で、区分所有者への説明会を開催し、理解を得るとともに意見を集約します。そのときも大規模修繕工事の基本方針があると理解が得られやすく、質疑応答も容易になります。説明資料は、総会同様に前もって全戸配布しておくとよいでしょう。

　なお、工事範囲に共用部分の形状または効用の著しい変更を伴う工事が含まれる場合、説明会だけではなく総会による特別決議が必要となりますのでご注意ください。

（E）　仕様書の作成（実施設計）

　設計監理方式の場合、見積りを工事業者に発注する前に標準見積書式と標準仕様書をパートナーに作ってもらいます。標準見積書式には予算書から価格を抜いた、工事項目と数量のみとします。これらによって、複数の施工会社から提出される工事見積書が、同じ工事内容・同じ数量の見積りとなり、単に金額だけの比較ができるようになります。

◎「仕様書」の内容
・工事会社に対する指示書
・工事の内容・工法・設計図、居住者対応などが具体的に記載された書類
・使用する材料や工法が明示されているため、工事会社間で品質が統一され、見積り時の差がなくなる
・見積条件（支払条件、保証内容、アフターサービス内容等）も記載

---

(4)　施工業者の選定

　責任施工方式だと調査診断を行う前から、設計監理方式だと修繕計画立案後に、複数の業者から工事見積りをとり、1社を選びます。

　1社だけに依頼する方法もありますが、競争原理が働かないこと、工事費用が適正かどうかが判断できないことなどから、一般的には工事費が高くなることが考えられ、余程よい工事を適正な価格で請け負うことが約束されない限りはお勧めできません。

(A)　工事会社のリストアップ

　以下の方法で見積りを依頼する工事会社をリストアップします。

① 　公募（専門新聞やインターネットでの募集）

② 　紹介（居住者や知人、パートナーや管理会社）

　専門新聞の代表的なものには「建通新聞」「マンション管理新聞」等がありますが、無償で掲載してもらえます。インターネットで募集できるサイトも複数ありますが、無料で掲載してもらえるサイトと手数料が必要となるサイトがありますので、よく調べるかパートナーに相談しましょう。

(B)　公募条件検討

　公募においては闇雲に募集するのではなく、いくつかの条件を付けます。修繕工事は実績が非常に重要で、新築工事とは大きく異なる以下のような力量が求められます。

◎**工事会社に求められる力量**

・劣化具合から元々の施工状況を推察する

・一部分の状況から建物全体の注意点を把握する

・推察から施工方法を考慮する

・人が住んでいる状態での工事のため、監督や職人が居住者にしっかり
　対応できる

これらのため、最低限の実績を公募条件に入れることが重要となります。

また、工事中の契約履行能力、完成後の工事保証（アフターサービスの範囲）のことを考えると、倒産しない会社を選定する必要もあります。そのため、財務諸表や課税証明書の添付などを行うのが一般的ですが、公募条件・添付資料は建物の規模や工事範囲によって変わってきますし、規模にそぐわない高いハードルは工事費の高騰にもつながるため、パートナーと相談のうえで決めます。

> ### ◎公募提出書類の例
> ・会社案内
> ・会社経歴書
> ・工事実績経歴書
> ・直近3年間の財務諸表
> ・法人税納税証明書
> ・経営事項審査結果通知書
> ・帝国データバンク企業情報

Ⓒ　公募の注意点

　公募を行う限り厳正な審査が必要になります。応募会社間で話合いが起きれば談合になりますし、管理会社や管理組合理事・委員に対して紹介料を出すことも考えられます。そのため、組合内での約束事や、情報が他所に漏れないような工夫が必要となります。特に、管理会社はいかようにも操作ができる立場ですので（多くの管理会社は行わないと信じていますが）、釘を刺しておくか、心配事を減らすためにもあえて情報は流さないことも選択肢の1つです。もちろん、管理会社に手伝ってもらうことも可能ですが、上記のことは念頭に置いておく必要があります。

　よくある失敗として、区分所有者向け広報誌に候補となる工事会社名や予算、見積金額などを記載して、それを掲示板に貼り出していることがあります。情報が筒抜けになりますので注意が必要です。

(D)　見積発注会社選定（第1次選定）

修繕工事は施工会社として経験値が必要となります。そのため、工事費以外の部分を考慮した選定も非常に重要になってきます。

◎第1次選定

・リストアップした工事会社の比較表はパートナーが作る

・第1次選定では会社規模・内容で、6〜8社程度にふるいをかける

できるだけ多くの会社から見積りをとることで工事費が安くなる可能性があると思われがちですが、工事会社にとっても見積りの作成は大変な作業であり、受注できる可能性が低いと辞退される場合もあります。また、見積りをまとめる立場のパートナーの作業が増えるのはもちろんのこと、その精査・把握・対応にかかる管理組合の時間的負担も増大するため、お勧めできません。また、見積りを依頼しその額が仮に安く出たとしても、この会社には頼みたくないという場合（評判がよくない、資料の不備が多いなど）も候補からはずします。

(E)　見積発注

第1次選定で残った会社に見積りを発注します。そのための資料として、パートナーは以下のものを工事会社に渡します。

①　見積要項書

②　標準見積内訳書式

③　標準仕様書

④　建物図面

見積要項書とは、見積りについての条件を記載したもので、建物の概要をはじめ、見積書の提出方法や提出日、工事日程や工事費の支払方法等を記載したものになります。

発注するときは「見積現場説明会」をマンションで実施し、パートナーが工事内容や条件等を説明します。管理組合の立会いは必ずしも必要ではあり

ません。以前は一堂に会して説明会を行っていましたが、談合等の件を考慮して、少数ずつか、1社ずつで説明会を行う場合も増えてきました。

発注後は内容について質疑応答がありますが、これもパートナーが集約し、公平を期すため全社に同じ回答を行います。

(F)　見積提出

見積要項書に提出する資料の内容が記載されますが、主な代表的な提出書類として以下のものがあげられます。

①　工事見積書

②　概略工程表

③　仮設計画書

④　施工提案書（施工方針、工事管理体制、提案項目等）

⑤　現場代理人予定者の経歴書

⑥　工事履行継承保証人（予定）の会社概要

⑦　使用予定材料カタログ

また、見積提出資料は通常2通同じものを提出してもらいますが、受取方法には以下の方法があります。

①　2通とも封印のうえ、管理組合が受け取り、開封確認し、うち1通をパートナーに渡す。

②　管理組合とパートナーのそれぞれに1通ずつ同日に渡す（郵送）

パートナーもいわばいろいろな操作ができてしまう立場ですので、少しでもその不安をなくそうとした場合は①になりますが、信頼できるパートナーを選んでいる場合は②の選択でかまわないでしょう。

(G)　ヒアリング会社選定（第2次選定）

見積りが提出されたら、ヒアリングを行う会社を選定します。

実績が必要となるのは、会社だけではなく現場担当者（監督）となる「現場代理人」にも必要になります。そのため、最終的にはヒアリング（面接）を行って決定します。ヒアリングは複数の日にまたがると印象がかなり変わってしまうため、原則1日で行います。また1社1時間から1.5時間かけることに

なるため、１日でできるのは３、４社となります。そのため、見積りを提出してきた会社を絞り込む必要があります。

　基本的には、第１次選定で通った会社であればどこに発注してもかまわないはずですので、見積額の安い順に決めることになりますが、異常な安値を付けてきた場合や、間違いが甚だしい会社の場合は一考する必要があります。また、談合の可能性がある場合は（慣れたパートナーであれば見抜けます）、白紙に戻す場合もあります。

　㈽　ヒアリング（第３次選定）

　業者選定作業の山場となります。ほぼ１日をかけて、工事会社のプレゼンテーションを聞き、質疑応答を行います。ヒアリングには、予定している現場代理人には必ず出席してもらいます。なお、ヒアリングの実施はもちろん管理組合（または専門委員会）が主体ですが、パートナーの質問が重要になるでしょう。

　ヒアリングでは以下の点を注視してください。

①　会社本体
　ⓐ　実績
　ⓑ　工事に対する姿勢
　ⓒ　アフターサービスの取組み方
②　工事体制
　ⓐ　バックアップ体制
　ⓑ　品質管理方法
　ⓒ　危機管理体制
③　現場代理人
　ⓐ　コミュニケーション能力
　ⓑ　経験値
　ⓒ　工事の理解度
　ⓓ　指導力

特に、現場代理人のコミュニケーション能力は非常に重要となります。ど

んなによい会社でも、現場代理人が悪ければよい工事はできない一方で、小さな名も知られていない会社でも、よい現場代理人が就けばよい工事になります。そのためには、現場代理人と居住者とのコミュニケーションが非常に大切になります。居住者の立場で考えるためには、雑談の中で居住者から意見を引き出したり、工事上のお願いを確実に伝えたりすることが重要になったりします。

　よって、見積金額の差が5％程度（規模による）までであれば、よい現場代理人を選んだほうが結果的に満足する工事になる場合が多いと思われますが、その差にもよりますので、パートナーに助言を受けてください。

　ヒアリング後、できれば当日中に内定作業を行うことをお勧めします。

　まずは出席者で感想を述べ合い、話合いで決める場合もあれば、点数制にして決める場合もあります。どうしても決まらない場合や、より交渉が必要と判断された場合には、再度ヒアリング（この場合は交渉や打合せの形態になる）を行う場合もあります。

　内定したときには、その業者はもちろん、落選した業者へも連絡を入れます。パートナーが代行して連絡することが多いです。

　(I)　工事会社および予算の承認総会の実施

　工事会社が内定したら、総会の準備に取りかかります。議案書の作成はパートナーに依頼するとよいでしょう。

　工事会社の内定に至ったこれまでの経緯と、工事会社の概要・見積金額を提示し、工事会社への発注承認をとりますが、同時に大規模修繕工事の予算の承認もとります。これは、工事中に費用が変動する精算工事が含まれているためで、見積金額で総会承認を得てしまうと、1円でもこの金額をオーバーした場合、再度総会承認が必要になるためです。工事会社の見積金額にパートナーの工事監理費用を加え、工事見積金額の5％程度を「予備費」として加えた金額を大規模修繕工事の予算額（上限）として、また予備費の使途については理事会に一任してもらうことも併記して承認をとります。

◎**総会議案書に記載しておく内容**

・ここに至るまでの経緯

・工事の実施内容（すでに説明会を開催している場合は概略）

・工事予算額と収支に問題がないことの説明

・借入れを行う場合は借入先とその償還予定

・工事を発注する工事会社の概要と契約金額

⑸　工事の実施

⒜　請負契約の締結

工事契約には、以下の書類を添付することが一般的です。

①　工事請負契約書（鑑ほか）

②　工事請負契約約款

③　見積要項書

④　標準仕様書

⑤　質疑回答書

⑥　工事見積書

⑦　工程表

①と②は「民間（七会）連合協定マンション修繕工事請負契約書」を使用する場合がほとんどです。

③〜⑤はパートナーが作成した資料です。⑥と⑦は受注者（工事会社）が前記⑷の⒠〜⒢で提出される書類です。

これらを確認し、工事着工前に契約を行います。

⒝　工事説明会の実施

工事が始まる２週間〜１カ月前に居住者（賃貸居住者も含む）に対して、工事中の注意点などを説明する「工事説明会」を実施します。工事は居住者が住んでいる中で行われます。騒音・振動・臭い・埃などは、少なくすることはできてもなくすことはできません。また、ベランダの片づけ、洗濯物の制

限といった生活に密接に絡むことも必至のため、それらの協力も必要となります。

　そのため、こういった説明会を実施しますが、できるだけ多くの居住者に参加してもらえるよう、住戸数の多いマンションでは複数回実施したり、小学生以下の子どもに対しての説明会を実施したりといった配慮を行うことも必要です。なお、説明資料は工事会社が作り、管理組合およびパートナーが事前に確認し、全居住者・所有者に配布します。

(C)　近隣あいさつ

　新築工事とは異なり、振動や騒音は少ないもののゼロではありません。また、足場の設置解体のときは大型車も通ります。そのため、近隣へのあいさつが必要になります。

　一般的には、境界に面する建物、前面道路が通学路になっている小中学校、近くの幼稚園・保育園、町会長といったところにあいさつに回りますが、特に問題となりそうなところを除いて、工事会社のみであいさつに向かいます。事前にどこに回るか、リストや地図を提出してもらい、確認しましょう。また、あいさつ実施の際に、あいさつした相手がどのような相手で、どのような会話がなされたかの報告を受けておきましょう。後に問題が生じたときの参考になります。

(D)　工事の実施

　(a)　検　査

　工事が始まってからは、仕様書どおりに施工されているか、工程表どおりに進んでいるか、特別な問題点はないかといったことをチェックし、打ち合わせる必要が生じます。設計監理方式の場合は、パートナーが工事内容や進捗状況などを確認・検査し、管理組合へ報告しますが、これを「監理業務」といいます（「管理」とは異なります）。よい仕様書があっても、この監理が適正に行われないと絵に描いた餅になってしまうため、パートナー（＝「監理者」）はこれを厳しく行わなければなりません。

　(b)　定例会議の実施

　月に１、２回、管理組合・監理者・工事会社の三者が集まる合同会議が開かれます。この場で話し合われる主な内容は以下のとおりです。

◎主な会議の内容
・工事進捗状況報告
・居住者からの要望・指摘事項報告
・精算工事の対応方法
・追加工事の対応方法
・各所の色決め
・その他問題点の対応　ほか

［写真１］　管理組合による足場
解体前検査の様子

　なお、工事中最低１回（通常、足場解体直前）は、足場に登って確認することが一般的です。マンションを外側から見る機会はめったにないので、監理者や工事会社に同行して外から建物を確認してみましょう。その後に管理組合が検査するのは竣工検査の時になります。

　(c)　竣工検査と完成引渡し

　工事の終了は２つあり、「竣工」と「完成引渡し」です。「竣工」は、工事会社が完成しましたと発注者に申し入れた日で、これに基づいて発注者の竣工検査が執り行われます。「完成引渡し」とは、竣工検査後に必要な手直しが終わって再検査に合格し、借りていた鍵の返却その他工事に関係するものがすべて引き上げられた状態を示します。

　一般的にいわれる「工期」とは「竣工」までを表し、「竣工から１カ月以内に引渡しを行う」等の文面が契約書に記載されます。

　(d)　竣工図書

　完成引渡し後、この工事の実施結果として「竣工図書」が工事会社より渡されます。この中には保証書や、工事中に行われた打合せ議事録、下地補修箇所を示した図面、工事写真等が綴られ、工事の記録として残ります。次回の大規模修繕工事までの間に活用されるため、大切に保管しましょう。もし

渡されなかった場合は必ず請求してください。パートナーが作成した仕様書にも、この竣工図書に含める内容が記載されているのが通常です。

3　工事終了後に行うこと

(1)　長期修繕計画の見直し

　工事が終われば終了と思われがちですが、この時点で「長期修繕計画書」の見直しを行っておきましょう。理由は以下のとおりです。

◎長期修繕計画書を見直す理由

・大きな費用が動いた後であること

・補修した工事内容から、建物独自の劣化進行度合いがわかること（「この建物はタイルの浮きが多い」といったような特徴）　など

　専門委員になった方は、工事の終わる頃には建物についての知識がそれなりについていると思われるので、この長期修繕計画の見直しまで担当することをお勧めします。

(2)　アフターサービス実施確認

　一般的には、大規模修繕工事には瑕疵保証が設けられており、その内容は工事請負契約書や引渡し時の竣工図書の中に記載されています。それは、たとえば屋上防水の漏水保証が一番長く10年間保証されるのに対し、廊下やバルコニーの防水保証が5年間だったり、外壁塗装が7年間だったり、鉄部塗装が2年間しか保証されなかったりと、工事内容ごとに決められています。

　工事会社はアフターサービスとして、上記保証に基づく自主点検を行いますが、多くの場合、この実施年や要領も工事請負契約書や竣工図書に記載されています。一般的に、実施年度は各種工事の保証が切れる年度に行われることが多く、上記の例の場合ですと工事実施後2年目にすべての工事箇所について、5年目には鉄部塗装を除く工事箇所について、7年目には外壁塗装と屋上防水について、10年目には屋上防水のみを点検することになります。

　これらは工事請負契約の項目であるため、管理組合が何も言わなくても工事会社は実施しなければなりませんが、現状は残念ながらすべては実施されていない状況です。そのため、期限がくるたびに、工事会社から連絡がない場合は管理組合側から申し入れる必要があります。管理組合理事が変わっても、この引継ぎを忘れないようにすると同時に、管理会社にこの連絡および確認の実施を依頼しておくことも必要です。

　なお、定期点検実施の際に工事監理を行ったパートナーに同行してもらうと、より一層厳しい目で点検が実施されますし、発生した不具合が瑕疵に相当するかどうかの判断や工事会社への交渉も補助してもらえるため安心です。

Ⅲ　日常修繕等

1　建物の管理

(1)　瑕疵のチェック

　不具合の内容によって違いはありますが、総じていうとマンションの販売会社の瑕疵担保保証（令和2年4月1日以後に締結された売買契約については、契約不適合責任。平成29年債権法改正については、第7章Ⅰを参照）は新築後10年で切れることが多いため、9年目以内（できれば築後2年目で行われる定期点検時）に建物診断調査を行って建築士に不具合を見てもらうことで新築時の瑕疵の有無をチェックすることが可能です。

　仮に、瑕疵に相当する不具合がある場合は、販売会社へ連絡し協議に入ります。協議の際には、不具合を起こしている原因を明らかにする必要があり、大変専門性の高い内容になります。劣化診断や工事監理をお願いしている建築士に相談し、場合によっては瑕疵に関する交渉を業務として依頼するとよいでしょう。また、大規模修繕工事の場合でも、工事ごとに保証が付いていますので、工事後には定期点検を行い、必要に応じて保証工事として無償で直してもらいましょう。

⑵　屋根防水

(A)　屋根の種類

屋根の維持管理を怠ると住戸内の雨漏りが生じ、居住者トラブルや損害賠償請求を争うなどの事故にもつながりかねず、それらを未然に予防する意味でも計画的に劣化状況を調査しながら、適切に維持管理することが重要となってきます。マンションの屋根には、平らな「陸屋根」と勾配のある「勾配屋根」の2つに大きく分けられます。ともに10年程度の保証期間を設けてもらうのが一般的です。

[写真２]　屋根

陸屋根

勾配屋根

(B)　陸屋根の維持管理

屋根材としては、アスファルト防水、ウレタン防水、シート防水などが防水材の代表例です。これらは有機質系材料で紫外線による劣化が生じるため、表面には紫外線保護材（トップコート）が塗られています。まずは、5年をめどに紫外線保護材の塗替えを行うと長持ちします。

修繕は、10 〜 15年を目安に専門家に劣化状況を見てもらったうえで判断してください。ふくれや亀裂、剥がれ、硬化、滅失等が全体的に発生しているかがポイントです。補修方法については、不具合箇所が少ない場合は部分補修が可能です。不具合箇所が散見される場合は、新しい防水材を全面的に施工することになります。その際、多くの場合は既存防水材を撤去せずに施工することが可能です。

一般的な防水層の耐用年数は〈図7〉のとおりです。「アスファルト防水押さえコンクリート仕上げ」は一般的にルーフバルコニー等で使われ、アスファルト防水の上に10cm程度のコンクリートを打つ工法ですが、床部分および立ち上がり部分の両方ともこの仕様の場合、防水層に紫外線や降雨が直接当たらないため、30年以上の耐用年数となる場合もあります。第1回目の修繕工事の際に特に問題が発現していないなら、保証が切れていても改修範囲

155

〈図7〉　一般的な防水層の耐用年限

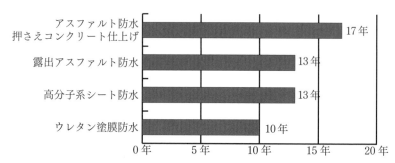

※旧建設省が主体となって構成された総合技術開発プロジェクト（通称：【総プロ】）によって作成された「建築防水の耐久性向上技術」に基づく

から除外とすることが十分考えられます。

　なお「防水モルタル」は防水剤を混和したモルタルです。一般のモルタルよりも防水性能はありますが、防水材としての位置づけではありません。

　(C)　勾配屋根の維持管理

　勾配屋根は、アスファルト系屋根材（アスファルトシングル等）などで屋根が葺かれている場合が多いようです。劣化の状況としては、表面の退色・砂落ち、硬化や亀裂が生じ始めたら注意が必要で10〜15年が目安です。退色・砂落ちのみであれば保護塗装の塗布で済みますが、劣化が進むと亀裂やめくれ等が生じますので、部分的に張り替えるか、全面的に張り替えるかの判断が必要です。全面の張替えは既存屋根材を撤去して新たに葺く工法と撤去しないで上から被せる工法の2種類があります。全面撤去の場合は工事中に雨などが降ると漏水のリスクがありますので、専門家に相談して判断してください。

　(D)　複合的な観点で判断を

　屋根防水は、劣化が進むと漏水につながる極めて重要で、修繕工事の中で比較的コストがかかる部位です。方位や勾配などの環境による劣化速度、施工の善し悪しや防水端部の納まりによる漏水リスクなど、個々のマンションの状況で違いがあり、適正な修繕時期の判断に難しさがあります。極めて専

門性が高い内容になりますので建築士などの専門家に相談し、長期修繕計画書を踏まえながら計画してください。

(3)　床防水

(A)　防水材料の種類

バルコニーや外廊下など雨掛かりとなる共用部分の床も、室内に漏水する可能性や、コンクリートの保護目的などから防水を考慮します。コンクリート自体は水を通しませんが、ひび割れからの漏水が見られる場合は注意が必要です。防水材料としてはウレタン防水やウレタン防水と塩ビシートを組み合わせた複合防水が代表です。また、防水モルタル仕上げ（前記(2)(B)参照）の場合もあります。

(B)　ウレタン防水の維持管理

ウレタン防水の表面には屋根防水と同様にトップコートが塗布されますが、トップコートがウレタンの場合5～6年で塗替えを行うことが必要です。トップコートの性能が衰えると防水層が薄くなり、最終的には下地材が露出します。またウレタン防水は薄いゴムと同じで硬いものの衝撃には弱いため、居住者に注意を促しましょう。

屋根防水と違い日常的に歩行するため防滑仕様とします。

［写真3］　ウレタン防水の滅失状態

(C)　複合防水（塩ビシート）

塩ビシートの劣化は、紫外線による退色・硬化、さらにシート裏への浸水が加わり、めくれ・剥がれなど主に美観性の低下が判断基準となります。塩ビシート自体は床材に分類されるため単独で防水性能は保証されません。よって修繕ではシートの下で必要な箇所にウレタン防水を施すこと、シートの端末に

［写真4］　複合防水の改修

既存塩ビシートを剥がし、清掃した後には、排水溝と住戸側の角部分にウレタン防水を施します

157

シーリング材を打つことで初めて防水としての性能を満たします。

(D)　臭気と歩行制限に注意を

ウレタン防水や接着剤は強溶剤となるため臭気に対する配慮や、歩行空間のため通行制限が必要です。工事会社との綿密な打合せと居住者への周知を心がけたり、速乾性の吹き付けウレタン防水を選択する場合もあります。

(4)　外　壁

(A)　日常管理と調査

[写真5]　壁の劣化状況

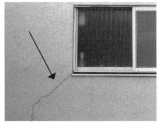

外壁は面積が大きく、漏水やタイルの落下事故、中性化[6]にも影響するため重要な補修対象で、大規模修繕工事の主目的の1つです。

日常管理においては、外観目視による定期的な点検が主となり、もし不具合があった場合は足場や高所作業車を要する工事になりますので、部分的な補修でも費用がかかります。また「特定建築物等定期調査」[7]では外壁の劣化調査が義務づけられていますので、このときに調査者の所見を聞くことが可能です。ただし、これは最低限の調査のため、大規模修繕工事の劣化診断など、より詳細な状態を知りたい場合は別途専門家の調査が必要になります。

（上）窓隅に生じたひび割れ
（下）バルコニー天井面に生じた爆裂。いずれも、内部の鉄筋に悪影響を及ぼしますので要注意となります

(B)　下地補修工事（コンクリートやモルタルなど）

鉄筋コンクリート造・鉄骨鉄筋コンクリート造の場合はコンクリート躯体の補修など、仕上材の下地の補修工事を10〜15年を目安に行う必要があり

6　強アルカリ性であるコンクリートが、大気中の炭酸ガスなどにより、表面からアルカリ性が弱くなっていく（中性に近づいていく）現象をいいます。この現象が進むと、鉄筋の腐食を招きます。

7　3年に1回の報告が義務づけられている建築基準法の制度（〔表8〕参照）。

〈図8〉　コンクリート躯体の劣化、中性化の概念図

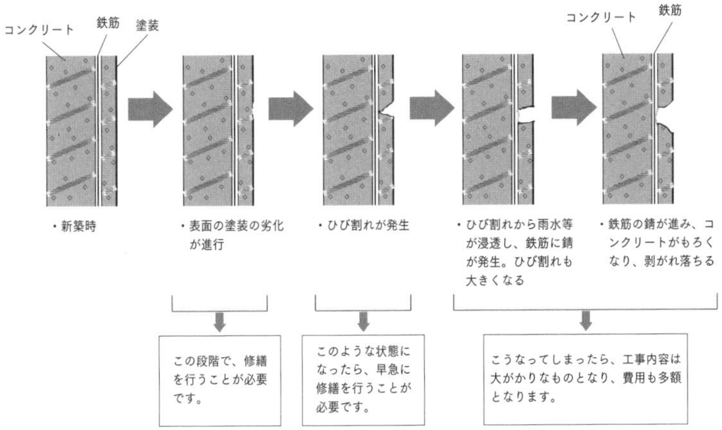

コンクリート　鉄筋　塗装　　　　　　　　　　　　　　　　　　　　　　　　　コンクリート　鉄筋

・新築時　　　　・表面の塗装の劣化　　・ひび割れが発生　　・ひび割れから雨水等　　・鉄筋の錆が進み、コ
　　　　　　　　　が進行　　　　　　　　　　　　　　　　　　が浸透し、鉄筋に錆　　　ンクリートがもろく
　　　　　　　　　　　　　　　　　　　　　　　　　　　　　　が発生。ひび割れも　　　なり、剥がれ落ちる
　　　　　　　　　　　　　　　　　　　　　　　　　　　　　　大きくなる

この段階で、修繕を行うことが必要です。

このような状態になったら、早急に修繕を行うことが必要です。

こうなってしまったら、工事内容は大がかりなものとなり、費用も多額となります。

※東京都住宅局「分譲マンション　長期修繕計画・計画修繕ガイドブック」より

ます。コンクリートやモルタルの場合、その劣化はひび割れ、浮き、欠損に区分でき、それぞれ劣化の程度によって補修方法が異なります。その詳細は、国土交通省大臣官房官庁営繕部監修『公共建築改修工事標準仕様書』を参考にされるとよいでしょう。〈図8〉のように劣化を放置しておくと、躯体内の鉄筋で錆が進行し最終的には建物の強度や寿命に影響を及ぼすことになりますので、大規模修繕工事にて補修することが重要です。

Ⓒ　シーリング

　シーリング（「シール」と呼ぶ場合もあります）とは、躯体の継ぎ目やサッシと躯体の取り合いからの漏水を防ぐためのゴム状の材料ですが、屋内でも隙間を埋めるために使用されます。劣化は硬化・ひび割れ・破断が現れ、その速度は種類・施工箇所・表面の仕上げの有無などで差が出ます。シーリングの打替えには足場が必要ですので、一般的に状態がよくても足場を設置する大規模修繕工事の際に打ち替えます。

　なお、平成12年以降に施工された建物（新

［写真6］　シーリング材の溶融

159

築・改修問わず）で使用された、あるメーカーのポリサルファイド系シーリング（主に表面に塗装などが施されずに使用される）に溶融する現象が見受けられます。この現象が生じると手や衣服などに付着したりするため注意が必要です。また、シーリング材は、修繕の際には既存材を撤去しますが、溶融したシーリング材は通常の撤去に比べて5〜6倍の労力を必要とするため、工事費が割高になります。メーカーによっては経過年数によって若干の撤去費用や表層コーティング等の対策を負担するところもあるため、このような現象が見受けられた場合は建築士等の専門家に相談しましょう。

(D)　仕上げ

外壁の仕上げ材は、塗装、タイル、石、金属パネル、コンクリート打ち放し、モルタルなど多岐にわたります。塗装仕上げは紫外線により、表面が粉体化（手で触ると白い粉が付着する状態で「チョーキング」と呼ばれます）して放置しておくと剥がれてきます。塗装は躯体の中性化進行を抑制する役割もありますので、10〜15年を目安に全面塗替え（増し塗）を行います。

[写真7]　塗装のチョーキング

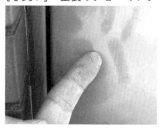

指で触ると白い粉が付着します

また、外壁の表面やバルコニー・廊下の軒先などに白い固まりが生じることがあります。これはタイルの裏側やコンクリートの亀裂に浸入した雨水がコンクリートやモルタルのセメント成分を溶出したうえで隙間から浸出し、壁面に固着したものです（「エフロレッセンス」（通称：エフロ）といいます）。人間でいえば「咳」に相当し、大病の予兆の場合もあればあまり問題にならない場合もありますが、少なくとも100%健康ではない状態です。エフロレッセンスが生じている箇所は必ず水が浸入していることを意味しますので、注意

[写真8]　エフロレッセンス

タイル表面に白い粉状の固まりが付着しています

が必要です。

　各仕上材料が軀体に対して十分な付着力があるかを確認します。補修計画前の劣化診断で塗装やタイルは打検の実施や調査機器を用いた付着力強度試験により傾向を確認します。付着力が低下している場合、既存仕上の剥離を見込みます。工事開始後は全箇所打検調査により不良箇所を把握しますが、浮いてはいないが付着力不足の箇所は把握できません。浮き傾向が多い場合は付着力試験箇所を追加実施し、全体傾向を把握のうえで最適な修繕方法を決めます。

　タイルの付着力低下の原因の多くは、新築施工時にタイルの下地作りを省略していることや貼り方の技術不足です。タイルの貼替えは高額になるため、当初の施工時の問題であれば売主／施工者に責任をとってもらうことが賢明ですが、売主／施工者はこれを契約不履行責任（瑕疵）と認めない傾向があります。特に築10年を超えるとその傾向が一気に高くなるため、その前に調査を行い交渉を始めることをお勧めします。

[写真９]　塗装付着力試験

塗装面の塗膜が十分に付着しているかを試験機具を用いて調査します

[写真10]　タイルの浮き箇所

打診検査を行い、浮いている箇所を把握します。テープを貼っている箇所が浮いているタイル

(5)　鉄部塗装等

　バルコニーや廊下の手すり、鋼製の扉やその枠などで鉄を用いている場合は、仕上げとして塗装またはメッキ加工が施されています。塗装仕上げの場合、紫外線によるチョーキング、発錆が劣化の代表です。錆を放置すると鋼材自体の交換が必要となりますので、４～６年程度ごとに定期的に補修（再塗装）すると長持ちします。

　既存の錆が残ったまま再塗装すると残った錆から腐食が進行しやすいため、できるだけ錆を取り切ることが重要ですが、鋼材同士が接合しているよ

161

うな込み入った箇所は、ワイヤーブラシなど
の工具が入る隙間がないため微細な錆が残っ
てしまう可能性があります。腐食が酷い場合
は、アルミ製品など新たなものに取り替える
ことも１つの方法です。将来的なメンテナン
ス費も踏まえながら検討してみてください。

(6)　建具・金物等

(A)　建　具

　玄関ドアは薄い鋼板の上にシートを貼った
軽量ドアが主流ですが古いマンションでは全
て鉄製の重量ドアを用いている場合がありま
す。サッシも昔は塗装仕上げの鋼製建具があ
りましたが、現在ではアルミサッシが主流で、
これは腐食にも強く長持ちします。

［写真11］　鉄部の劣化

錆を放置すると状況が悪化して、
溶接補修（○印部分）や鋼材自体の
交換などが必要となってきます

〔表16〕　各仕上げによる主な劣化と基本的な修繕

種類	主な劣化	基本的な修繕方法
塗装	・既存塗膜の付着力低下 ・塗膜の膨れや剥がれ ・塗装の粉体化（白亜化）	・付着力低下部分の除去 ・全面再塗装
タイル	・接着力不足（浮き） ・ひび割れ、欠損	・ピンや接着剤による固定 ・張替え
石張り	・ひび割れ、欠損 ・下地金物の錆	・石材の交換 ・金物の交換、塗装
金属パネル	・パネルや下地金物の錆 ・塗装の粉体化（白亜化）	・パネルや金物の交換、塗装
コンクリート打ち放し仕上げ	・粉体化（白亜化） ・汚れ	・下地補修跡が目立つ場合は、打ち放し調化粧材の塗布、全面塗装
コンクリートモルタル仕上げ	・ひび割れ ・浮き	・ひび割れ補修 ・接着剤による固定、剥落による除去

アルミサッシの不具合は戸車の摩耗、レールの歪みなどによる開閉・密閉不良や表層の発錆があげられます。玄関ドアは、地震時にドア枠が歪んでも開閉できるように進化していることから地震対策を目的に更新する例もあります。更新は40年前後で実施されること

[写真12]　玄関ドアの更新

が一般的です。また、ペアガラスやLow-Eガラスなどの断熱や遮熱効果のあるガラスが普及してきましたが、サッシ枠も屋内側に樹脂材を使用するなど結露を減らす材料も使用できますので、住まいの環境に応じて検討しましょう。

なお、工事にあたっては、騒音や埃、防犯やコストの観点から既存枠を残し、その上に新たな枠を取り付ける「かぶせ工法」が主流です。その場合、開口部分が数cm程度小さくなることを覚えておいてください。

⒝　金　物

マンションには給気口や排気口などの雨よけカバー、手すり、天井のスパンドレル、面格子、エキスパンションジョイント、金属製小庇、門扉、階数表示板など、多種多様な金物が使われています。

アルミやステンレスも腐食します。アルミの腐食メカニズムは、表面に付く埃や水とアルミ面の間で局部的な電気的回路が発生し、表面に白い斑点が現れます。これを点食と呼びます。点食が進むと表面の皮膜がなくなり錆の進行が進みます。よって、日常の維持管理においては、定期的に清掃しておくことが長持ちさせるコツです。

ステンレスは、傷などにより表面皮膜がなくなることや異種金属同士の接触で腐食を起こします。

修繕方法は素材にあった金属クリーナーで磨いてクリア塗装を行う方法がありますが、錆をなくすことはできません。他には錆を削って不透明の塗装を行う方法もありますが、表面の質感が変わります。

手すりは中空の素材の場合、浸水や内部結露などにより内部に水が溜まっ

ている場合があります。この水が軀体の劣化を引き起こす場合があるため、このような箇所は支柱下部に水抜きを設ける場合があります。

(7)　共用内部仕上げ

　主に風除室、エントランスホール、管理室、集会室など、共用部分で室内的利用をしているところは内装の美観性が重視されるスペースです。

　風除室やエントランスホールは、全居住者や来館者が通るスペースでもありマンションの顔となります。管理室や集会所は管理員や区分所有者の利用が主となり、機能性や快適性が重視されるスペースです。

　エントランスホールなどの質を高めることで、居住者の愛着や管理への関心を高めることにつながり、資産価値という面でも一役買うことになります。

［写真13］　エントランスの改修

［写真14］　アプローチの改修

(8)　外　構

　マンションの外構部分には、駐輪場、植栽、遊び場、フェンス、門扉など
さまざまな管理を必要とする共用施設があります。

(A)　駐輪場

　駐輪場は台数の増設が課題になる場合があります。増設スペースがない場
合は２段駐輪設備などの機械式設備を導入することも検討せざるを得ません
が、導入後の維持管理費や使い勝手を考慮し検討することが大切です。機械
式設備の形式も上段を手前に引き出して下ろす、垂直にスライド、下段が水
平に移動、自転車が垂直に収まるなど多種ですし、種類は少ないですが電動
自転車が置けるようなタイプも存在します。劣化としては可動部の動作不良
やメッキ仕上以外だと発錆があります。動作不良は油差し等の方法がありま
すが、屋外ではべたつく潤滑油ではなくさらさらとした「シリコンオイル」
を使用してください。べたつく潤滑油の使用は、砂埃などを誘引し固着して
しまうため使用を控える必要があります。スライド式の場合は車の変形が出
ますので交換が必要になります。

　また、駐輪場に新たに屋根をかけたいという場合、建築基準法では面積に
算入されることから原則的には確認申請が必要となります。しかし、簡易な
屋根の場合には可能な場合もあるので、お住まいの自治体に相談してくださ
い。

(B)　植　栽

　植栽は、日常管理において水撒きや剪定などが行われています。自治体に
よっては、マンション建設に際して緑化基準を設けている場合もありますの
で、基本的にはマンションが建っている間は緑化基準を維持するよう努める
必要があります。専用庭などにおいて、専用使用している居住者が日常管理
を行っている場合もありますが、居住者が勝手に共用部分の植栽を切ること
はできないため、必ず管理組合として判断してください。また、大規模修繕
工事の際に足場等で邪魔になる場合もあります。そのときも勝手に切られな
いよう、管理組合から工事会社に申し入れておく必要があります。

　なお、植栽も改修（植替え）が必要になる時期があることを覚えておきましょう。特に、枯れやすい箇所や、雰囲気にあわない植栽などは、その箇所にあう植栽にすることで建物のイメージが変わる場合もあります。30 ～ 40年を目安に見直すことを検討してみてください。

　(C)　フェンス、門扉

　敷地境界線や勝手口などの出入口には、フェンスや門扉が設けてあります。日常の管理で生じる不具合の多くは開閉に関することで、特にオートロックを備えている建物の場合、閉まらないと防犯の意味がなくなります。扉を自動的に閉める部品には「ドアクローザー」「ドアチェック」「フロアヒンジ」「オートヒンジ」など数種類ありますが、これらは10 ～ 15年の耐用年数です。すべて防水性能はもちあわせていないため、屋外の雨がかかる場所で使用した場合には極端に寿命が短くなります。雨がかかりにくいように小さな庇を設けるだけでも寿命を延ばすことが可能です。なお「オートヒンジ」は蝶番の中に自閉機能を組み込んだものですが、これは調整範囲が狭く、力も弱く壊れやすいためお勧めできません。不具合が生じた場合は通常のクローザーに変更することも考えてください。

　蝶番や鍵周りも、屋外においては雨水の浸入により劣化しやすいため、まめな手入れが必要ですが、動きが悪い場合は前記(A)で述べた「シリコンオイル」を使用してください。電気錠が設けられている場合も、雨水対策が弱い場合は改修が必要になります。

　このように雨がかかる箇所における扉の施錠は難しいものがあるため、細やかなメンテナンスを心がけてください。

　なお、外構で使用される門扉本体やフェンスがアルミ製の場合は、前記(6)(B)を参考に維持管理（主に清掃）をしてください。焼付塗装の場合は紫外線により粉体化してきます。放置しておくと皮膜が剥がれ錆び始めますので、塗装をして健全な状態を維持してくださ

[写真15]　雨ざらしのクローザー

い。メッシュフェンスの場合は、支柱に固定
している金物が緩む場合があります。緩むと
すぐにはずれてしまうため、フェンスに「ず
れ」が見受けられる場合は、固定金物の緩み
をチェックしてください。

［写真16］　メッシュフェンス

(D)　舗　装

舗装の例として、駐車場のアスファルト舗
装やインターロッキング舗装などがあります。

アスファルト舗装の場合、車の往来頻度により凹みができて水溜まりにな
るなどの不具合があります。特に透水性舗装が使用され、切り返しの多い箇
所ではその傾向が顕著です。凹みができた場合、その部分のアスファルトを
撤去して、新たなアスファルトを舗装して調整することができますが、切り
返しの多い箇所は透水性ではなく密粒舗装にすることで不具合の頻度を減ら
すことが可能です。ただし、その場合は勾配をきちんと設けないと水溜まり
ができやすくなるため、施工の際にきちんと管理する必要があります。

インターロッキング舗装は、車の往来頻度によってがたつきが出ます。車
が通行する箇所の場合は、インターロッキン
グ舗装の下にある採石に再度転圧をかけて
改修する必要がありますが、通行量の多い箇
所はブロックをやめてアスファルト舗装と
するか、ブロックの下に土間コンクリートを
打設するなどの方法が必要になります。

なお、管理会社の多くは点検業務に外構の
舗装を盛り込んでいません。委託契約の中に
盛り込むことをお勧めします。

［写真17］　インターロッキング
　　　　　　ブロック

車が乗り入れる箇所の舗道のた
め、ブロックがたついてし
まっています

167

〈図9〉　代表的な部位の修繕イメージ

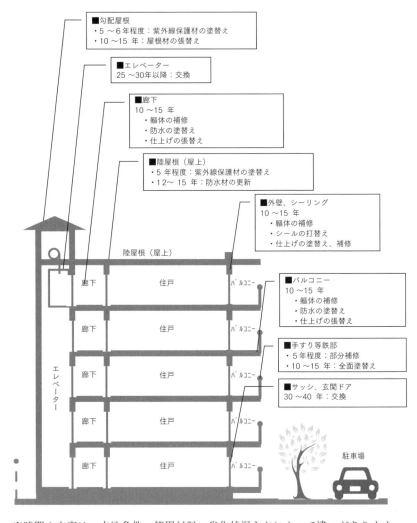

■勾配屋根
・5～6年程度：紫外線保護材の塗替え
・10～15 年：屋根材の張替え

■エレベーター
25～30年以降：交換

■廊下
10～15 年
　・躯体の補修
　・防水の塗替え
　・仕上げの張替え

■陸屋根（屋上）
・5 年程度：紫外線保護材の塗替え
・12～15 年：防水材の更新

■外壁、シーリング
10～15 年
　・躯体の補修
　・シールの打替え
　・仕上げの塗替え、補修

■バルコニー
10～15 年
　・躯体の補修
　・防水の塗替え
　・仕上げの張替え

■手すり等鉄部
・5年程度：部分補修
・10～15 年：全面塗替え

■サッシ、玄関ドア
30～40 年：交換

陸屋根（屋上）

廊下　　住戸　　バルコニー

エレベーター

駐車場

※時期や内容は、立地条件、使用材料、劣化状況などによって違いがあります。

2 設備の管理

(1) マンションの設備の特徴

マンションには、給排水、ガス、空調換気、電気、情報通信、消防、エレベーター、立体駐車機など多くの設備が備えられています。

マンションの設備の特徴として、以下のものがあげられます。

① 共用部分と専有部分が一体的であるものが多い。

② 技術の進歩が早く、年代ごとに多種多様な設備がある。

③ 不具合が起きると生活への支障が大きい。

(2) 共用部分と専有部分の区分け

設備類、特に配管のどこまでが共用部分でどこからが専有部分かは、国土交通省「マンション管理標準指針コメント『二 管理規約の作成及び改正』」より、〈図10〉のようにすることが標準的です。

(3) 給水設備

(A) 概 要

給水設備は、水を通す「給水管」、水を貯める「貯水槽」、水を動かす「給水ポンプ」に分けられます。「給水管」は水道局が管理する道路下の配水管から敷地境界付近の止水弁および量水器（親メーター）を経由して埋設管で建物内に引き込まれ、多くは共用廊下の各住戸近くにあるメーターボックスの住戸メーターから住戸内の蛇口までつながっています。

標準管理規約では、親メーターから各住戸メーターを含む部分までが共用部分、それ以降の部分が専有部分とされています。「貯水槽」と「給水ポンプ」は給水方式により必要な設備が設置されておりすべて共用部分です。

(a) 給水方式

マンションが建設され始めた当初から採用されているのは高架水槽方式です。続いて受水槽の水を加圧給水ポンプで各戸に送る仕組みが開発され、高架水槽を設置しないマンションも出てきました（加圧給水方式）。近年は配水管の水をそのまま各戸に送る直結増圧方式や直結直圧方式も採用されるよう

〈図10〉　共用部分と専有部分の区分け

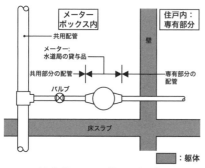

給水管の区分（断面略図）

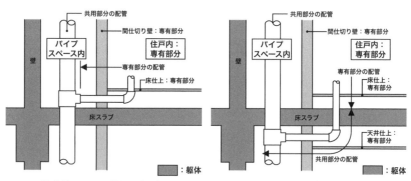

排水管の区分（断面略図）　　　　排水管の区分（断面略図）
（スラブ上配管の場合）　　　　　　（スラブ下配管の場合）

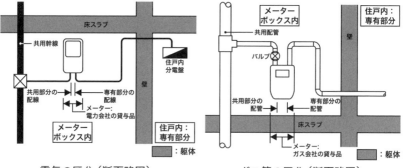

電気の区分（断面略図）　　　　　ガス管の区分（断面略図）

になり、受水槽を設置しないマンションが増えました（〔表17〕参照）。

(b) 給水管の材料

1970年過ぎまでは水道用亜鉛メッキ鋼管が一般的でしたが、1975年頃から水道用塩化ビニルライニング鋼管が使用され始め、現在は耐食性や耐久性の高いステンレス管や架橋ポリエチレン管が使われるようになりました。

(c) 貯水槽

貯水槽は、受水槽と高架水槽があります。受水槽は、公共水道からの水を一時的に溜めておくもので、1日あたりの想定使用水量の40%〜60%を溜められるようになっています。その後ポンプにより高架水槽に送られるか、ポンプの圧力で全戸に配水されます。高架水槽は、重力により発生する圧力を利用して全戸に配水するもので、受水槽より小さい水槽になります。

材質は、コンクリート製や鋼板製、ステンレス製、FRP製、などの種類があります。コンクリート製や鋼板製の場合は水漏れや腐食による水質汚染が考えられるため、ステンレス製やFRP製への置換えをお勧めします。FRP製であっても、パネルジョイント部のパッキン劣化や経年による亀裂などから漏水を引き起こす場合があります。なお、直結増圧方式の普及に伴い水槽は使わなくなる傾向にあります。

(d) 給水ポンプ

水を送り出す装置で、受水槽から屋上の高架水槽に水を揚げる「揚水ポンプ」、受水槽の水を全戸に圧送配水するための「加圧給水ポンプ」、公共水道が保持している圧力を増圧させて全戸配水する「直結増圧ポンプ」があります。

(B) 不具合の発生現象・要因と日常のチェックポイント

給水設備の不具合には、〔表18〕のような現象と要因があります。

漏水は、下階住戸の仕上げなどへの2次被害にもつながります。

赤水や水圧不足はわかりやすい不具合ですが、この不具合が単に個別の問題なのか建物全体に起きている問題なのかを明確にするため、管理組合による情報収集（アンケート等）を行って全体像を把握するようにします。その結果、不具合が多い場合は、調査可能な箇所で管の切り取り（抜管）や内視鏡

〔表17〕　主な給水方式

	概　　要	
高置水槽方式	・水道本管からの水をいったん受水槽に貯め、ポンプにより高置水槽に送り上げたうえで各戸に給水する方式。 ・停電時の場合でも高置水槽に貯められた水を利用することができる。 ・受水槽、高置水槽等の清掃・点検および維持管理が必要。	（高置水槽・受水槽・水道メーターの図）
加圧給水方式	・水道本管からの水をいったん受水槽に貯め、高置水槽を設ける代わりに加圧ポンプにより圧送給水する方式。 ・災害時等に断水になった場合でも受水槽に貯められた水を利用することができるが、停電時にはポンプ等が停止するため各住戸への給水ができない。	（給排気弁・受水槽・圧送式給水ポンプ・水道メーターの図）
直結増圧方式	・増圧給水ポンプにより水道管の水圧に加圧し、水道本管から直接供給する方式。 ・受水槽、高置水槽等が不要で清掃・点検および維持管理の費用がかからないが、増圧ポンプの清掃・点検および維持管理費用が必要。 ・停電時には上層階で断水が生じる。	・1日最大使用料が50 t 以下。 ・10階程度までであれば利用可能。 （給排気弁・増圧給水ポンプユニット（BP）・水道メーターの図）

直結直圧方式	・道路内の水道本管から水道管の水圧により、直接供給する方式。 ・受水槽、高置水槽等が不要で清掃・点検および維持管理の費用がかからない。 ・停電時でも断水しないが、水道管断水時には供給ができない。	・低層マンションでは利用可能（通常3階程度だが、5階でも可能なところがある）。 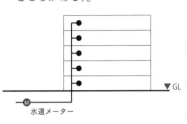

〈図11〉　給水管の材料の変遷

主な管種（給水） 　　年代	1960	1970	1980	1990	2000
水道用亜鉛メッキ鋼管 （SGPW）					
水道用硬質塩化ビニルライニング鋼管 （SGP－V）					
水道用硬質ポリ塩化ビニル管 （PP）					
水道用ステンレス鋼管 （SUP）					
水道用架橋ポリエチレン管 水道用ポリブデン管 （PEX、PBP）					

〔表18〕　不具合の発生現象・要因

現　象	主な要因
赤水	給水管の内部が腐食した（錆びる）
水圧不足	錆が進行して配管の内部が細くなった
	管の各所にあるバルブの不具合
漏水	腐食が進行して配管に穴
	釘打ちなどの外部要因
	パッキン類の劣化
断水	給水ポンプ等が故障
	管の各所にあるバルブの不具合

による調査を行います。通常、継手部分やメーター周りなど材質の異なる金属が接触する部分に腐食が生じやすい傾向があります。

　「貯水槽」や「給水ポンプ」の異常は全戸の断水や衛生上の問題等につながるため、一般的には管理会社経由で行われる定期点検の報告書を注視し、そこに記載されている指摘事項をなおざりにせず、異常が発見された場合は早めに対策をとることが必要です。なお、「貯水槽」は年1回の清掃を行い（簡易専用水道の場合は義務づけあり）、「給水ポンプ」も年1回の点検を行うなど、予防的な対応を行うことが大切です（〔表9〕〔表10〕参照）。

(C)　修繕の時期と方法

　標準的な耐用年数を目安として、必要に応じた調査を行い、修繕を実施していきます。なお、耐用年数よりかなり前に管理会社が調査を勧めることがありますが、事故が多発している場合を除いて必要ありません。

　(a)　給水管

　配管材料にもよりますが、20～30年程度で大がかりな修繕となります。修繕方法は、管を取り替える「更新」と、作業スペースや内装への影響が少ない「更生」[8]という選択肢があります。

　なお、漏水事故を防ぐため、専有部分の改修費用も修繕積立金から捻出し、

8　更生工事とは、既存配管の内部を研磨し、その表面にコーティングを施す等の延命措置を行うもので、さまざまな方法が開発されています。

共用部分と一体的に改修する管理組合が増えています。この場合、専有部分であっても修繕積立金を使えるよう管理規約を改正する必要があります。

　(b)　貯水槽

　屋外設置のFRP水槽は20～30年程度の耐用年数ですが、漏水や腐食がなければ40年以上使用可能な場合もあります。その間の保守は鉄製架台を4～6年周期、外面保護塗装を10～12年周期で施します。給水方式を変更することで受水槽や高架水槽をなくすことも考えられます。

　(c)　給水ポンプ

　給水ポンプは、18～24年程度で更新となりますが、分解して保守を行う「オーバーホール」を8年間隔で実施します。給水設備はライフラインのため、修繕計画で適正な時期に工事を見込んでおく進め方が有効です。

(4)　給湯設備

(A)　概　要

　給湯設備は、「熱源（給湯器）」と「給湯管」で構成され、基本的にすべて専有部分です。

　「給湯管」に使用されている材料は、「給水管」同様、建築年によって〈図12〉のような違いがあります。

　熱源（給湯器）は、ガスによる瞬間型と電気による貯湯式（電気温水器）の利用がほとんどですが、一部の大規模マンション等でマンション内の1カ所でお湯をつくり各戸へ供給するセントラル方式が採用されている場合もあります。この場合は、給水管と同様に熱源からパイプスペース内の給湯メーターまでが共用部分、それ以降が専有部分となります。

(B)　不具合の発生現象・要因と日常のチェックポイント

　主な不具合の発生現象と要因は、ポンプ異常を除いて給水設備と同様です。

　給湯設備の漏水は下階等の住戸への2次被害につながるため、管理組合として、給水管とあわせて給湯管のチェックも行うことをお勧めします。

　なお東日本大震災では、電気温水器の転倒被害が多く発生しました。これを防ぐには壁面への固定等の転倒防止措置の徹底に向けた啓蒙が必要です。

〈図12〉　給湯管の材料の変遷

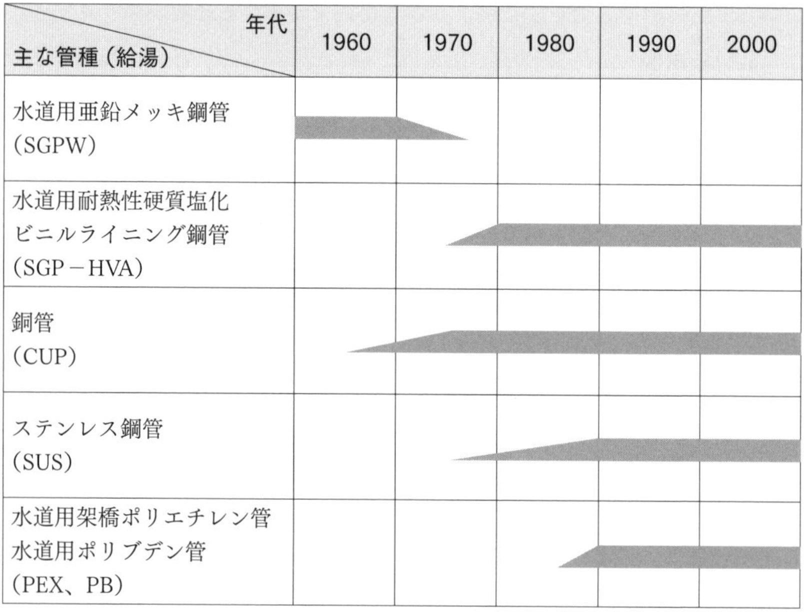

主な管種（給湯）　　　　　年代	1960	1970	1980	1990	2000
水道用亜鉛メッキ鋼管 （SGPW）					
水道用耐熱性硬質塩化 ビニルライニング鋼管 （SGP－HVA）					
銅管 （CUP）					
ステンレス鋼管 （SUS）					
水道用架橋ポリエチレン管 水道用ポリブデン管 （PEX、PB）					

(C)　修繕の時期と方法

　瞬間型給湯器の耐用年数は、設置場所にもよりますが10年程度の寿命といわれています。これ以上の期間問題なく使用されている場合も多く見受けられますが、10年を超えると修理部品の在庫がなくなることもこの寿命の要因です。交換を考えている場合は、管理組合として他に交換する居住者がいないかを募ることをお勧めします。数がまとまると交換費用を抑えることも可能です。

　(5)　排水設備

(A)　概　　要

　(a)　専有部分・共用部分

　排水設備は、排水を通す「排水管」と、水が溜まる箇所の排水のために設置される「排水ポンプ」があります。

　標準管理規約では、横引き管が専有部分、縦管と埋設管（貯留槽を含む）が共用部分です。ただし、古いマンションで床下（仕上材の床とコンクリートの床の間）に配管スペースがとれないマンションでは、横引き管が下階の天井裏に配置されています。この場合は横引き管の補修や交換は下階でしかできないため、共用部分扱いとします。管理規約でこの横引き管を共用部分扱いとしていない場合は、変更しておきましょう（〈図10〉参照）。

　下水道が未整備な時期に建設されたマンションでは、排水をいったん貯めるための貯留槽が設けられています。「排水ポンプ」は、地階にあるポンプ室や貯水槽、貯留槽など水が溜まるおそれがある場所の排水のために設置されており、すべて共用部分です。

　(b)　配管の経路

　排水管には、トイレ用の排水管（汚水管）と浴室・洗面所・台所用の排水管（雑排水管）および雨水の排水管（雨水管）があります。道路に埋め込まれている公共下水道が合流式の場合は、敷地内のどこかで合流されています（臭いや配管材料の関係から屋外に出るまでは分けて、屋外で合流する場合が多い）。近年みられるディスポーザーが設置されているマンションの場合は、単独の搬送

〈図13〉　排水システムの一例
　　　　　（伸長通気排水方式）

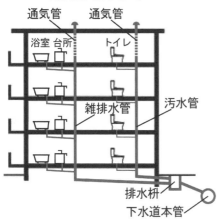

［写真18］　トイレの奥のパイプ
　　　　　　スペースにある排水管

用排水管と排水処理層が設けられています。これに対して、公共下水道が分流式の場合は、敷地外まで排水の種類別に系統が分かれます。

　排水には通気が必要で、単独で通気管がある場合と排水管が通気管を兼ねる場合があります。一般的に通気管は屋上まで延ばして外気に開放されます。

　横引き管は勾配が必要なため、縦管と水回りはあまり離せません。よって、縦配管用のスペース（パイプスペース）は、玄関脇以外にトイレや収納の裏側などに分散して配置されている場合も多くあります。

　　(c)　排水管の材料

　排水管の材料は、雑排水系統と汚水系統で使い分けられます。雑排水系には炭素鋼鋼管や硬質塩化ビニル管などが用いられ、汚水系統にはさらに耐久性の高い鋳鉄管や排水用塩ビライニング鋼管が用いられます。

　⒝　不具合の発生現象・要因と日常のチェックポイント

　排水設備の不具合には、異臭、詰まり、漏水などがあります。異臭は、排水内のごみなどが排水管の内部に付着することで発生します。これが進むと排水管の詰まりに発展してしまうため、新築後5年以降は1年ごとなど定期的に排水管清掃（高圧水洗浄など）を行うことが適切です。これにより排水管の異常を確認することもできます。経年で排水管内の腐食が進むと錆こぶができ、これにごみが引っ掛かって詰まりが発生したり、排水管に穴が開くと漏水につながります。排水ポンプには警報装置が設置されていますが、故障は漏水に直結するため年1回の点検を行い、予防的な対応を行うことが大切です。

　また、屋外の床が沈下する場合、地中の埋設管や排水枡の損傷による漏水で周囲の土が流されていることが原因の場合もあります。

　⒞　修繕の時期と方法

　排水設備についても、修繕計画で適正な時期に工事を見込んでおく進め方が有効です。

　　(a)　排水管

　修繕周期は材料にもよりますが、25 〜 40年程度といわれます。これを目

安に詳細な調査を行い、修繕を実施していくことになります。

修繕方法は、給水管と同様に管を取り替える「更新」と既存管を延命させるという「更生」の選択肢があります。排水管は、共用部分の縦管が住戸内のパイプスペースに配置されていることが多く、「更新」には住戸内への立入りや内壁の解体・復旧が必要です。「更生」は、管の内側に新しい樹脂の膜をつくる方法で、工事範囲がパイプスペースや排水口周りに限定できることから、各戸への負担や工事費の点からメリットのある場合もあります。ただし、再度の施工が難しいことや将来的な更新の必要性など長期的な見通しも整理しておくことが必要です。

排水管の横引き管は専有部分ですが、給水管のように弁で区切られておらず、下階の天井裏に配置されていることもあるため、専有部分も含めた修繕計画を立てておくことが大切です。

　(b)　排水ポンプ

修繕周期は15年程度といわれます。「排水ポンプ」は取替えが基本となります。

　(6)　ガス設備

(A)　概　要

　(a)　専有部分・共用部分

「ガス管」は、ガス事業者が管理する道路の下の本管から敷地境界付近のガス遮断装置を経由して埋設管で建物内に引き込まれ、各戸の玄関脇等にあるパイプスペースを通り、住戸内のガス使用機器（調理用機器、給湯機、暖房機器など）までをつないでいます。標準管理規約では、ガス配管設備は共用部分とされていますが、これは敷地境界線内側の埋設管からパイプスペース内のガスメーターまでの配管を表しています。ガスメーターはガス事業者の所有であり、ガスメーターからガス使用機器ま

［写真19］　パイプスペース内のガスメーター

での配管は専有部分です。

(b)　ガス管の材料

　ガス管の材料は、露出部分と土中埋設部分で使い分けられます。露出部分は亜鉛メッキ鋼管が多く用いられます。昭和50年中頃まで、亜鉛メッキ鋼管は土中埋設にも使用されていましたが、現在は使用が禁止されています。土中埋設部分は、外部からの腐食に強い鋼管の外面を被覆した硬質塩化ビニル被覆鋼管やポリエチレン被覆鋼管が使用されています。屋内部分は紫外線劣化もないため、耐震・耐食性に優れるポリエチレン管も使用されています。

(B)　不具合の発生現象・要因と日常のチェックポイント

　ガスは配管を腐食させないため、衝撃などによる損傷以外では、外面からの腐食が主な劣化要因です。土中埋設部分は特に腐食しやすく、建物外部の露出部分も雨水などによる腐食が考えられます。屋内配管は、腐食の心配はほとんどありません。

　ガス会社はガス事業法に基づき、3年に1回、ガス配管の漏洩検査、給排気設備（ガス風呂釜・ガス湯沸器）などの調査を行っており、管理組合としてこの結果を把握しておくことが適切です。

(C)　修繕の時期と方法

　修繕周期は、土中埋設の亜鉛メッキ鋼管が20 ～ 25年、露出の亜鉛メッキ鋼管が15 ～ 20年、硬質塩化ビニル被覆鋼管やポリエチレン被覆鋼管は30年以上とされています。

　修繕工事は、他の配管の更新と異なりガス会社以外は行えません。更新するのに、既存配管を残すか、更新する配管材料を何にするか、どこを通すかをガス会社と相談しますが、ガス供給の停止時間がどれだけ短くできるかなどが検討のポイントになります。また、ガス機器（給湯器）の性能向上に伴いガス管の容量が不足する場合もあり、口径の大きい管に取り換えることも考慮する必要があります。

(7)　空調換気設備

(A)　概　要

空調換気設備は、エアコンなどの「空調設備」と、給気口や換気扇およびダクト、外壁面のベントキャップ（換気ガラリ）などの「換気設備」があります。

［写真20］　ベントキャップ

(a)　空調設備

空調設備は、エアコン（室内機および室外機）を指します。管理室や集会室、ごみ置き場等のエアコンは共用部分であり、住戸のエアコンは専有部分です。ただし、高経年のマンションで1カ所の熱源機から水配管で冷温水を各戸に供給して冷暖房を行うセントラル方式が採用されている場合は、熱源機から各戸までの水配管が共用部分、住戸内に設置されている空気調和機が専有部分となります。

(b)　換気設備

換気設備は、給気口や換気扇およびダクト、外壁面に設置されるベントキャップを指します。

管理室や集会室、ごみ置き場などに設置されたものはすべて共用部分であり、住戸については内部に設置されたものは専有部分、外部のベントキャップ、外部に面した換気扇は共用部分です。

なお、建物計画上、外部に給排気ができないため1階から屋上までを縦につなぐ給排気用の集合ダクトが設けられているマンションがあります。排気用ダクトには、屋上部分に大型換気扇が設置されていることもあります。この場合、集合ダクトとダクト上部の大型換気扇が共用部分、住戸から集合ダクトに空気を排出する換気扇は専有部分となります。

(B)　不具合の発生現象・要因と日常のチェックポイント

(a)　空調設備

空調設備は、経年劣化等による機器の故障が主な問題です。これは、冷暖

〈図14〉　集合ダクトの一例

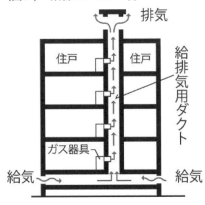

[写真21]　屋上に設置された大型換気扇

房の効き具合や異音など日常使用の中で把握できます。なお、セントラル方式の場合は水配管からの漏水が考えられます。

　住戸のエアコンは専有部分ですが、増設のため壁を開口する際の位置や方法、バルコニー等への室外機の置き方など、管理組合で設置に関するルールを決めておくことも必要です。

　(b)　換気設備

　換気設備は、経年劣化等による機器の故障、外壁面に設置されたベントキャップの腐食や破損が主な問題です。管理室や集会室で火を使う場所に設置された換気扇は建築基準法に基づき年1回の換気風量調査が義務づけられています。ただし、住戸内の換気扇や排気用風洞に設けられた大型換気扇は対象外です。

　なお、取付位置によっては防火ダンパー[9]が付けられていますが、古くなると温度ヒューズが劣化して、ダンパーが閉じていたり、錆びて動かなくなっている場合があります。給気口であれば室内から確認できますが、換気扇からの排気口の場合、点検口が設けられていない場合は外部からしか確認でき

9　火災の際に開口部からもらい火を防ぐために設ける温度で閉まる仕切り板。延焼のおそれのある部分（隣地境界線や敷地内の建物から、1階で3m、2階以上で5m以内の部分）にある、100㎠（円形だと直径11.28cm）を超える開口部に設けます（建築基準法2条9号等）。

ません。足場が必要な箇所は、大規模修繕の際に必ず確認してください。

また、台所用換気扇と屋外に面した給気口が連動している場合があります。換気扇を取り替える際に連動を切ってしまうことがありますので、専有部分ですが、管理組合として住戸内リフォーム時の注意喚起が必要です。

［写真22］　古くなったベントキャップ

防火ダンパーが動かなくなっている

(C)　修繕の時期と方法

(a)　空調設備

エアコンの修繕周期は、天井埋込型などの大型機器は15 〜 25年程度、ルームエアコンは10 〜 15年程度とされています。修繕方法は、機器の交換が基本です。

セントラル方式の場合は、維持管理費を踏まえて戸別の空調方式に変更することも考えられます。

(b)　換気設備

換気扇（風洞上部の大型換気扇を含む）の修繕周期は15 〜 20年程度とされており機器の交換が基本です。

外部のベントキャップは、確認に外部足場が必要な場合もあるため、大規模修繕工事とあわせて状況を確認し、清掃や塗装、交換を行うことになります。また、風洞（ダクト）は油などで内部が汚れるため定期的な清掃が必要ですが、これも外部から行うため大規模修繕工事時に実施計画（専有部分は居住者オプション工事）するとよいでしょう。スチール製の場合は、アルミ製やステンレス製など塗装が不要で耐食性の高いものに交換することをお勧めします。

(8)　電灯設備等

(A)　概　要

(a)　専有部分・共用部分

電灯設備等には、電気室にある引込開閉器から各戸の電気メーターまでを

つなぐ配線などの「幹線設備」、共用廊下や
エントランスホールなど共用部分の照明器具
や誘導灯、外灯などの「電灯設備」、停電時
に備えた発電機などの「自家発電設備」など
があります。

[写真23]　引込開閉器盤

　道路から高圧で引き込んだ場合、電気は敷
地内の変圧器（屋外露出型のパットマウント変
圧器と、建物の一部に部屋を作り、電力会社に
貸し出す「借室」方式がある）から引込開閉器
盤を経由して各戸に配電されます。道路から
引込開閉盤の前までが電力会社所有、引込開
閉盤以降がマンションの共用部分になり、各
戸メーター以降が専有部分になります。

[写真24]　パットマウント変圧器

　　(b)　幹線設備

　電力会社が所有する変圧器とあわせて、どれだけの太さの幹線が設置され
ているかで、マンション内で利用できる電気容量が決まります。古いマンショ
ンでは、各戸の最大容量が40Ａの場合もあります。

　　(c)　電灯設備

　電灯設備は、共用部分に設置されている一般用照明と停電時の備えである
非常用照明および誘導灯があります。屋内は蛍光灯、外灯は水銀灯が主流で
したが、近年はLED照明が主流になりつつあります。

　⒝　不具合の発生現象・要因と日常のチェックポイント

　　(a)　幹線設備

　幹線設備では、経年劣化により引込開閉器や配線の一部で漏電が発生する
ことがあります。自家用電気工作物(キュービクル)が設置されているマンショ
ンの場合は、電気事業法による法定点検(〔表10〕参照)が必要です。

　　(b)　電灯設備

　電灯設備に生じる不具合は、ランプ切れと経年劣化による照明器具の故障

[写真25]　非常用照明　　　　　[写真26]　非常用照明　[写真27]　誘導灯
（兼用型）　　　　　　　　　　　　（専用型）

で、不点灯や漏電の発生が主なものです。後述するように照明器具の寿命は15年程度とされているのに対し、実際は20年以上使用している照明器具も数多く存在しています。外観上は問題がなくても本体とランプの接合部等が劣化していたり、外部ではパッキンが劣化し、器具内への漏水によって漏電を引き起こしたりしますし、また、ランプは使用時間が長くなると、たとえ切れなくても消費電力が増加する傾向にあるため、ランプまたは器具本体の交換については適正時期を見極める必要があります。

　非常用照明は建築設備の定期調査として、誘導灯は消防の定期調査として、どちらも年1回の検査が必要です。

　(c)　自家発電設備

　自家発電設備は、日常的に利用するものではないため、定期的な点検が重要です。屋内消火栓設備やスプリンクラー設備等の消防用設備等の非常用発電設備については、1年または3年に1回の消防用設備点検が、非常用エレベーターや非常用の排煙設備等の建築設備の非常用発電設備については、1年に1回の定期検査が義務づけられています。

　(C)　修繕の時期と方法

　(a)　幹線設備

　幹線設備は、修繕周期は30年程度とされています。幹線設備は、主に引込盤や開閉器などの器具交換が一般的で、幹線は容量不足解消を目的とした改修が主となります。なお、変圧器の改修は電力会社が行いますので考慮する必要はありませんが、キュービクルを設置している場合、このメンテナンスや改修は管理組合が行う必要があります。これらの改修は、複数回の停電

185

を伴うことが多いため、停電時間を極力少なくするための配線計画の検討が必要です。

　更新にあたっては、IHクッキングヒーターの導入なども踏まえて住戸ごとの電気契約容量の希望を把握し、これにあわせた容量アップも考えられます。

　(b)　電灯設備

　電灯設備は、修繕周期は15年程度で器具交換とされています。LED化による省電力化や、照明器具が設置されている部分（天井など）の仕上げを踏まえた交換器具の形状や交換時期の検討も必要です。なお、LED照明は長寿命のためランプ交換ができない器具も多数あり、このような器具を使用している場合は、寿命を迎えたとき（切れずに暗くなる）は必ず器具本体の交換となるため工事業者を入れなければなりません。電球（またはLEDユニット）交換可能型を選択するのがよいでしょう。

　(c)　自家発電設備

　自家発電設備は、修繕周期は一般的に30年程度となっていますが、日常的に使用している設備ではないため、実施時期はマンションによって大きく異なると思われます。長期修繕計画書に記載があったとしてもすぐに実行には移らずに、定期点検の結果により判断するとよいでしょう。

　(9)　情報通信設備等

　(A)　概　要

　情報通信設備等には、「電話設備」「テレビ共聴設備」「インターネット設備」「インターホン設備」等があります。

　(a)　電話設備

　電話設備は、敷地外から引き込んだ配線を電話配電盤（MDF）で受け、そこから電話ケーブルで中間端子盤（IDF）を経由し、コンクリートの壁や床の内部に打ち込まれた配管を通っ

[写真28]　電話端子板（MDF）

〈図15〉 テレビ共聴設備の配線方式

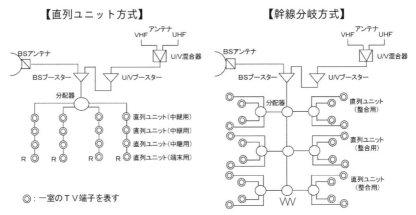

※国土交通省「改修によるマンションの再生手法に関するマニュアル」より

て各戸の電話端子につながります。ケーブルは、引き込みからMDFまでが電話会社が、MDFから各戸の電話端子までは管理組合が保守管理するのが一般的です。

(b) テレビ共聴設備

テレビ共聴設備は、アンテナまたはケーブルテレビ配信（CATV）で受けた電波を増幅器（ブースター）で調整し、分岐・分配器盤等を経由して同軸ケーブルで各戸に届けます。各戸への配線方式は各階の住戸を縦系統の幹線でつなぐ直列ユニット方式と、幹線から支線を出して各戸とつなぐ幹線分岐方式があります。従来は直列ユニット方式が主流でしたが、テレビ端子の増設や変更が困難なため、近年はスター配線方式（幹線分岐方式）が採用されるようになっています。

(c) インターネット設備

インターネット設備について、マンション共用部分に専用の装置を設け接続する仕組みには、「光配線方式」「LAN配線方式」「VDSL方式」の3通りの配線方式があります。

「光配線方式」「LAN配線方式」は、通信事業者の集合装置から専用線（LAN

187

ケーブルまたは光ファイバー）で直接各戸につながる方式で、新築のマンションで使用される方式です。これに対して「VDSL方式」は古いマンションに使用される方式で、インターネット専用ケーブルが設けられない場合の方法です。これは外部から集合装置までは光ケーブルが使用され、集合装置から住戸までは既存の電話線が利用されます。そのため、「VDSL方式」は通信速度は保証されない（ベストエフォートと呼ばれます）ため、専用線に比較して通信速度は遅くなります。

マンション共用部分に専用の装置を設けない方式としては、CATV形式があり、これはテレビ共聴設備に含まれます。

(d)　インターホン設備等

オートロックシステムが組まれているマンションの場合、住戸内の住宅総合盤が配線にてエントランス・管理室・全住戸とつながり、インターホン機能、オートロック機能、防犯機能が組み込まれています。これは、集合住宅型と呼ばれ、共用部分となります。一方、住戸玄関のドアホン子機でブザーを押して住戸内のインターホン親機と通話するシステムは住戸完結型と呼ばれ、これは専有部分として扱われます。

(B)　不具合の発生現象・要因と日常のチェックポイント

(a)　電話設備、インターホン設備等

電話設備、インターホン設備等に生じる不具合は、盤やケーブルの劣化・損傷です。これらは、日常使用の中で通信異常（話しているのに聞こえない等）が確認された場合に点検を行い、不具合箇所を特定することになります。

ケーブルが敷設されている躯体埋込配管が鉄製の場合、内部腐食によってケーブルの引替えができない場合もあります。

(b)　インターネット設備

10　マンションではNTT、KDDI、ソフトバンクなどの通信事業者のサービスが多く使われています。マンションの場合、共用施設として通信事業者の専用装置の設置が必要になるため、一般的にはこの装置が設置されていない通信業者を使用することはできません（専用装置を借りて事業を行っている通信事業者もあります）。

　インターネット設備の劣化は前記(a)と同じですが、「VDSL方式」の場合、同じ住戸内での接続数や通信量が多いと、回線速度が非常に遅くなる場合があります。なお、回線品質（速度、安定性等）は、使用する通信事業者とプロバイダーとの相性もあるため、回線の品質が落ちた場合は建物の配線を疑う前にプロバイダーに問い合わせてみることをお勧めします。管理組合としては、回線の品質に問題がないか、どこの通信事業者を使用している住戸が多いのか、プロバイダーはどうかなどをアンケートで把握していると居住者から苦情が出た場合に対応しやすくなります。

（c）　テレビ共聴設備

　テレビ共聴設備については、増幅器や分岐・分配器盤、ケーブルの劣化・損傷のほかに、直列ユニット方式の場合は、つながっている他の住戸内での無理な端子の増設工事が他室に影響を及ぼしてしまう場合があります（本来「直列ユニット」を使用しなければならない箇所に「分配器」を使用するなど）。また、地上デジタル放送の安定的な受信のために、増幅器等の交換だけでなく、同軸ケーブルの引替えが必要になることもあります。

(C)　修繕の時期と方法

（a）　電話設備

　電話設備の盤類の修繕周期は30年程度とされています。電話会社と保守管理の区分を協議し、更新を行うことが必要です。ケーブル配管が使用できなくなった場合は別経路を考えなくてはなりませんが、露出配線になることも考慮する必要があります。

（b）　インターネット設備

　インターネット設備の修繕周期は15年程度とされています。機器類は、基本的に通信事業者による更新になります。管理組合で管理する部分は、通信事業者の通信装置から各住戸までの配線になりますが、この部分においては、耐用年数は現在のところ不確定です。テレビ共聴設備と同じと考えれば24〜32年程度となるでしょう。

　新たに追加・導入する場合は、CATVや光ファイバーなど接続環境の選択

肢も増えており、事業者へのヒアリングも行いながら、導入システムを検討することが大切です。

　(c)　インターホン設備等

インターホン設備等の修繕周期は15年程度とされています。基本的に住戸内の設備と共用部分の設備すべての交換が基本となりますが、高額になるため、部分修理として全交換をできるだけ先に延ばす方法をとっているマンションが多いようです。

　交換の場合は、ガス漏れ検知機能や生活異変通報機能を付加したり、管理会社や警備会社に住戸ごとの警報内容を移報できるタイプもあり、区分所有者のニーズにあわせたシステムの導入も検討可能です。

　(d)　テレビ共聴設備

テレビアンテナや増幅器の修繕周期が8〜12年程度、同軸ケーブルは24〜32年程度とされています。修繕を行う際に問題となるのが、配管が細かったり腐食していたりして同軸ケーブルの引替えが困難な場合です。また、直列ユニット方式は他室のリフォームが他に影響を及ぼしてしまうため、修繕の際に新たな配線経路をつくり、スター配線方式に変更することも考えられます。この場合は、配線が露出せざるを得ないこともあります。

　(10)　消防用設備

(A)　概　要

消防用設備は、大きくは〔表19〕のように分類されます。

　(a)　屋内消火栓設備

屋内消火栓設備は、延べ面積700㎡以上、床面積150㎡以上、階数が5階以上のマンションで、新築時に特例[11]を受けていない場合は設置されています。居住者が初期消火を行うための設備です。消火水槽から消火栓ポンプで水を汲み上げ、消火管で屋内消火栓箱まで水を運び、これにホースをつなぎ消火活動を行います。

11　消防法で設置が義務づけられている消防設備が、他の部分で一定基準を満たしていれば設置免除となるものです。

〔表19〕　消防用設備

設備の名称		主な消防設備
消防の用に供する設備	消火設備	消火器、屋内消火栓設備、連結送水管設備、スプリンクラー設備、動力消防ポンプ設備　等
	警報設備	自動火災報知設備、非常警報設備（非常ベル、放送設備）　等
	避難設備	避難はしご（避難ハッチ）、緩降機、救助袋、誘導灯、誘導標識　等
消防用水		防火水槽　等
消防活動上必要な施設		排煙設備、連結送水管、非常用コンセント設備　等

(b)　連結送水管設備

　連結送水管設備は、5階以上かつ6000㎡以上または7階建て以上のマンションに設置されています。消防署員が本格消火を行うための設備です。建物外周部にある送水口から水を送り、消火隊専用栓箱等に内蔵された放水口まで消火管で水を運びます。消火管は屋内消火栓設備と兼用されることもあります。

(c)　自動火災報知設備

　自動火災報知設備は、住戸内に設置される感知機（熱式と煙式があります）および発信器、住戸前に設置される表示灯、発報のための音響装置、各戸からの配線を集約する中継器、管理事務所などに設置される受信機で構成されます。感知機が作動すると火災発生を建物内に知らせます。消防法では、平成18年より新築住宅への火災報知器の設置が義務づけられています。

(B)　不具合の発生現象・要因と日常のチェックポイント

　消防設備は、消防法で6カ月に1回の作動・外観・機能点検、1年に1回の総合点検、3年に1回の点検報告が義務づけられており、この結果をきちんと把握し、指摘事項について対応していくことが大切です。

　屋内消火栓設備、連結送水管設備は、配管部分と各階の廊下や階段等に設置される収納箱のそれぞれのメンテナンスが必要です。

[写真29]　住戸内等に設置されている感知器の代表的な種類（例）

熱感知器（差動式）　　　　熱感知器（定温式）　　　　熱感知器（光電式）
温度の上昇割合によって作動　　一定の温度になったときに作動　　感知器内に煙が入ったときに作動

　収納箱は、スチール製の場合、雨掛かり部では発錆・腐食が進行しやすく、外部汚染や浸水によって電気関係が誤動作する可能性が生じます。

　配管およびホースは、腐食等の劣化によって使用時に圧力がかからなくなる場合があるため、設置後10年を超えた設備は、3年ごとに耐圧試験を実施・報告する義務があります。

　自動火災報知設備について、感知器は住戸内リフォームの際に移設や撤去をしてしまうことが生じたり、間取りの変更により感知器の位置や種類が不適切になる場合があります。管理組合としては、リフォームの届出を受けた際に問題がないかを確認し、設置についての注意点の伝達や指導が必要です。

　⒞　修繕の時期と方法

　⒜　屋内消火栓設備、連結送水管設備

　屋内消火栓設備、連結送水管設備の修繕周期は25 〜 30年程度ですが、収納箱がスチール製の場合、雨掛かり部では非常に短期間でも腐食するため、早い時期に耐久性がありメンテナンスの容易なステンレス製に取り替える場合があります。

　⒝　自動火災報知設備

　自動火災報知設備の修繕周期は20 〜 25年程度とされています。消防法は、火災などの事故のたびに改正が行われています。修繕にあたっては現在の規制にあわない状態（型式失効）になっていないかも踏まえて、具体的な対応の必要性について管轄の消防署との協議が必要です。

(11)　避雷設備

(A)　概　要

避雷設備は、屋上に設置された避雷針や避雷導線などで構成されます。

(B)　不具合の発生現象・要因と日常のチェックポイント

避雷針や避雷導線は、劣化で破損や断線することがあります。日本工業規格では、設置後に年1回以上の検査を行うことが規定されています（事故発生時の建物所有者への損害賠償の義務づけあり）。また、階数が5階以上で床面積が1000㎡以上のマンションに義務づけられる特定建築物等定期調査では、避雷設備の目視調査を行うことになっています。

(C)　修繕の時期と方法

避雷針の支柱部分はメッキが施されている場合がほとんどですが、錆が目立つ場合は塗装を行います。ただし、足場が必要になるため、実施時期は大規模修繕にあわせます。

修繕周期は40年程度とされています。接地抵抗の測定結果なども踏まえて、全面改修の必要性を判断することになります。

(12)　昇降機設備（エレベーター）

(A)　概　要

エレベーターには機械式と油圧式がありますが、近年のマンションでは機械式が主流で、油圧式は製造されていません。

機械式エレベーターは、ロープ、モーター、巻上げ機、カゴ、扉、制御盤等で構成されています。以前は、モーター等の駆動部や制御盤等を設置するため屋上部分に専用の機械室を設ける必要がありましたが、最近では機械室が不要なエレベーターが主流になっています。

(B)　不具合の発生現象・要因と日常のチェックポイント

油圧式の場合、古くなってくると、目的階に到着しても扉が開くまでの時間が長くなってきます。これは、エレベーターの床とエレベーターホールの床の高さをあわせる微妙な制御が、古くなると難しくなるためです。冬場も油の粘度が高くなることから、同じような状況が生じます。こうなると使用

に際してストレスを感じるようになるため、改修時期が近いといえます。

　エレベーターは、メーカーやメンテナンス会社と保守契約を結んで運用します。保守契約には、フルメンテナンス契約とPOG契約があります（〔表20〕参照）。保守契約の中で月1回程度の定期点検が行われるほか、建築基準法では年に1回の昇降機等定期検査を義務づけています。これらの点検は特に重要であり、点検報告書には必ず目を通しましょう。

　(C)　修繕の時期と方法

　エレベーターの修繕周期は、カゴの内装改修が15～20年程度、全面改修は25～40年程度とされています。改修方法には、カゴも含めてすべてを取

〔表20〕　メンテナンス契約の種類とその比較

	フルメンテナンス（FM契約）	POG契約
契約内容	・約20年間の中で発生すると予測される部品取替えおよび修理を含んだ契約 ・不時に発生する修理も天災等の場合を除き契約範囲内 ・ただし、意匠関係（押しボタン、三方枠等）の損傷および傷等は契約範囲外	・概ね、軽微な取替えが必要と予測される簡便な部品を含んだ契約 ・意匠関係の損傷、傷等はFM契約と同じ扱い ・消耗部品付契約のことで、定期的点検、管理仕様範囲内の消耗品の交換は含まれるが、それ以外の部品の取替え、修理は別途料金となる契約方法
特　徴	・定額でメンテナンスが可能なため、年度内で特別な支出が発生せず、年間予算が作成しやすい	・主ワイヤーロープ・プリント基盤の取替えが発生した場合は、別途見積りで費用が発生するが、長期的にみれば大幅な経費削減が期待できる
問題点	・月額の費用が、POG契約と比較して割高になる	・月額の費用がFM契約と比較して割安になるが、不時に発生する費用について予算を計上しておかなければならない

り替える完全撤去・新設や準撤去・新設と、ロープやモーターなどの消耗品および巻上げ機や制御盤など制御部分のみを取り替える分割改修・準撤去があります（〔表21〕参照）。ただし、油圧式の場合は、20 ～ 25年で完全撤去・ロープ式への新設となります。完全撤去・新設と準撤去・新設の場合は、建築基準法の確認申請が必要です。なお、分割改修・準撤去でも、改修後の修繕周期は新設と同等です。

　エレベーターの安全基準は建築基準法で定められていますが、これは事故の発生などを契機に改正が繰り返されています。分割改修でどこまで対応できるのかは確認が必要です。

　なお、改修の際は既存のエレベーターメーカー以外のメーカーに依頼することが可能ですが、大手メーカーの場合は、完全撤去・新設以外は受けない場合がほとんどです。

　また、価格を交渉する際には、工事費の比較だけでなく、月々のメンテナンス費用の比較も行うことが必要です。

⒀　立体駐車場設備

㈀　概　要

　立体駐車場設備には、自走式駐車場と機械式駐車場があります。

⒜　自走式駐車場

〔表21〕　エレベーターの改良（取替え）方法

①完全撤去・新設	建物からエレベーターの全構成機器を撤去し、すべて最新機種等に取り替える方法。エレベーターシャフトの大きさを変更する必要がある場合（たとえば、既存エレベーターシャフトでは車いす仕様にするスペースが不足する場合等）には、この方法をとる必要があります。
②準撤去・新設	建物の固定されたマシンビーム、カウンターウエイト（錘）、ガードレール、乗り場三方枠等の機器等については再使用し、巻上げ機、制御盤、ロープ、かご室、乗り場扉等を最新機種等に取り替える方法。
③分割改修・準撤去	新設で実施する工事を、制御改修（インバーター制御等）、かご改修（インジケーター関係）、乗り場改修に分割して施工する方法。

※国土交通省「改修によるマンションの再生手法に関するマニュアル」より

195

自走式駐車場は、主に鉄骨造などの独立した建物となっています。

　(b)　機械式駐車場

機械式駐車場は、2段方式や多段方式、パズル式、タワー式などのタイプがあり、自走式駐車場よりもスペースとしては効率がよいとされています。

(B)　不具合の発生現象・要因と日常のチェックポイント

　(a)　自走式駐車場

自走式駐車場は、経年で塗装や仕上げの劣化が生じます。これは、建物の日常点検や大規模修繕を行う際の建物調査時に確認を行います。

屋根がない場合は、最上階の防水劣化状況の確認が必要になります。また、周囲の落下防止手すりや車止めなども固定部分の緩み等を確認する必要があります。

　(b)　機械式駐車場

機械式駐車場は、エレベーターと同様に、保守契約を結んで運用します。ただし、エレベーターのような法定点検の義務づけはありませんが、建築基準法8条で維持保全の努力対象になります。また、附属設備として設置してある消火設備は消防法による点検の対象です。

(C)　修繕の時期と方法

　(a)　自走式駐車場

自走式駐車場は、大規模修繕工事などとあわせて塗装や防水などの補修を行いながら、長期的には建替えを想定しておくことが必要です。

なお、改修工事を行う際は、車の通行が絡むため、防水等の使用材料の選定のほか、工事中の車の移動方法の検討が必要になります。

　(b)　機械式駐車場

機械式駐車場の修繕周期は、設置されている装置や環境によって幅があります。部分補修箇所としては、駆動部分等の昇降装置は10年程度で取替え、安全装置は5年程度で修繕・取替え、ピット式の場合に設置されている排水ポンプは10年程度で取替え、塗装部分は4～5年で再塗装となります。

駐車装置の全面更新は、屋外設置の場合20～25年程度で行われますが、

安全基準が平成26年12月に見直された関係で、設置可能台数が減少する場合もあるため注意が必要です。

　なお、近年は駐車場の空きが多くなり、維持管理費用が不足する状況が出てきています。全面的な修繕の際は、現状どおりで更新する以外に、駐車装置を撤去して平面式駐車場に変更することも考えられます。仮に、余った駐車区画をマンション外の所有者に貸し出す場合、その方法によっては課税対象となる場合があります。詳しくは、第3章Ⅳ2をご参照ください。

Ⅳ　専有部分との一体管理

　給排水管などは共用部分と専有部分が一体となっている構造であることから、これらを一体として管理することは合理的です。確かに、専有部分の管理はそれぞれの区分所有者の権限であり責任ですが、これを各自に委ねるのみで管理が疎かな箇所があった場合、そのことで破損による漏水事故の発生などマンションの広い範囲に悪影響が及ぶこともあり得ます。

　そこで、標準管理規約においても「専有部分である設備のうち共用部分と構造上一体となった部分の管理を共用部分の管理と一体として行う必要があるときは、管理組合がこれを行うことができる」と定めています（21条2項）。

　しかし、管理権限と費用負担は区別して考えるべきです。専有部分は各区分所有者が所有するものですから、本来は各区分所有者がしっかりと管理するべきところであり、それでは限界がある場合に管理組合が一体として管理をしようとするものです。そのため、専有部分に関する費用負担は、原則として各区分所有者が負うべきところです。

　では、このような一体管理の場合に費用負担も管理組合会計で賄うことは許されないのでしょうか。標準管理規約と同様の条項では許されません。国土交通省が発表しているコメントでも、このことは厳密にされています。しかし、計画修繕工事は管理組合全体で計画（長期修繕計画）を練り一斉に工事を行うもので、その際に専有部分である配管の工事も同時に行うほうが合理的であり、費用の抑制も可能となるでしょう。また、区分所有者それぞれの

費用負担力に応じて工事を実施するのでは、たとえば工事を早期に実施できる箇所やそうでない箇所にばらつきが出てしまい、設備全体の維持・管理に支障を来すこともありうるでしょう。

　区分所有法上も、一体管理のケースで管理組合が費用まで負担することを許容していると考えられます。区分所有法30条1項は、「建物又はその敷地若しくは附属設備の管理又は使用に関する区分所有者相互間の事項は、この法律に定めるもののほか、規約で定めることができる」としていますし、この「建物」には専有部分も含まれ、また、「区分所有者相互間の事項」は「建物の管理・使用に関する区分所有者相互間の事項」（その管理・使用が区分所有者全体に影響を及ぼすような事項）であり、規約によって一定の範囲において共同で管理すること、その費用を共同の負担とすることも認められると考えられます。

　以上から、修繕積立金を取り崩す事由として、「その管理・使用が区分所有者全体に影響を及ぼすような事項の修繕」を加えることで、管理組合の費用負担でこれを行うことが認められると考えます。

　一方で、実施しようとしている一体管理（工事）と同内容の工事をすでに実施している区分所有者がいる場合、区分所有者間の衡平を図る必要があります（区分所有法30条3項参照）。当該区分所有者が負担した工事費用を十分に補償する措置を講じるなどが必要でしょう。

　この問題については、東京高裁平成29年3月15日判決（D1-law：28260826）という事案があります（上告審は最高裁平成29年9月14日決定（D1-law：28260827））。

　この事案は、マンション全体の給排水管・ガス管だけでなく、浴槽・バランス釜の撤去およびユニットバスの設置、洗濯機用パンの新設、トイレ設備の全面交換など大規模なもので、専有部分に属する設備の交換に関する内容も含まれており、これらすべてを修繕積立金の取崩しで賄うものでした。裁判所は、これらの設備に一体性が認められ、工事を一斉に行うことに必要性・合理性があることを強調し、これを管理組合の権限の範囲内であり費用負担

に関してもその総会決議の無効事由はないとしました。

Ｖ　瑕疵への対応

1　瑕疵（契約不適合）

　軀体の亀裂、シーリング不良による漏水、外壁タイルの浮きや剥離など、マンションにおいては、さまざまな問題が生じることがあります。その原因となっているものが、その種類として通常有すべき品質、性能を有しないものである場合には、「瑕疵」があると考えられます。

　令和2年4月1日施行の改正民法は「瑕疵」を「契約不適合」に変更しました。契約不適合とは、「目的物が種類、品質または数量に関して契約の内容に適合しないものであること」をいいます（民法562条1項）。契約不適合か否かの判断は、これまでの瑕疵の判断を大幅に変えるものではないといわれています（もっとも、これまで以上に契約内容が重視されると考えられます）。

　契約不適合がある場合、①追完請求（修補や代替物の引渡し、不足分の引き渡し。民法562条1項）、②代金減額請求（同法563条1項）、③損害賠償請求（同法564条）および④解除（同条）が認められます。

　以下では、基本的に③損害賠償請求について述べます。

2　マンションの取引に関する法律関係の整理

　マンションにおいては、㋐建築の施工者や設計者等、㋑売主、㋒区分所有者、㋓管理組合が存在します。当初の㋒区分所有者は、㋑売主との間で売買契約を締結して区分所有者となり、その後、転売される場合には、㋒区分所有者間で売買契約が締結されます。

　契約不適合責任は、売買契約あるいは請負契約に基づくものです。そのため、当初の区分所有者が売主に対して行使することとなります（転売された場合には、権利が譲渡されていなければ、次の区分所有者に移転されません）。

　つまり、契約に基づく請求（契約不適合責任や品確法95条に基づく請求）は、

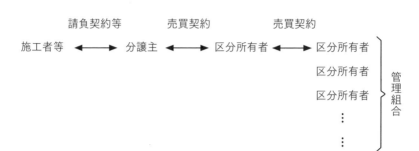

売買契約の買主（あるいは権利を譲受した者）のみに帰属し、行使することになります。

3　建物の基本的安全性を欠く瑕疵がある場合の不法行為責任

ここで、最高裁平成19年7月6日判決（民集61巻5号1769頁・判タ1252号120頁）および同平成23年7月21日判決（集民237号293頁・判タ1357号81頁。別府マンション事件の第1次上告審と第2次上告審）は、契約関係にない居住者等との関係においても、建物の建築に携わる設計者、施工者および工事監理者は、当該建物に建物としての基本的な安全性が欠けることがないように配慮すべき注意義務を負い、これを怠ったために、建物としての基本的な安全性を損なう瑕疵がある場合には、損害賠償義務を負うと判断しました。

そのため、「建物の基本的安全性を欠く瑕疵」がある場合には設計者や施工者等に対して、損害賠償請求をすることが考えられます。

4　マンションにおける権利の帰属と行使

しかし、ここで、マンションの特殊性を考えなければなりません。つまり、マンションにおいては、共用部分と専有部分とが存在し、専有部分は当該部分の区分所有者が所有し、共用部分は区分所有者全員の共有に属しています。

このような区分所有者の特性から、瑕疵にかかる損害賠償請求権についても、その帰属が以下のように整理されます。

①　専有部分に瑕疵がある場合：当該専有部分の区分所有者に帰属

②　共用部分に瑕疵がある場合：各区分所有者に持分に応じた割合がそれ
ぞれ帰属

このように、不法行為に基づく損害賠償請求権は、区分所有者に帰属することになります。

5　管理組合による対応

それでは、管理組合は、損害賠償請求権を行使することはできないのでしょうか。

まず、管理組合は、区分所有者全体に総有的に帰属する権利（管理費等規約に基づく請求）について請求し、訴訟を提起することができます。しかし、上記のとおり、権利が区分所有者に個別に帰属しているため、理論上は、管理組合が主体となって権利を行使することはできません。

他方、管理者（標準管理規約においては、理事長＝管理者とされています）であれば、対応が可能であると考えられています。

区分所有法26条２項は、「管理者は、その職務に関し、区分所有者を代理する。……共用部分等について生じた損害賠償金……の請求及び受領についても、同様とする」とし、同条４項は、「管理者は、規約又は集会の決議により、その職務（第２項後段に規定する事項を含む。）に関し、区分所有者のために、原告又は被告となることができる」と規定しています。

この規定により、管理者が区分所有者の代理人として、共用部分の瑕疵に関する損害賠償請求をし、そのために訴訟を提起することができると考えられます。

なお、転売がなされている場合には、損害賠償請求権が当該時点の区分所有者に移転している必要があります。前記３の最高裁判決は、「不法行為の成立を主張する者が上記瑕疵の存在を知りながらこれを前提として当該建物を買い受けていたなど特段の事情がない限り」は損害賠償請求権を行使できるとしていますので、そういった事情がなければ、現在の区分所有者に権利

があると考え、管理者が請求することはできそうです。

　この場合、管理者が訴訟提起その他の対応をすることについての総会の決議をする必要があります（区分所有法26条4項）。あわせて、訴訟提起をすること、（弁護士に依頼する場合は）弁護士への依頼（費用の支出を含め）を決議するとよいでしょう。

　また、話合いでの解決（和解など）の場合には、あらためて総会の決議を経ることになります（訴訟提起の決議に際して理事会に一任する決議をすることも考えられますが、この場合も和解の際にあらためて決議をしておいたほうがよいと思われます）。

　なお、以上の整理は、訴訟提起を前提に行ったものです。話合いや調停の場合には、ここまで当事者について厳格に対応されないこともありますので、訴訟提起の当事者としての有効性（区分所有法26条4項）に疑義があるような場合には、話合いや調停などにより管理者に対応してもらうなども検討してもよいと思います。

第⑤章

マンションの再生

Ⅰ　マンションの再生とは

1　はじめに

　長く住み続けるためには定期的な修繕が重要となりますが、マンションを取り巻くさまざまな状況の変化により、修繕だけでは解決できないいろいろな課題が生じてきます。国土交通省の調査によると、築40年超のマンション戸数は2019年時点で91.8万戸、2029年には213.5万戸、2039年には384.5万戸と今後ますます増えることが見込まれており（国土交通省ウェブサイト「築後30、40、50年超の分譲マンション数（令和元年末現在／令和2年7月1日更新）」）、このような高経年マンションでは、修繕計画の延長線上に再生を位置づけることが必要となってきます。本章では、マンションの安心できる将来像を築くための手法を「再生」と広く位置づけ、ご紹介したいと思います。

2　再生に向けて

(1)　再生が必要となる要因

(A)　高齢化

　〈図16〉のように年々高齢化が進み、平成30年度時点では、60歳以上の世帯主の割合が全国平均で5割程度となっています。マンションでは2世帯住宅として建て替えることが難しく、その結果、おのずと高齢化が進みやすい傾向にあります。〈図17〉のように昭和59年以前のマンションでは、エレベーターがない場合も多く、上下階の行き来などに苦心しているようです。また、高齢化により管理組合の役員の担い手不足などの不安もあり、ソフト、ハード両面で課題が出やすくなります。

(B)　空室化

　〈図18〉をみると、築年数の古いマンションほど空室割合が高いことがわかります。空室を生むことで、防犯や治安、防災などの生活不安を感じやすくなります。

〈図16〉 世帯主の年齢

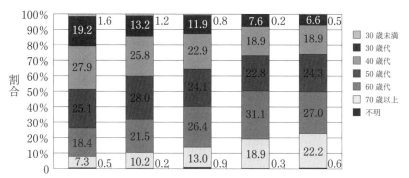

※国土交通省「平成30年度マンション総合調査結果」をもとに作成

〈図17〉 築年次別エレベーター設置割合

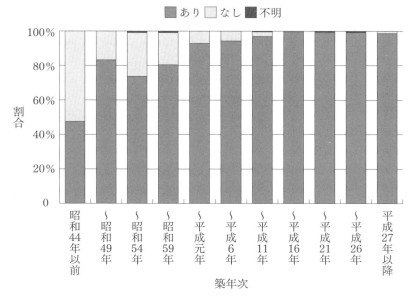

※国土交通省「平成30年度マンション総合調査結果」をもとに作成

〈図18〉　完成年次別空室割合

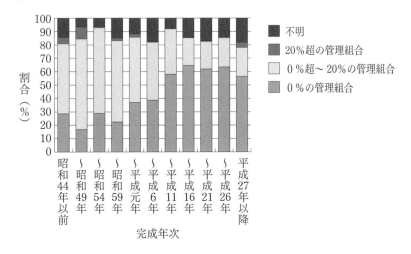

(C)　老朽化

　定期的な修繕を怠ると、建物が全体的に古くなることで耐用年数への不安を感じやすくなります。また、修繕を行っていても、建物や設備の機能が時代に見合わないものになれば、日常生活に不便や不安を感じやすくなります。

(D)　地震への不安

　建築基準法が改正されることにより、耐震性の基準が高められてきていますが、旧耐震基準のマンションでは大地震への不安がつきまといます。

(E)　小　括

　再生を検討するには、マンション内にある再生を必要とする要因を十分に把握し、全員で共有化することが大切です。

(2)　再生方法の選択

　再生の方法には、修繕や改修、建替えなどの方法があげられます。〔表22〕は、各方法のメリット、デメリットをまとめたものです。修繕は新築時の性能が低下した部分を新築時の性能まで回復することをいい、改修は新築時の性能以上に機能を付加することをいいます。例として耐震化、バリアフリー化、オートロック化などがあげられます。建替えは新たなマンションとして既存

〔表22〕　再生方法の比較

改善度	手法	メリット	デメリット
低 ↓ 高	修繕	・費用負担が少なくて済む ・建物を長く使える＝環境にやさしい ・既存管理組合を継続できる ・今のコミュニティを維持できる	・耐震化やバリアフリー化などの問題解決に限界がある ・住戸面積を大きくできない ・設備水準などのグレードは現状のままとなる
	改修	・既存管理組合を継続できる ・今のコミュニティを維持できる ・住戸面積や設備水準などを改善できる（※１） ・耐震化やバリアフリー化が実現できる（※１）	・共用部分の変更にあたる合意形成が必要
	建替え	・すべてを一新できる ・資金負担が少なくて済む場合がある（※２）	・新たに管理組合やコミュニティをつくる必要がある ・合意形成のハードルが高い ・実現までに時間がかかる

※１　建物の構造や設備の状況によって可能性に違いがあります。
※２　立地条件や住宅市場性、容積率や条例などのさまざまな条件により違いがあります。

建物を解体し新築することをいいます。

　これらの方法を選択するうえで大切なことは、各自の将来への希望や不安を十分に把握し、意向に見合った方法を選択することです。区分所有者の意向に沿わない方法を選択し推し進めてしまうと、検討期間の長期化を招き、修繕すら実施できずに老朽化を招く可能性もあります。再生の一番の目的は、居住者が安心して快適に暮らせるマンションにしていくことです。どの方法を選べばよいのか、管理組合内で十分に話し合うことが再生に向けた第一歩です。

3　再生方法

(1)　修　繕

　修繕を行うことですら再生として位置づけられるくらい朽廃化が危惧されるマンションもあります。本来、修繕を適切に行っていけば、建物としては70年以上使うことは可能ですが、修繕はあくまでも原状回復です。居住者の高齢化や社会変化に伴って発生するさまざまな問題を将来的にどうするのか、新たな機能を付加する改修工事や建替えのことも考えていくことが重要です。そこまで踏み込むことで、「安心で快適に住み続ける」ための修繕と位置づけることができます。

(2)　改　修

　近年、築年数の古いマンションが増えていることを背景に、エレベーターの設置、オートロック化、外断熱などの新たな機能を付加する技術、また、共用部分に限らず専有部分内のリフォームの技術が進歩しています。また、平成26年にはエレベーターの床面積を容積率の算定から除外する法改正もあり、既存ストック活用が積極的に取り組まれています。

　改修による再生のよいところは、建物を長く使い続けられること以外に、現在の管理組合の人間関係を継続しながら成熟していける点です。良好なマンション運営には良好な管理組合運営が切っても切り離せず、成熟した管理組合運営がなされるためには時間をかけて育てていくことが必要です。その点からみても、居住者が末永く住み続けられる改修という方法には利点があります。

　一方で、工事費の捻出や合意形成には課題もあります。一般的に修繕積立金は修繕工事を前提にしていますので、積立金では改修工事の費用が賄えない場合もあります。改修工事費の捻出については、管理組合内で十分に議論しておくこと、できれば長期修繕計画書に位置づけることが重要です。

　また、エレベーターを設置する場合は、建築基準法における増築となり、敷地の一部に建物を建てることから、区分所有法上、「共用部分の変更」とし

て、区分所有者および議決権の各4分の3以上の合意を得る必要があります。

(3)　建替え

建替えが実現しているマンションには以下の特徴があります。

①　余剰容積があり、建替え後に容積率を大きく増やせる。

②　小規模なマンションの場合、合意形成のハードルが低い。

③　立地条件がよく、マンションとして販売しやすい。

建替えを検討するうえでは、上記の点を踏まえて、大所で見極めることが大切です。間違えてしまうと、建替え検討の時間と労力、コンサルタント費用ばかりがかさみ、いつまで経っても建替えが進まず、管理組合内の対立、修繕積立金の無駄遣いにつながることになってしまいます。建替えの基本的な手続（進め方）については後記Ⅱで記述することとします。

4　生活サービスによる再生も有効

建物や設備に手を加えるハードによる再生はどうしてもお金が多くかかります。いきなり、ハードを考えずに、居住者同士の助け合い、場合によってはマンション内で生活サービス事業を導入するなどのソフトによる再生も有効です。ソフトによる再生の場合、イニシャルコストが少なく済み、定年を迎えた区分所有者がサービスする側に回れれば、マンション内で仕事を生み出せ、生き甲斐にもつながるなど好循環を生むことができます。

高齢者世帯への食事サービスや買い物サービス、子育て世帯への見守りや食事サービスなど、居住者が快適に暮らせるように工夫していき、若い世代の永住意識向上、マンションへの愛着を高めることが、長く住み続けられるマンションにもつながっていきます。

5　建替えの現実

国土交通省の調査によると、令和元年（2019年）4月時点で建替えが実現したマンションは244件（約1.92万戸）となっています（国土交通省ウェブサイト「マンション建替えの実施状況（令和2年4月1日時点）」）。前述した2019年

の築40年超のマンション戸数91.8万戸と比較すると、わずか2.1％程度しかないのが実情です。

　建替えには、老朽化や耐震化などの諸課題が一気に解決できるということもあり、期待を寄せる声も多く聞きます。しかし、現実的には、ごく少数の例外を除き極めて困難であるといわざるを得ません。

　なぜ、建替えが思うように進まないのでしょうか。その要因にはさまざま

〈図19〉　マンション建替えの実施状況

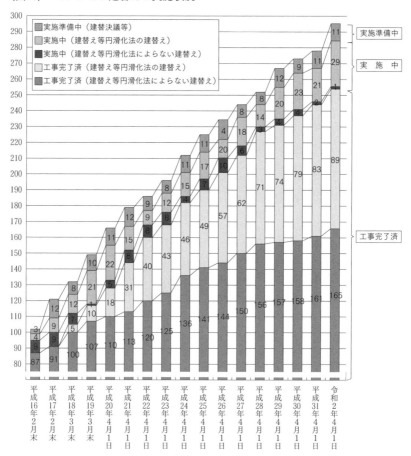

なことが考えられますが、代表例として、区分所有者が合意できる資金条件が揃わないことがあげられます。〈図20〉は、建替えの資金負担の仕組みを模式的に示したものです。建替えを成立させるには、区分所有者が資金負担できること、あわせて、新たに分譲販売する床面積（保留床）が売れることが条件となってきます。資金負担を少なくするには容積率を上げて保留床を多くすることが必要になりますが、その分大量の分譲住宅販売が必要となってきます。

　ご承知のとおり、わが国は人口減少期を迎え、「造れば即完売」という売り手市場の時代ではなくなりました。また、所得低下、非正規雇用の増加など、住宅販売市況はますます厳しくなることが予測されます。それらの状況をみても全国至るところでマンションが建て替えられることは想像しづらく、建替えはますます厳しくなると思われます。「建替え以外に道はない」という強い思いを抱く前に、ご自分のマンションのおかれている状況を踏まえながら、さまざまな選択肢を視野に入れて「再生」を構想することが必要になってくるでしょう。

〈図20〉　資金負担の基本的仕組み

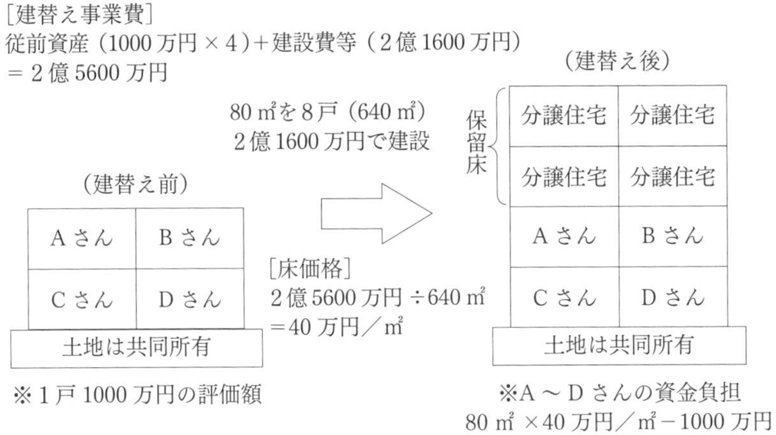

［建替え事業費］
従前資産（1000万円×4）＋建設費等（2億1600万円）
＝2億5600万円

（建替え後）

80㎡を8戸（640㎡）
2億1600万円で建設

（建替え前）

Aさん	Bさん
Cさん	Dさん
土地は共同所有	

※1戸1000万円の評価額

［床価格］
2億5600万円÷640㎡
＝40万円／㎡

保留床

分譲住宅	分譲住宅
分譲住宅	分譲住宅
Aさん	Bさん
Cさん	Dさん
土地は共同所有	

※A〜Dさんの資金負担
80㎡×40万円／㎡−1000万円

> **コラム**　マンション再生の現場から
>
> 　東京都郊外にあるＡ団地では所有者の８割が60歳を超え、築45年の建物を今後どのように維持していくのか頭を悩ませている。
>
> 　45年前はみんなが若かった。多くの者が子育てをし、活気にあふれた暮らしがそこにはあった。組合運営は自主管理とし、コミュニティを大切にここまでやってきた自負もある。しかし、子どもたちが独立した現在、親世帯の高齢化が顕著となり、組合運営の担い手不足、エレベーター設置の問題など団地の今後を揺るがす大きな問題が浮き彫りになった。
>
> 　すっきりと建て替えるにしても参画するデベロッパーのあてもなく、さらに頭が痛いのは2000万円以上の資金負担である。エレベーターを設置するにも全員が１人あたり200万円の負担をしなくてはならず現実的な条件にはならない。バブル経済期に建替えを検討したこともあるが合意には至らなかった。当時反対した者は「あのときはまだ建物が新しかったからもったいないと思った」と口にし、ある者は「あのときに合意していれば」と後悔を口にする。
>
> 　「これまで何の手立ても打たないまま何となくやりすごしてきたツケが回ってきた」と執行部は反省するが、管理組合としてはデベロッパーの関与が望めない昨今、①区分所有者が主体的になること、②建替えに固執せずに時間をかけながらも確実に進む再生をめざすこと、③住まいの引継ぎとして子どもたちの意見を取り入れること、④区分所有者の主体性を引き出してくれる専門家を見つけることを基本に再生の道を模索する決断をした。
>
> 　１年後には修繕委員会を中心に長期修繕計画書の見直しに取り組む。25年後の築70年目までの計画書として、子ども世代の意向を取り入れる予定である。「うまくいくかどうかは、区分所有者全員が人任せにせず、

自分事として自らの住まいの再生に取り組もうと思えるかどうか」と修
繕委員長は期待感をもって述べている。

Ⅱ　建替えの手続

1　建替え決議に至るまでの手続の流れ

(1)　建替えに向けた準備

マンションを建て替えようとする場合、通常は、建替えの必要性を感じた
区分所有者有志が、賛同者を募り、勉強会等を開催し、ある程度の案がまと
まった段階で、理事会に対してマンションの建替えの検討を開始することが
提案されます。理事会としても建替えについて検討する必要性を認めた場合、
管理組合の事業として建替え問題を俎上に載せることとなります。

管理組合の中に、建替えについて検討を進める会議体を設置し（建替え検
討委員会）、その費用を管理組合の会計から支出することとします。なお、
建替えは区分所有者間での合意形成を慎重に進めていく必要性があることか
ら、建替えに向けた重要な場面ごとに、管理組合総会において必要な決議を
重ねていくことが望ましいといえるでしょう。国土交通省のウェブサイトで
は、建替えに関する注意事項をまとめ、手続の流れについて紹介した各種の
マニュアルが公開されていますので、参考にするとよいでしょう。

(2)　建替えの検討

建替え検討委員会では、建替えの必要性、修繕・改修との比較、敷地に関
する法規制の有無やその内容、費用の見通しなどを検討し、計画策定に向け
た情報収集、意見の集約を図ります。専門家のアドバイスを求めることも有
用でしょう。建替えに向けて区分所有者の多数の支持が得られる見通しがつ
いてきた段階で、建替えの推進に向けて総会で議決しましょう。

(3)　建替え計画の策定

建替え推進決議を受けて、建替えに向けて具体的な計画の策定に入ります。

個々の区分所有者の意向の把握、事業遂行に向けたパートナーとなるべき事業者の選択、資金面での準備状況の確認・検討、周辺地域の住民や行政との調整など、検討すべき諸課題はたくさんあるでしょう。これらを１つひとつクリアしていく中で、具体的な建築計画の内容を固めていきます。

2　建替え決議

(1)　集会の招集と決議

　建替え計画が固まり、建替え決議について区分所有者および議決権の各５分の４以上の賛成が得られる見通しが立ったら、いよいよ集会において建替え決議をします。建替え決議は、事柄の重大性に鑑み、集会において、区分所有者および議決権の各５分の４以上の賛成が必要とされています（区分所有法62条１項）。建替え決議を行うための集会の招集通知は、会日の少なくとも２カ月前に発する必要があります（同条４項）。集会を招集した者は、総会の会日の少なくとも１カ月前までに、通知事項について区分所有者に説明するための説明会を開催しなければなりません（同条６項）。

　招集通知には、会議の目的たる事項（「建替え決議について」）と議案の要領（建替え決議で定めるべき事項の要約）のほか、①建替えを必要とする理由、②建物の建替えをしないとした場合における当該建物の効用の維持または回復をするのに必要となる費用の額およびその内訳、③建物の修繕に関する計画が定められているときは、当該計画の内容、④建物について積み立てられている修繕積立金の金額を記載します（区分所有法62条５項）。

　記載すべき議案の要領としては、決議において定めなければならないとされている、①新たに建築する建物の設計概要、②建物の取壊しおよび再建建物の建築に関する費用の概算額、③その費用の分担に関する事項、④再建建物の区分所有権の帰属に関する事項（区分所有法62条２項）について、その要約を記載することが必要です。このうち、③と④については、各区分所有者の衡平を害しないようにしなければなりません（同条３項）。

　建替え決議においては、決議成立後の建替え事業遂行を見据えて、事業実

〈図21〉 建替え決議までの合意形成の基本プロセス

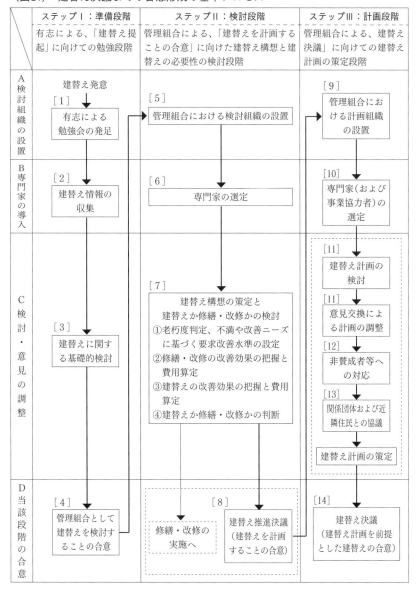

施段階で具体的に決定しなければならない内容についても、可能な限り確認
しておくことが重要です。具体的には、事業の方式や実施段階における参加
区分所有者、専門家の参画や選定、建設会社の選定、建替え不参加者への売
渡請求の方法や内容などが考えられます。

(2)　建替え決議成立から建替え合意まで

建替え決議が成立した場合、集会の招集者は、遅滞なく、決議に賛成しな
かった区分所有者等に対し建替え決議の内容により建替えに参加するかどう
かを回答するように書面で催告をします（区分所有法63条1項）。決議不賛成
者は、この催告を受けた日から2カ月以内に、建替えに参加するか否かを回
答します（回答しなかった場合には参加しない旨回答したものとみなされます）。

これにより、建替えに参加しない区分所有者が確定しますので、建替えに
参加する区分所有者および買受指定者は建替え不参加者に対し、その区分所
有権および敷地利用権につき「時価」により売り渡すことを請求できます（こ
の売渡請求権は形成権であり、行使されることで売買契約が成立します。区分所
有法63条4項）。

3　建替えの実施──建替え等円滑化法（平成14年制定）

(1)　概　論

区分所有法上、建替え決議成立後の建替え事業遂行に関する規定がなかっ
たことから、平成14年に「マンションの建替えの円滑化等に関する法律」が
制定されました（平成26年の一部改正により、現在の名称は「マンションの建替
え等の円滑化に関する法律」となっています）。これにより、建替組合の設立を
認めてこれを法人とし、権利変換手続によって権利関係の円滑な移行を実現
する制度が設けられました。

また、同法は、建替え事業の施行方式として、建替組合による施行と個人
による施行（建替え等円滑化法5条）との2種類を定めています。個人施行と
は、区分所有者またはその同意を得た者（デベロッパー等）が建替え事業を実
施するもので、全員合意により事業を進めるものです。

以下では、建替組合による施行について説明します。

(2)　建替組合の設立

　建替え決議における建替え合意者は、5人以上が設立発起人となって、定款および事業計画を定めたうえで、建替え合意者の4分の3以上の同意を得て、都道府県知事等に建替組合設立の認可を申請します（建替え等円滑化法9条）。認可された建替組合（同法12条）は、法人格が認められます（同法6条）。

　この建替組合は、建替え決議のときにおける管理組合とは別の組織になります。

(3)　権利変換手続・売渡請求

　建替え事業が円滑に遂行されるには、区分所有権、借家権、抵当権など各種権利関係がスムーズに再建マンションに移行されることが必要です。そのための手続が権利変換手続です。

　施行者は、権利変換計画を定め都道府県知事等の認可を受けなければなりませんが（建替え等円滑化法57条1項）、この認可の申請をするに際しては、建替組合の議決を経る必要があり、また、建替組合員以外の権利者の同意を得る必要があります（同条2項）。この議決は、組合員の議決権および持分割合の各5分の4以上の特別多数決議によります（同法30条3項、27条7号）。

　この決議がされると、建替組合は当該議決に賛成しなかった組合員に対して、その区分所有権および敷地利用権を時価で売り渡すよう請求することができ（建替え等円滑化法64条1項）、一方で、権利変換計画に関する決議に賛成しなかった組合員は、建替組合に対して、その区分所有権および敷地利用権を時価で買い取るよう請求することができます（同条3項）。

　この権利変換手続により、旧マンションについて区分所有権および敷地利用権を有していた者は再建マンションの区分所有権および敷地利用権を取得し、借家権を有していた者は再建マンションの借家権を与えられます。また、旧マンションの区分所有権および敷地利用権について担保権を有していた者は、再建マンションの区分所有権および敷地利用権につき担保権を設定できることとなります。

217

　権利変換を希望しない者は、建替組合認可等の公告のあった日から起算して30日以内に、施行者に対して権利変換を希望しない旨を申し出ることとされ（建替え等円滑化法56条）、従前の権利の価額に相当する補償金を施行者から給付されます。

　　(4)　建替え工事の実施と完了の公告等

　権利変換計画が決定することで最終的な建替え参加者が確定します。その段階で、各住戸（専有部分）に関する個別的な設計作業を終え、建替え事業本体の工事計画を詰めます。これに基づき、建替組合は建物の建築を請け負う建設会社と契約を締結し、まだ旧建物の占有を継続している占有者に対して明渡しを請求します（建替え等円滑化法80条1項）。すべての明渡し完了により、いよいよ旧建物の取壊し・新建物の建築工事が開始されます。

　工事完成までの間に、区分所有者（賃貸人）と借家人との間で、家賃その他の借家条件について協議を行います。再建マンション完成後に行われる建築工事完了の公告の日までに協議が成立しない場合、当事者の一方または双方の申立てにより、建替組合が①賃借目的、②家賃の額、支払期日および支払方法、③敷金または借家権の設定の対価を支払うべきときは、その額、について裁定します（建替え等円滑化法83条2項）。この建替組合の裁定に不服がある場合、裁定があった日から起算して60日以内に、訴えをもってその変更を請求することができます（同条6項）。

　再建マンションの建築工事が完了したときは、建替組合は、速やかにその旨を公告し、再建マンションについて権利を取得する者に通知するとともに（建替え等円滑化法81条）、遅滞なく、再建マンションおよびその権利につき登記をしなければなりません（同法82条）。

4　敷地売却の実施──建替え等円滑化法（平成26年改正・令和2年改正）

　　(1)　概　　論

南海トラフ巨大地震や首都直下地震等の巨大地震発生のおそれがある中、

生命・身体の保護の観点から、耐震性不足の老朽化マンションの建替え等が喫緊の課題となっています。そこで、地震に対する安全性が確保されていないマンションの建替え等の円滑化を図るため、建替え等円滑化法が平成26年に一部改正され、①マンション敷地売却制度、および②容積率の緩和特例の2つが創設されました。

　①マンション敷地売却制度は、敷地の売却には共有者全員の同意が必要であるという原則（民法251条）を改め、区分所有者集会における5分の4以上の賛成でマンションとその敷地を売却できるというものです（建替え等円滑化法116条以下）。

　②容積率の緩和特例は、除却の必要性に係る認定を受けたマンションの建替えにより新たに建築されるマンションで、一定の敷地面積を有し、市街地環境の整備・改善に資するものについて、特定行政庁の許可により容積率制限を緩和するものです（建替え等円滑化法105条）。

　以下では、マンション敷地売却の流れについて説明します。

(2)　準備・検討・計画

　専門家を活用し、管理組合内で話し合って修繕・改修か建替えか売却かを決定します。国土交通省のウェブサイトで公開されているマニュアルを参考にするとよいでしょう。

(3)　除却の必要性に係る認定（耐震性不足等の認定）

　マンションの敷地を売却するには、まず、管理者等が特定行政庁に「当該マンションを除却する必要がある旨の認定」を申請し（建替え等円滑化法102条1項）、特定行政庁がその認定をすることが必要です（同条2項）。

　この除却の必要性に係る認定（要除却認定）対象について、令和2年改正では、従来の①耐震性不足（建替え等円滑化法102条2項1号）に加え、②火災に対する安全性不足（同項2号）、③外壁の剥落等により危害を生ずるおそれ（同項3号）、④給排水その他の配管設備の損傷等により著しく衛生上有害となるおそれ（同項4号）、⑤バリアフリー性能不足（同項5号）が追加されました。

　この①から⑤のいずれで要除却認定を受けた場合でも容積率緩和特例の対

象となりますが（建替え等円滑化法105条）、マンション敷地売却制度の対象となるのは①から③までの要除却認定（特定要除却認定）を受けた場合に限られますので注意が必要です（同法106条、108条）。また、後記Ⅲで記述する団地における敷地分割制度の対象も、特定要除却認定を受けた場合に限られます（同法115条の２以下）。

(4)　買受計画の認定

買受人となろうとする者（デベロッパー等）は、買受けおよび除却の予定時期や資金計画、代替住居の提供・あっせんの具体的な方法等を記載した買受計画を作成し、都道府県知事等の認定を申請します（建替え等円滑化法109条）。

(5)　マンション敷地売却決議

区分所有者集会において、区分所有者、議決権および当該敷地利用権の持分の各５分の４以上の多数で、前記(3)の特定要除却認定マンションおよびその敷地を売却する旨の決議をします（建替え等円滑化法108条１項）。マンション敷地売却決議においては以下の事項を定めなければなりません(同条２項)。

① 　買受人となるべき者の氏名または名称（なお、買受人は、前記(4)の買受計画の認定を受けた者でなければなりません）

② 　売却による代金の見込み額

③ 　分配金の額の算定方法に関する事項

(6)　マンション敷地売却組合の設立認可

売却合意者は、５人以上共同して定款と資金計画を定めたうえで、都道府県知事等の認可を受けて敷地売却組合を設立します（建替え等円滑化法120条１項）。設立認可の申請にあたっては、売却合意者の４分の３以上の同意を得なければなりません（同条２項）。

(7)　反対区分所有者への売渡請求

敷地売却組合は、敷地売却に反対する区分所有者に対し、区分所有権および敷地利用権を時価で売り渡すべきことを請求できます（建替え等円滑化法124条）。

(8)　分配金取得計画の決定・認可

　敷地売却組合は、総会における出席者の過半数の同意等により分配金取得計画を決定し、都道府県知事等の認可を受けなければなりません（建替え等円滑化法141条）。

(9)　組合がマンションと敷地の権利を取得

　組合員（区分所有者）は、各人ごとに定められた分配金取得計画に従って組合から分配金を受け取り（建替え等円滑化法151条）、期日までにマンションを明け渡します（同法155条）。

　分配金取得計画に定められた権利消滅期日（建替え等円滑化法142条1項7号）に個別の権利が組合に集約され、担保権・借家権は消滅します。

　敷地売却組合は、買受人にマンションと敷地を売却します。

(10)　買受人がマンションを除却

　買受人が、マンションを除却し、再建マンション等を建設します。

Ⅲ　団地建替えの手続

1　区分所有法の定め

(1)　棟ごとの建替えと一括建替え

　団地の建替えは、棟ごとに建替えを行う場合と団地全体として建替えを行う場合（これを一括建替えといいます）の2つがあります。

　平成14年の区分所有法改正により区分所有法69条および70条の規定が新設されたことにより、団地の建替えに関する規定が整備されました。

(2)　団地内建物の建替え

　まず、団地内の各棟については、区分所有法62条が適用されるため、これにより集会決議を行う必要があります。

　各棟の建替えは、敷地に関しては、団地共用部分となるため、団地管理組合における対応が必要となります（この点、平成14年改正以前は、特段の規定が設けられていなかったため、共有物の変更であるとして、団地管理組合の区分

所有者全員の合意が必要となるのではないかとの議論があり、その実施が困難となるのではないかという指摘がありました）。

　平成14年改正により新設された区分所有法69条１項は、団地内の特定の区分所有建物の建替えについて、団地管理組合または団地管理組合法人の集会において、議決権の４分の３以上によって承認をすることが可能であるとしました。

　ここで、区分所有法69条１項は、建替えの対象となる建物が区分所有建物である場合には、その区分所有者の全員の同意もしくは当該区分所有建物の集会の建替え決議があることが必要であるとされ、その建物が区分所有建物以外の建物である場合にはその所有者の同意が必要であるとしています。

　つまり、団地内にある区分所有建物の建替えを行う場合、一般的には、上記のとおり、当該区分所有建物の集会を開き、区分所有法62条の建替え決議をしたうえで、上記建替え承認を行うことになると考えられます（承認決議を先に行うことの有効性について、稲本洋之助＝鎌野邦樹『コンメンタールマンション区分所有法〔第３版〕』491～493頁）。なお、建替えをする建物が区分所有建物でない場合には、その所有者全員の同意を先に得ておくことになります。

　気をつけなければならないのは、敷地を共有している団地建物所有者の集会という点です。たとえば、ＡＢＣＤの各棟で附属施設を共有し、ＡＢＣの３棟の建物所有者が敷地を共有している場合、Ａ棟の建替えを承認する決議を行うのは、ＡＢＣＤの４棟で構成される団体の集会ではなく、ＡＢＣの３棟で構成される団体の集会です（稲本＝鎌野・前掲書491頁）。

　承認決議の集会の招集通知は、建替え決議同様、集会の会日の少なくとも２カ月前に行う必要があります（なお、管理規約により伸長することも可能です（区分所有法69条４項））。

　承認決議における議決権は、土地の持分割合であって、管理規約をもってしても変更できないとされています（区分所有法69条２項）。

　また、先に行われる建替え決議の棟の区分所有者は、承認決議に賛成した

ものとみなされます（区分所有法69条3項）。この建替えが、建替えをする建物以外の建物に特別の影響を及ぼす場合には、当該建物が区分所有建物である場合には、その議決権の4分の3以上の区分所有者の、区分所有者でない場合にはその建物所有者の、賛成がなければなりません（同条5項）。

(3)　一括建替え

区分所有法70条1項は、団地内の建物の一括建替えは、団地内の全部が専有部分のある建物であり、当該団地内建物の敷地が当該団地内建物の区分所有者の共有に属する場合であって、団地管理規約により団地内の建物を管理の対象としている場合に行うことができるとしています。

上記の建替え承認の場合と異なり、一括建替えを行う場合には、団地内の全部が区分所有建物でなくてはなりません。また、団地管理規約がなくては、本条による一括建替えを行うことはできません。

この場合、団地建物所有者の集会の区分所有者および議決権の各5分の4の決議によってこれを行うものとしています。その際、個々の棟の区分所有者および議決権の各3分の2以上の賛成が必要です（区分所有法62条を前提にすれば、本来各棟の区分所有者および議決権の各5分の4以上が必要であるところを変更したのが、区分所有法70条の新設された趣旨です）。団地建物所有者の集会と別に、各棟の区分所有者の集会を開く必要はありません。

この集会の議決権は、前記(2)と同様、土地の持分割合によります（規約で別の定めをすることはできません）。

決議の内容は、当該団地内建物について、一括して、その全部を取り壊して、かつ新たに建物を建築する旨の決議です。たとえば、一部の建物だけを残して後を建て替えるという決議は、ここでいう一括建替えではありませんので、別の決議等を行う必要があります。

決議において定められるべき事項は、①敷地の一体的利用についての計画の概要、②再建団地内建物の設計の概要、③建替え費用の概算額、④費用の分担に関する事項、⑤再建団地内建物の区分所有権の帰属に関する事項です。

招集の流れや売渡請求等については、区分所有法62条から64条を準用し

ています。

2　都市再開発法による住宅団地の建替え

高度経済成長期から都市近郊を中心に大量に建設された住宅団地については、建物や設備などが一斉に老朽化し、居住環境が著しく低下している事例があります。このような事態に対処するため、平成28年に都市再生特別措置法等の改正によって、建替え事業推進の方策が図られました。

この結果、都市再開発による建替えの手続が整備されました。地方公共団体が、①高度利用地区等内にあること、②区域内の建築物の3分の2以上が老朽化等していること、③区域内に十分な公共施設がない等により、土地利用が不健全であることなどの要件を充足するとして、都市計画として市街地再開発事業を実施することが決定した場合に、区分所有法を根拠とする一括建替え決議を不要とするものです。

土地（敷地）の共有者で再開発組合を結成する際、改正前は一筆共有の敷地で事業を実施しようとする場合には、議決に全員賛成が必要でした。これでは合意形成が実質的には困難であったため、改正後は、各共有者が1人の組合員となって、その3分の2以上の賛成で再開発事業の実施が可能とされました。

第⑥章

日常生活におけるトラブルの対処

はじめに

　マンションは、現在の生活においては、終の棲家ともなる、とても重要な位置を占めているものです。ですので、安心して快適に、いつまでも住み続けることのできるマンション生活の設計が求められています。

　一方で、マンション生活には、一戸建てにはない独特の住民トラブルも付きものです。他人同士が１つ屋根の下に住む共同生活ですから当然といえば当然ですが、深刻な紛争に発展する前に日常のトラブルを賢く解決することが快適なマンションライフのためには必須です。

　マンションの所有者になるということは、専有部分にあたる部屋の部分に対する区分所有権のみならず、１棟の建物と敷地（共用部分）に対する権利も同時に手に入れることを意味します。だからこそ、１棟の建物の区分所有者全員が、建物全体の維持管理と快適な暮らしを確保する権利と同時に義務も負担しなければならないのです。

　このことを、まず各自が自覚して振る舞うことがトラブル回避のための出発点といえます。

Ⅰ　騒音問題

1　騒音の種類と原因

　騒音問題の対処は、騒音の種類や原因、騒音の範囲と程度を知ることから始まります。

　マンションの騒音問題は、①生活騒音、②営業騒音、③外部からの騒音に大別できます。また、発生原因としては、①マンションの設計・施工に問題がある場合、②人為的な原因（床をフローリングに改造、ピアノの騒音、生活上のマナーや営業上の騒音、外部工事の騒音、その他）と、①②の混合に大別できます。まず、その騒音の原因を調査しましょう。

2　騒音の測定

　話合いで解決する場合も、まず、騒音の程度を知ることが必要です。さらに、裁判になるような場合は、客観的な騒音の程度（数値）の立証は必要になってきます。測定が必要な場合、民間の調査機関に測定を依頼しますが、自治体によっては騒音測定機器を無料で貸し出しているところもあります。

3　騒音問題の判断基準

　騒音問題が裁判所で争われる場合（騒音差止めの仮処分・差止訴訟、損害賠償請求訴訟など）、一般人の通常の感覚ないし感受性を基準に判断して、当該騒音が「受忍限度」を超えているかどうかが争点となります。受忍限度を超えているかどうかは、騒音の程度、種類、継続期間、騒音の続く時間や時間帯、騒音を出している側の事情（加害行為の有用性、被害防止の努力、対策費用や対策の簡便性など）と、被害を受けている側の事情（被害の程度など）を総合的に比較考量して裁判所が判断します（東京地裁平成6年5月9日判決（判時1527号116頁）ほか）。なお、騒音の程度に関しては、階下の住人が深夜長時間にわたってたびたび歌声を発していたことによって騒音被害を受けたとして不法行為に基づく損害賠償請求をした裁判例（東京地裁平成26年3月25日判決（判時2250号36頁））において、東京都の「都民の健康と安全を確保する環境に関する条例」の定める規制基準は、直接的には隣地との境界線における騒音を対象と想定しているものの、本件のように音源と測定場所が上下関係にある場合にも、受忍限度を超えるかどうかの判断の1つの参考とされると判示しています。

4　マンションの設計・施工が原因の騒音

　被害の程度や範囲からみて、建物の構造上（設計・施工）の問題であると疑われる場合は、管理組合として専門家に調査を依頼し、分譲業者に対し補修工事や損害賠償を請求します。

　建築基準法30条、同法施行令22条の3は、境界壁の遮音性について規定しています。また、品確法で住宅性能表示制度が設けられ、日本住宅性能表示基準（品確法2条3項、3条）が定められました。一般社団法人日本建築学会でも遮音性能基準を定めていますので、専門家に相談するなどして、まず自分のマンションの遮音性能に問題があるかどうかを調査し、問題が認められる場合は、分譲業者に対して、補修工事や損害賠償を請求します。

　話合いで解決できないときは、分譲業者に対して、契約不適合責任（民法562条〜564条）や債務不履行責任（同法415条）、不法行為責任（同法709条）に基づき、損害賠償（財産的損害、精神的損害）請求訴訟を起こすことになります。

　参考判例として、福岡地裁平成3年12月26日判決（判時1411号101頁）は、JR鹿児島本線の貨物列車の騒音事案で、防音性能の劣るマンションの売主の債務不履行責任を認めました。このケースは、モデルルームによる見本売買であり、パンフレットやセールストークで、防音性能を特に強調していたことが決め手となっています。ただし、債務不履行に基づく損害賠償請求は、下落した価格相当の損害の立証がないとして棄却され、不法行為に基づく慰謝料請求のみが認められました。

5　生活騒音のトラブル

　まず、騒音の原因と範囲、程度を明らかにしましょう。当事者間の話合いで解決しない場合は、訴訟になりますが、差止認容判決が出る可能性はほとんどないのが現状です。したがって、生活騒音トラブルは予防が重要です。

　隣同士や上下階の生活騒音トラブルは、人為的な原因によることがほとんどであり、生活面でのマナーや子どもに対するしつけ方の改善、防音マットや防音材を敷く・張るなどの措置で改善が見込める場合もあると思います。管理組合名で居住者一般向けに貼り紙やニュースで生活騒音への注意を繰り返し呼びかけるとよいでしょう。住民間で家族構成などを知っている仲なら、「お子さんが走れるようになったようだね」などというニュアンスで婉曲に騒音の発生を伝えることもでき、感情的な対立にはなりづらいものです。逆

にどのような方が住んでいるのかを知らない場合は、少しの物音でも気になるものです。住民間でコミュニティをつくることも1つの有効な対策でしょう。

　改善されない場合は、当事者間で弁護士会のあっせん・仲裁センター、裁判所の調停手続等を利用して解決が図られることとなります。騒音差止めの仮処分や差止訴訟、損害賠償請求訴訟（改良工事の施工業者や騒音を出している住民を被告とするもの）は、当事者双方にとって負担が重く、現状では、差止めが認められることは困難で、損害賠償が認められるケースも多くはないので、訴訟により被害（ないし被害感情）の回復を図ることは極めて難しいと考えるべきでしょう。

6　リフォーム工事による騒音

(1)　隣家のリフォーム工事中の騒音

　リフォーム工事中の騒音の場合は、まずはお隣と話をしてみてください。どのような振動と音が、いつ頃あったのかを伝え、リフォーム業者に具体的に伝えてもらうか、三者で話し合う機会をつくってもらうとよいでしょう。物の落下音や、壁へのアンカー打ちなどが騒音の原因であれば、対策を考えてもらいましょう。不注意に物を落とさないとか、アンカー打ち作業の期間や時間帯を決めて守ることを約束させるなど、最低限の対策を立てることも可能です。

　このような当事者同士の話合いにより解決できないときは、管理組合に相談してみてください。そのリフォーム工事が管理組合の管理規約や使用細則に違反している場合は、管理組合は、工事の中止を要求することができます。騒音が、管理規約や使用細則に定める工事方法などの規定に違反していることが原因であれば、それを改めさせて騒音の低減を図ることも可能でしょう。

　これに対して、リフォームについての管理規約や使用細則が定められていない場合、あるいは、工事が禁止条項に違反していない場合で、かつ、工事が専有部分のリフォームにとどまる限りは、管理組合がその工事について注

229

文をつける権限や義務は原則としてありません。

(2)　工事の騒音を止める法的措置

　騒音を止める法的措置としては、騒音差止めの仮処分があり、事後的な法的救済措置としては、損害賠償請求訴訟（調停）があります。騒音被害が裁判所で争われる場合は、前記3のとおり、その騒音が一般人の通常の感覚ないし感受性を基準に判断して、「受忍限度」を超えているかどうかが争点となります。リフォーム工事による騒音の場合は、管理規約・使用細則に違反する工事かどうかも判断の事情の1つとなります。

　差止めが認められるためには、受忍限度を超える騒音であること、被害が深刻なために事後的な救済（損害賠償）では取り返しがつかないことなどを立証する必要があり、その立証は容易ではありません。また、仮処分手続は通常の訴訟と比べれば短い期間で決定が出されますが、それでも申立てからは最短でも1カ月以上かかるのが通常です。他方で、リフォーム工事の期間は数日間から1カ月程度が普通と思われますので、仮処分決定が出る前に工事が終わってしまうなど、現に発生している騒音を止めるための措置としては実際的ではないことが多いでしょう。

7　騒音トラブルの予防

　騒音トラブル防止のために、規約で、リフォームを行う場合にはあらかじめ理事会に申請して承諾を得ること（標準管理規約17条）とし、理事会があらかじめ工事の必要性やその方法の妥当性、建材の遮音性能等についてチェックできるようにしておくとよいでしょう。

　また、使用細則でピアノなどの使用時間に規制をするなど、生活騒音被害防止のためのルールを定めておくことも必要でしょう。

II　水漏れ問題

　水漏れの原因と箇所により、責任追及の相手方が決まります。水漏れの原因には、①給排水管等の損傷や老朽化によるもの、②工事の瑕疵によるもの、

③人為的なミス（蛇口の閉め忘れや配水管の詰まりなど）によるものが考えられます。一般的にいうと、②や③の場合は工事会社や蛇口を閉め忘れた人、給排水管を詰まらせた人に対して不法行為に基づく損害賠償請求（民法709条）をすることになります。いずれの場合も、漏水させたことについて過失がある場合に限り、相手方が損害賠償義務を負うことになります。

　これに対して①の場合は、水漏れ箇所が専有部分か共用部分かによって、請求の相手方が異なります。

　水漏れを起こした給排水管が共用部分である場合は、管理組合に対して補修工事や損害賠償の請求を行います。管理組合は共用部分の管理について責任を負っていますので、たとえば大地震など予測の範囲を超える災害で給排水管が損傷した場合のように、管理組合の管理に過失が認められない場合や、給排水管の設置・保存の瑕疵にはあたらない場合も、管理組合は給排水管の損傷箇所の補修工事を行う義務があります。

　しかし、管理組合が損害賠償義務を負うためには、給排水管の「設置・保存」に「瑕疵」があることが必要です（工作物責任・民法717条１項。ただし管理組合の「工作物占有者」性を否定する裁判例として東京高裁平成29年３月15日判決（判タ1453号115頁））。工作物責任は、第１次的には占有者が責任を負い、占有者が損害の発生を防止するための注意を払っていたこと（無過失）を立証した場合には、所有者が責任を負います（無過失責任）。マンションの共用部分は原則として区分所有者全員が占有者であり所有者となりますので、結局、区分所有者全員（管理組合）が責任を負うことになります。①の事例として、屋上排水ドレーンのごみづまり等により生じた漏水について管理組合に損害賠償責任があるとした福岡高裁平成12年12月27日判決（判タ1085号257頁）、外壁のクラックや窓サッシのコーキング等から生じた漏水について管理組合に損害賠償責任を認めた東京地裁平成30年３月28日判決、各戸のフラワーボックスにつき、「日常の清掃を怠らないように」と注意喚起するだけでは管理組合の管理として不十分であるとして、その閉塞と防水切れによって溜まった雨水があふれて生じた漏水について管理組合に損害賠償を認めた東京

地裁平成31年2月19日判決などがあります。

　これに対して、漏水した給排水管が専有部分である場合は、その給排水管の占有者または区分所有者に対して、民法の土地工作物責任（民法717条）を追及することとなります。占有者に対する責任追及をするにあたっては、占有者がどの程度の注意義務を負うかが問題となるところ、通常の居住目的の賃貸借の場合には、漏水事故が起こったとしても賃借人が漏水した給排水設備等を管理・補修することまではできませんので（これは賃借人ではなく賃貸人の義務とされています）、基本的に、賃借人として通常の用法に従って使用していたといえる場合には、占有者として必要な注意義務を果たしていることになります。

　なお、給排水管が専有部分か共用部分かの問題については、第1章Ⅲ4、〈図10〉を参照してください。

Ⅲ　ペットの問題

1　ペット飼育をめぐるトラブル

　最近は、動物セラピーが注目を集めるなど、ペットと人間が共存できる環境整備の需要も高まりつつあり、ペット飼育可能の分譲マンションも増えているといわれています。他方、ペットの問題は、動物に対する好き嫌いに個人差があること、動物アレルギーによる身体的被害の問題や、鳴き声による騒音問題、糞尿による汚染や臭いの問題などトラブルが発生しやすいことも事実です。感情的な対立になる前に、具体的に何が問題なのかを冷静に話し合うことが必要です。管理組合が、ペットに関するアンケートなどを行い、苦情や問題点を整理してトラブルの解決策を探る努力も必要でしょう。

　管理規約でペットの飼育が禁止されている場合は、同じくペットを飼いたいと思っている仲間を募り、管理規約改正に向けて議論をしていくことから始めましょう。その場合もアンケートなどで、ペットの飼育に反対する理由を知って、問題点を解決する具体的な提案を検討していくことが必要です。

2　管理規約・使用細則の確認

　マンションでペットを飼いたいと思っている方は、まず、マンションを購入する際に、ペットの飼育が可能かどうかをマンション分譲業者、仲介業者に確認してください。中古マンション購入のときは、必ず管理規約を確認しましょう。ペットの飼育が許されているマンションでは、使用細則などで飼育条件やルールが定められているのが一般的です。定められたルールを守ることはもちろんですが、ペットを飼っている人も飼っていない人も、互いに気持ちよく生活できるように、ペットを飼育している区分所有者の側も、ペットクラブ、ペットの会などをつくって、日頃より飼い主のマナーの徹底を図り、理事会を通じて反対派の人たちの意見に耳を傾けて、トラブルを予防する努力が必要です。

3　ルール違反者への対処方法

　マナーを守らない飼い主への対応として、管理規約や使用細則で定められた違反者に対する対抗措置（たとえば勧告、警告などの措置）をとっても改めない違反者に対しては、ペットの飼育禁止（差止め）の請求や差止訴訟を提起することもできます（区分所有法57条）。もし、管理規約でペットの飼育が禁止されている場合には、実害の発生の有無を問わず、差止めが認められる可能性が高いでしょう。

　管理規約でペットの飼育が許容されている場合でも、ペットの飼育が「共同の利益に反する」と認められる実害が発生していれば、差止めが認められる可能性もあります。

233

IV　用途違反問題

1　住居専用用途制限違反

(1)　規約による用途制限

　区分所有権も所有権ですので、本来は、専有部分に関して、区分所有権者の自由な使用収益権が認められます。しかし、マンションというのは1棟の建物に複数の区分所有権者が存在するものであり、全体としての良好な住環境を維持することは重要です。そのため、規約によって、専有部分の用途を住宅に限定したり、店舗としての利用を禁止するなどの制限を設けることがあります。このような規約は、制限の内容が合理的で公序良俗に反しない範囲で有効とされています。

(2)　対抗措置

(A)　規約に基づく措置

　用途制限違反行為がなされた場合、管理規約において対抗措置が定められている場合には、規約に基づく対抗措置を講じることが可能です。

　たとえば、理事長による是正のための勧告、指示、警告を行い（標準管理規約67条1項）、それでも違反行為が続けられているのであれば、行為の差止め等を求めて訴訟その他の法的措置を追行することができます（同条3項）。これらの場合は、理事会決議で足ります。

(B)　区分所有法上の対抗措置

　これに対して、区分所有法上も行為の停止等を請求することができますが、この場合は総会決議が必要です（区分所有法57条1項・2項）。

　また、この場合には、用途制限違反行為の存在を前提に、それが区分所有者の「共同の利益に反する行為」（区分所有法6条1項）であると評価しうることが必要となりますので、この判断においては、問題となっている違反行為の頻度や具体的な態様、違反行為によるマンションの住環境に与える影響の内容や頻度、違反行為が発覚してからの管理組合と当該区分所有者（占有者）

との交渉の経緯や区分所有者（占有者）による対応の具体的状況など、個別具体的な諸事情による総合的な判断となります。

(3)　事例検討

(A)　保育室としての使用差止めを肯定した判例

(a)　事案の概要

住居以外の使用を規約で禁止されている分譲マンションの1室を、所有者の夫が経営する病院の看護師等の幼児のための保育室として使用していることについて、管理組合が原告となり、保育室としての使用を禁止することを求めた事案です。

(b)　判　決

横浜地裁平成6年9月9日判決（判時1527号124頁）は、「（使用目的制限の）規約の文言の解釈に当たっても、……単に、一定の行為を禁止する規約があるからといって、形式的にこれに該当する行為をすべて一律に禁止するということは相当ではなく、その規約の趣旨、目的を集合住宅の居住者同士という観点から検討して、その当否を判断すべき」と判示しました。

当該マンションの構造、周辺環境、保育園の運営状況等、また保育園を運営する病院の利益とマンション住民の不利益を比較検討したうえで」、「他の区分所有者の共同の利益に反する使用方法である」として、保育室としての使用を禁止しました。

(B)　心療内科クリニックの営業開始を、店舗部会が承認しなかったことが違法であるとした判例

(a)　事案の概要

原告が所有する専有部分を、心療内科クリニックとして使用したいというAに賃貸する予定で、管理組合規約とこれに基づく店舗使用規則に従い営業開始の承認を求めたところ、店舗部会がこれを不承認としたところ、店舗部会等に対し、不法行為に基づき、営業開始が不承認とされなければ得られたであろう賃料等に相当する損害金の支払いを求めた事案です。

(b)　判　決

　東京地裁平成21年9月15日判決（判タ1319号172頁）は、「営業開始を承認するかどうかの判断は、被告店舗部会の合理的裁量にゆだねられ」、「被告店舗部会の裁量権の行使としての処分が、全く事実の基礎を欠くか又は社会観念上著しく妥当を欠き、裁量権の範囲を超え又は裁量権を濫用してされたと認められる場合に限り、違法であると判断すべきものである」、「心療内科、精神科や神経科に通院する患者が周囲の者に対し不安感を与えたり又は迷惑を掛けたりするような行動を取るとの事実を認めるに足りる証拠はない」として、原告の請求を一部認容しました。

2　共用部分の利用や専用使用権をめぐる問題

(1)　共用部分の専用使用権とは

　共用部分は本来各共有者が使用できるものですが、特定の区分所有者が独占的に使用できる権利を認めるのが専用使用権です。たとえば、ベランダや1階の庭について、そこに接続する住戸の居住者に認められていることが多いです。

　このように、専用使用権は、共用部分の使用形態として例外的に認めるものですから、その範囲や使用料などは規約や使用細則で明確にしておくべきです。標準管理規約でも14条に専用使用権の定めがありますので参考にしてください。

(2)　専用使用部分の管理

　専用使用部分は共用部分ですから、その保存行為（共用部分を維持する行為）は、各共有者がすることができるのが原則ですが（区分所有法18条1項ただし書）、規約で別段の定めをすることも認められます（同条2項）。この条文に則り、標準管理規約21条1項では、「バルコニー等の保存行為のうち、通常の使用に伴うものについては、専用使用権を有する者がその責任と負担においてこれを行わなければならない」と定めています。このように、専用使用部分の使用実態にあわせて使用責任も明確にしておくべきでしょう。

⑶ 専用使用部分の使用方法をめぐるトラブル

専用使用部分であっても共用部分である以上、その使用は無制限に認められるわけではなく、当該専用使用部分の性質に鑑みた通常の利用の範囲を超える使用は認められません。

たとえば、専用使用部分であるバルコニーにパラボラアンテナを設置したことについて、バルコニーとしての通常の用法とはいえず管理規約に違反するものであるとして撤去を命じた裁判例（東京地裁平成3年12月26日判決（判時1418号103頁）。ただし、当該マンションでは共同パラボラアンテナが屋上に設置されており、これによって衛星放送を受信することが可能であることなど、撤去を命じられた者の利益状況も考慮されたうえでの判決です）、バルコニーに物置を設置したことについて、「専用使用権が認められるとしても、建物の居住者等の、緊急時の避難を妨げ、もしくは建物自体の維持、管理を妨げ、老朽化の原因となり、あるいは建物の美観を害するような利用は、その性質に照らしても予定されていない」として、物置の設置を「通常の利用の範囲を超えるもの」と判断し、撤去を命じた裁判例（東京地裁平成3年11月19日判決（判時1420号82頁））があります。

この点、「通常の用法」として認められる範囲は固定的なものではなく、当該マンションの立地や使用状況（居住用マンションか複合用途型マンションか）、社会状況の変化などによって変わる部分もあります。物干し台の設置や洗濯物や布団干しなど、トラブルになりやすい使用方法については、これを認めるかどうか、規約で明確にしておくことが望ましいです。

Ⅴ 民 泊

1 住宅宿泊事業法の制定・施行

住宅を宿泊施設として提供することを合法化する住宅宿泊事業法は、平成29年6月9日に成立し、同30年6月15日に施行されました。従来、「民泊」と称する一般的に広く旅行者等を募集し住宅に宿泊させる事業が展開されて

いましたが、これらの多くは旅館業法上の許可を得ないまま行われていた「違法民泊」でした。この問題に対処するのが、この住宅宿泊事業法です。しかし、この法施行後も、定められた届出や登録を履践しないいわゆる「ヤミ民泊」は継続しているとも指摘されています（昨今の新型コロナウイルス感染症問題により、事業モデル自体に大きな影響がある可能性は存在します）。

2　マンションにおける住宅宿泊事業

(1)　はじめに

　住宅宿泊事業法は、一般住宅において不特定多数の相手を宿泊させる事業を可能とするものですから、当然、マンション内においても住宅宿泊事業が展開されることが想定されます。

　住宅宿泊事業には、宿泊施設不足の解消や人的交流の拡大、空き室（デッドスペース）の有効的活用などメリットもありますが、一方で、マンションという日常的居住環境に、継続的にこのような環境を本拠とはしない一時的旅行者等が立ち入ることを招くものですから、生活空間としての平穏や安寧にとっては脅威ともなりうるものともいえます。

　マンション管理組合としては、このようなメリットやデメリットを率直に議論し、自分たちのマンションでは住宅宿泊事業に対してどのような態度を選択するのかを決定すべきでしょう。仮に、マンション内における住宅宿泊事業の実施を禁止しないとしても、管理組合が何も把握しない野放図な事業展開を許容することは好ましくなく、たとえば事業所複合型マンションでの事業所部分における事業内容の制限や内容の把握措置に類似した統制を及ぼす必要はあるでしょう。

(2)　住宅専用規定と住宅宿泊事業

　多くの管理組合では、管理規約において、専有部分の用途（使用方法）について住宅としての使用に制限する規定を定めているでしょう（標準管理規約（単棟型）12条）。この規定があることで住宅宿泊事業が営まれることを禁止しているといえるでしょうか。この点については、まだ断定的な見解を示

すことはできません。この規定の趣旨は、生活の本拠としての住宅の平穏の確保等にあり、住宅宿泊事業はこれと相容れない側面を有するものですから、住宅専用規定により住宅宿泊事業を禁止しているという見解は十分に成り立ちます。一方で、そもそも住宅宿泊事業法が住宅における宿泊事業を認めるためのもので、ここから住宅宿泊事業は住宅の一利用形態にすぎない点を強調するなら、住宅専用規定だけでは住宅宿泊事業を禁止しているとは言い切れないとも考えられます。裁判例においても、現段階で問われているのは法施行以前に行われていた違法民泊が争点となっており（東京地裁平成30年9月5日判決（D1-law：29053155）、東京地裁平成31年2月26日判決（D1-law：29054071））、法的紛争化した場合に裁判所の判断がどうなるかはわからない段階でしょう。そのため、管理組合としては、マンション内における住宅宿泊事業を禁止しようとするのなら、その旨を明確に定めた管理規約を制定すべきでしょう。標準管理規約では、住宅宿泊事業を禁止する場合の規約例を次のように定めています。

（専有部分の用途）

第12条　区分所有者は、その専有部分を専ら住宅として使用するものとし、他の用途に供してはならない。

2　区分所有者は、その専有部分を住宅宿泊事業法第3条第1項の届出を行って営む同法第2条第3項の住宅宿泊事業に使用してはならない。

その場合には、禁止する規定の実効性確保ための規定を創設するなど工夫するとよいでしょう。たとえば、理事長に疑わしいケースに対処するための権限を認める規定、顧客募集のための広告掲載を禁じる規定などが考えられるでしょう。

1　理事長は、特定の専有部分につき、規約第○条（専有部分の用途に関する規定）において禁止される行為に供されているかどうかの事実を

確認するため、区分所有者及び占有者に対し、いつでも専有部分の利用の状況につき、口頭又は書面で照会することができる。

2　理事長は、前項の照会結果、専有部分の外観、他の区分所有者及び占有者、又は専有部分に立ち入る者等から任意に聴取した結果、インターネットサイトなど各種の媒体から得られた情報等から合理的に判断し、専有部分につき規約第○条に違反する用途で使用されていると認められる場合、理事長が指名した者とともに、当該専有部分の区分所有者又は占有者に対し、当該専有部分の利用状況の調査のため、当該専有部分へ立ち入ることを求めることができる。

3　前項の場合において、当該専有部分の区分所有者又は占有者は、理事長による前項に基づく求めを正当な理由なく拒んではならない。

また、マンションにおいて民泊が行われる場合、利用者との間で鍵の受渡し（オートロック設備のマンションにおいて、開扉のため暗証番号が設定されている場合にはその番号の教示）がなされることとなります。そのような民泊に資するための各種の行為を禁止する規定を細則に定めることも考えられます。

組合員又は占有者は、以下に定める各行為をしてはならない。

一　不特定又は多数の者に対して、オートロック扉内及び専有部分へ出入りするための鍵を貸与すること。

二　不特定又は多数の者に対して、オートロック扉を開閉するため、又は、メールボックスを開扉するための暗証番号を教示すること。

三　メールボックス内に、オートロック扉内又は専有部分へ出入りするための鍵を収納すること。

四　共用部分において、キーケース等私物を設置すること。

五　不特定又は多数の者に対して、インターネットサイト等の媒体において、専有部分において宿泊サービスを提供することを告知する

> こと。

VI　専有部分のリフォームの問題

1　専有部分のリフォームへの管理組合の関与

　専有部分のリフォームであっても、共用部分やマンション全体の維持・管理に影響を与えたり、他の住戸に影響を与える場合があるため、管理組合は、使用細則を定めるなどして、適切に管理することが必要です。

　専有部分のリフォーム工事に関する使用細則が必要となるのは、リフォームを進めるにあたって問題を引き起こさないようにすることが目的であるだけでなく、将来発生する工事の際や不具合の発生時において、過去に専有部分でどのような工事が行われていたのかを把握する必要が生じるためです。

　よって、考え方によってはすべての工事を理事長の承認を要する工事とすることも考えられますが、理事長（理事会）の業務量が大幅に増えてしまうこと、区分所有者（施主）においても手続が煩雑になり時間を要することから、改正された標準管理規約では工事ごとに承認まで必要か届出で足りるかなどを分類しています。また、改正前に出した当ネットワーク版の細則（後述）も、「理事長への届出のみ」でできる工事と「理事長の承認が必要」となる工事に分けて考えています。

　なお、マンション維持管理支援・専門家ネットワーク編『Ｑ＆Ａマンションリフォームのツボ』は、資料として、前述した専有部分のリフォーム工事に関する細則モデルを掲載するとともに、建築・法律分野を網羅して、管理組合やリフォームを考えている居住者が知っておくべき知識を豊富にわかりやすく解説してありますので、ぜひ参考にしてください。

2　無届工事・規約違反工事に対する管理組合の対応

　無届工事、規約違反工事に対しては、工事の差止めを求めることが考えら

れます。

　多くの管理組合において、リフォームをする場合には、事前に理事会の承認を得ることとしています。標準管理規約でも、17条で事前に書面による承認を受けることとされています。

　このような手続が定められている趣旨は、工事の内容が共用部分に影響を及ぼさないか、工事をすることにより騒音が生じて他の区分所有者に迷惑をかけることにならないかなどを確認することであり、これに違反して、事前の承認なく工事がなされることとなれば、建物全体の管理について不適切な内容の工事がなされてしまうおそれがあるため、そのような事態が起こることを防ぐという点にあります。

　このような事態が生じた場合、理事会としては、必要な手続をとらずに工事をしているということで、管理規約違反の工事をしている区分所有者に対して、工事を差し止めるよう求めることが考えられます。

　具体的には、管理規約上承認を得る必要があるにもかかわらず、これに違反していることを伝え、速やかに工事を中止し、必要な申請をするように内容証明郵便で通知するとよいでしょう。

　なお、裁判所を通じて工事の差止めを求める場合、「工事禁止の仮処分」の申立てを行うことが考えられます。しかし、この申立てを認めてもらうためには、工事を差し止めなければいけない必要性・緊急性を裁判所に説明しなければならず、届出なくリフォームがされているというだけでは、この要件を満たすと簡単にはいいにくいことから、あまり現実的ではないと思われますし、実際にこのような手続で工事が仮に差し止められた事例は見当たらないようです。

Ⅶ　マンションと賃貸借の問題

1　マンションを賃貸する場合の注意点

(1)　概　説

管理規約でマンションの賃貸や転貸自体を禁止することはできません。

自分のマンションを人に貸す場合には、マンションの管理規約等の遵守義務があることを賃借人に説明し、賃貸借契約書には、義務に違反した場合は契約を解除できる旨を明記しておくとよいでしょう。賃借人や転借人の義務違反行為を知って放置していると、賃貸人である区分所有者自身が、管理組合からマンションの使用禁止や損害賠償請求の訴訟を提起される場合もあり得ます。

管理規約で、専有部分を第三者に賃貸する場合は、あらかじめ理事会に届出をしなければならないことや、賃貸人（区分所有者）は規約や使用細則で定める事項を賃借人に遵守させなければならないことを定め、遵守するという賃借人等の誓約書を提出させるなどの措置をとることは有効です（標準管理規約19条参照）。

また、店舗の賃貸等では、特に賃貸できない業種などをあらかじめ規約で定めておくことも必要でしょう。

総会の議題の内容が、賃借人などの占有者の利害にかかわる場合には、占有者は、総会に出席して意見を述べることができます（区分所有法44条1項）。この場合、招集者は、区分所有者に総会の招集通知を出した後、遅滞なく、総会の日時、場所、議題や議案の要領（同法35条5項）をマンション内の見やすい場所に掲示しなければなりません（同法44条2項）。

総会で意見を述べることができるのは、「区分所有者の承諾を得て占有する者」で、不法占有者が含まれないことは当然です。また、占有者に議決権はありませんが、区分所有者から委任状を得て議決権の代理行使をすることは考えられます（もっとも、管理規約で代理人の資格を制限している場合があり

ます（標準管理規約46条5項参照））。

(2)　ルールを守らない賃借人

区分所有権も所有権である以上、所有者が第三者に賃貸することは自由です。賃貸人が承諾している場合は、賃借人が、さらに又貸し（転貸借）することも可能です。前述したとおり、管理規約で賃貸や転貸自体を禁止することはできません。

ただし、賃借人や転借人も、管理規約に定められた使用のルールを守る義務があります。賃借人、転借人らはマンションの使用方法について、「区分所有者が規約又は集会の決議に基づいて負う義務と同一の義務を負う」（区分所有法46条2項）とされています。また、建物の保存に有害な行為や他の区分所有者の共同の利益に反する行為をしてはならないことは区分所有者と同様です（同法6条3項）。したがって、占有者が、管理規約等に違反するなどの行為をする場合は、規約に定める対応措置をとることができます。それでも改善がない場合は、違反行為の差止め（同法57条4項）や、賃貸借契約の解除並びに引渡請求訴訟の提起（同法60条）が考えられます。

賃貸人（区分所有者）の協力が得られる場合は、当該賃借人の義務違反行為を是正させるように求め、それでも改善されない場合は、賃貸人の責任で賃貸借契約を解除することを検討してもらうことも必要です。

(3)　契約解除・引渡請求

区分所有法60条1項は、①賃借人などの占有者が、②他の区分所有者の共同の利益に反する行為をするかまたはそのおそれがある場合、③その違反行為による共同生活上の障害が著しく、④他の方法によっては障害の除去が困難なとき、⑤区分所有者および議決権の各4分の3以上の多数決によって、契約解除と専有部分の引渡しを求める訴訟を提起することができると定めています。この場合には、占有者に対し、総会であらかじめ弁明する機会を与えることが必要です（同条2項・58条3項）。

ただし、実際に賃貸借契約の解除と専有部分の引渡しが認められる場合はかなり限定的です（たとえば、裁判で認められたケースとしては、抗争中の暴力

団組長が賃借人であった場合(最高裁昭和62年7月17日判決(判時1243号28頁))や、賃借人である宗教団体が多数の信者を当該専有部分内に出入りさせたり修行をさせたりして明らかに宗教施設として当該部分を使用していた場合(横浜地裁平成12年9月6日判決(判時1737号90頁))などがあります)。訴えに至る前に何度も警告を出すなど、管理組合として相当な努力を重ねて段階を踏むことも必要です。

2　違法貸しルーム(シェアハウス)

(1)　違法貸しルーム(シェアハウス)問題とは

昨今、マンションの1住戸を簡単な壁で小さな空間に区切るなどしたうえで入居者の募集を行い、多人数に貸し出す物件が多く出回っています。これらの物件は、間仕切り壁が簡易で燃えやすい材料でできている、窓がなく採光が不十分である、天井高が不足しているなど、建築基準法に適合しない改修が行われていることが多数です。国土交通省では、「事業者が入居者の募集を行い、自ら管理等する建築物の全部又は一部に複数の者を居住させる『貸しルーム』で、建築基準法令に違反しているもの」を違法貸しルームと定義しています。

現在、違法貸しルームを直接規制する法律はありません。しかし、このような物件は、人が住居として暮らすにあたってさまざまな問題があるだけでなく、マンション全体にとっても安全対策面での問題が生じます。

国土交通省や地方自治体(特定行政庁)では、このような違法貸しルーム対策として、通報のあった物件について立入調査を行い、建築基準法違反が判明したものについて是正指導を行っていますが、令和元年10月21日時点で違反が確認された物件が1489件に上っています。

(2)　管理組合として必要な対策

このような違法貸しルームをマンション内に作らせないためには、何よりも事前対策が重要です。

具体的には、管理規約により違法貸しルームとしての使用を制限すること

が可能と考えられます。また、管理規約で専有部分の改修について承認規定を定め、細則を策定し、建築基準法違反等の法令違反を不承認事由と定めておくことも有効です。承認申請の際には、設計図や仕様書も理事長に提出させ、必要に応じて理事長は建築士などの専門家に確認・調査を依頼するとよいでしょう。これらの規定にもかかわらず、違法貸しルームに改装しようとしている人がいる場合には、管理規約に基づき、工事の禁止を求めることができると考えます。

(3)　違法貸しルームの営業が判明した場合の措置

　違法貸しルームの営業が判明した場合の法的手段としては、裁判によって使用の禁止を求めることが考えられます。しかし、すでにシェアハウスとして利用されていたものに対し、東京地裁平成25年10月24日決定は、「シェアハウスにしたとしても、共同生活上のトラブルが著しく増加するとは認めがたい」として、使用禁止の仮処分を認めませんでした（もっとも、この事案は、すでにシェアハウスとして利用されていた状況に対して、管理規約を変更してシェアハウスとしての使用を禁止した後に使用禁止の仮処分を申し立てた事例です）。他方で、東京地裁平成27年9月18日判決は、管理規約に「区分所有者は、その専有部分を専ら住宅として使用するものとし他の用途に供してはならない」との定めがあることを理由に、当該規約違反に基づき、区画部分が3を超えることとなる間仕切りを設置して複数人に使用させる行為の禁止を認めました。

　違法貸しルームは新しい問題であり、判例の集積が不十分ですが、裁判において事後的に使用の禁止が認められるのは容易ではないと考え、上記のような事前予防策を十分に講じるべきでしょう。

Ⅷ　不良入居者問題

1　区分所有法に基づく排除方法

暴力団員がマンションに入居した場合、賭博場等違法行為の場として利用

されたり、多数の暴力団組員が頻繁に出入りすることにつながるため、住民にとって日常生活上の多大な被害が生じることになりますから、断固排除しなければなりません。

　実際に暴力団員が入居してしまった場合、管理組合としては、区分所有者に対して、管理規約に基づく差止請求のほか、区分所有法に基づき、①差止め等の請求（区分所有法57条）、②使用禁止の請求（同法58条）、③競売の請求（同法59条）を行うことができます。また、占有者に対しては、Ⓐ差止め等の請求、Ⓑ引渡しの請求（同法60条）を行うことになります。

　これらの手段は、①から順次より強力な手段となるため、認められるための要件が異なります。まず、①差止め等の請求は、区分所有者、占有者が区分所有法6条1項の共同利益に反する行為をし、またはその行為をするおそれがある場合に請求できます。②使用禁止の請求は、①の要件（ただし、区分所有者のみ）に加え、その行為による区分所有者の共同生活上の障害が著しいこと、①の差止請求によってはその障害を除去して共用部分の利用の確保その他区分所有者の共同生活の維持を図ることが困難である場合に認められます。③競売の請求は、②よりも厳しく、他の方法によっては共同生活上の障害を除去することが困難であるときにはじめて認められます。

　占有者に対する請求としては、Ⓐは区分所有者の場合と同様で、Ⓑ引渡請求は、上記③と同じ厳格な要件のもとに認められます。

　認められた事案としては、マンション居住者に対する暴力・威圧行為はなかったものの、区分所有者が暴力団組長であり、組事務所として使用され、多数の暴力団員が頻繁に出入りしたり、警察による捜索が複数回行われるなどしていた事案（福岡地裁平成24年2月9日判決）があります。他方、東京地裁平成25年1月23日判決（判タ1408号375頁）は、口頭弁論終結時までに暴力団員の構成員などが退去して、使用されない状態になっていたことなどから、競売請求は認められませんでした。

2　平成28年改正標準管理規約

　このように、暴力団員が入居してしまった後の法的手段には厳格な要件が定められており、その実現には大きな負担が伴います。

　そのため、最も大切なことは、暴力団員を入居させないための事前の対策です。そのような観点から、平成28年3月に標準管理規約が改正されましたので参考にしてください。

　具体的には、使用目的の規定に、暴力団事務所としての使用や、暴力団員を反復して出入りさせる等の行為について禁止する旨の規定を定める（標準管理規約12条関係コメント）、専有部分を賃貸する場合、賃貸借契約書に、暴力団員でないことを確約させ、暴力団員であることが判明した場合には賃貸借契約の解除ができ、解除権を管理組合が代理行使することもできることを定める（同19条の2）、暴力団員であることを役員の欠格事由にする（同36条の2）があります。

IX　ルールを守らない住民・義務違反者への対処法

1　当事者への停止要求等

　マンションの入居者に迷惑をかける者がいる場合、その行為が規約違反にあたるか否か、また、区分所有法6条1項の「共同の利益に反する行為」といえるかどうかを判断する必要があります。

　そして、そのいずれか、あるいはいずれにもあたる場合、まずは、当事者に直接、その行為を停止、是正、原状回復等することを求めます。方法としては、内容証明郵便による文書を送付することがよいでしょう（状況によっては、その前に口頭で直接話をするのもかまいません）。

2　区分所有法6条を根拠とする法的手段

　それでも義務違反行為が改善されない場合は、法的手段を検討することに

なります。ただし、以下の(1)～(3)の法的手段は、あくまで区分所有法6条1項の「共同の利益に反する行為」にあたる場合の規定であり、そうではなく単なる規約違反行為である場合には認められない場合もあります。

　「共同の利益に反する行為」にあたるか否かは、「当該行為の必要性の程度、これによって他の区分所有者が被る不利益の態様、程度等の諸事情を比較考量して決すべきものである」とされています（東京高裁昭和53年2月27日判決（下民集31巻5～8号658頁））。

(1)　共同の利益に反する行為の停止等の請求（区分所有法57条）

　区分所有者が、共同の利益に反する行為をした場合またはその行為をするおそれがある場合に、その行為の停止、その行為の結果の除去、その行為を予防するため必要な措置をとることを請求することができます。以上は、占有者についても準用されます（区分所有法57条3項、6条3項・1項）。

　請求主体は、当該違反者を除く区分所有者の全員または管理組合法人であり、訴訟提起にあたっては、集会決議（普通決議）によることが必要です。決議の際、管理者または訴訟を追行する区分所有者を決議しておくとよいでしょう。理事長が管理者の場合、訴訟係属中に任期満了によって当事者が変更してしまうと手続が煩雑となるため、管理者とは別に訴訟追行権者を決議したほうがよい場合もありますのでその点も注意してください。なお、訴訟提起の決議は、請求の相手方および共同の利益に反する行為を特定して、個別の事案ごとにしなければなりません。

(2)　使用禁止の請求（区分所有法58条）

　区分所有者が、共同の利益に反する行為をした場合またはその行為をするおそれがある場合で、その行為による区分所有者の共同生活上の障害が著しく、前記(1)の請求によってはその障害を除去して共用部分の利用の確保その他の区分所有者の共同生活の維持を図ることが困難である場合に、専有部分の使用の禁止を請求することができます。

　この請求は必ず訴えをもってしなければならず、訴訟提起にあたっては、特別決議によることが必要です。また、集会で決議するには、あらかじめ当

該行為者に対して弁明の機会を与えなければなりません。

　なお、管理費滞納者に対しては、区分所有法58条の使用禁止措置を認めない裁判例があることは、前述のとおりです（第3章Ⅱ3(5)）。

(3)　区分所有権の競売の請求（区分所有法59条）

　区分所有者が、共同の利益に反する行為をした場合またはその行為をするおそれがある場合で、その行為による区分所有者の共同生活上の障害が著しく、かつ、他の方法によってはその障害を除去して共用部分の利用の確保その他の区分所有者の共同生活の維持を図ることが困難である場合に、その者の有する区分所有権の競売を請求することができます。

　この請求は必ず訴えをもってしなければならず、訴訟提起にあたっては、特別決議によることが必要です。また、集会で決議するには、あらかじめ当該行為者に対して弁明の機会を与えなければなりません。

　この手段は、区分所有者の権利に重大な制約を加え、管理組合構成員から排除する強力な措置であるため、認められる事例は限定的と考えられています。

(4)　弁明の機会の付与

　区分所有法58条、59条の措置をとるためには、あらかじめ当該区分所有者に対して、弁明の機会を与えなければなりません（同法58条3項、59条2項）。その際、注意すべきは、共同の利益に反する行為をしている区分所有者の意思能力の有無です。

　意思能力とは、行為の結果を弁識するすることのできる精神能力とか、事理弁識能力などと定義されます。意思能力を欠く法律行為は無効です。これは近代法の大原則ですが、平成29年改正民法は、このことを明記しました（同法3条の2）。

　共同の利益に反する行為をしている人や、管理費等を滞納している人が意思能力を欠いている場合は、これらの人に対して、催告や警告、弁明の機会を付与するなどしても、これらの意思表示や意思の通知は無効となります。また、意思能力を欠く者を相手に裁判を提起する場合は、法定代理人（たと

えば成年後見人）に対して訴訟提起する必要があり、その人に法定代理人が存在しないか、存在しても利益相反などの理由により代理権を行使できない場合には、受訴裁判所に対して、特別代理人選任の申立てを行うことが必要です（民事訴訟法35条１項）。

　意思能力のほかに、行為能力という概念があります。行為能力とは、単独で完全な法律行為のできる能力をいい、行為能力を制限された者のことを制限行為能力者といいます。具体的には、未成年者、成年被後見人、被保佐人、民法17条１項の審判（同意権付与の審判）を受けた被補助人のことを指します。そして、民法98条の２は、未成年者もしくは成年被後見人を相手方とする意思表示は、その意思表示をもって相手方（未成年者、成年被後見人）に対抗できない旨を定めています。

　とはいえ、意思能力が十分かどうかの判断は大変に難しく、また、本人について成年後見人等が選任されているかどうかの確認も（親族などに聞ける場合を除き）一般的には不可能です。成年後見人等が付されていることの登記事項証明書を申請できるのは、本人、配偶者、４親等以内の親族などに限定されており、管理組合が取り寄せることはできません。もちろん、管理組合や理事が、その方の成年後見人等の選任を裁判所に申し立てることもできません。仮に、本人の迷惑行為や管理費滞納などの原因が、意思能力の減退ないし欠如にあるようなケースでは、そのご本人の同居人や親族などとの話合いによって解決を図ることが一番望ましいといえます。

　なお、裁判例には、意思能力が欠如している区分所有者に対してなされた通知をもって、区分所有法58条３項（同法59条２項）の弁明の機会が付与されたことにはならないとして、同法59条１項に基づいて競売請求の訴え提起をを決めた総会決議には瑕疵があるとしながら、訴え提起後に民事訴訟法の規定により選任された特別代理人に対して、弁明の機会を付与し、その後あらためて総会決議で当該訴訟を継続すると決議された場合は、瑕疵は治癒されるとしたものがあります（札幌地裁平成31年１月22日判決（判タ1468号180頁））。

第⑦章

マンションをめぐる近時の問題

Ⅰ　債権法改正

1　はじめに

　平成29年5月26日に「民法の一部を改正する法律」が成立（同年6月2日公布）し、民法の第1編「総則」、第3編「債権」が改正されました（以下、あわせて「債権法改正」といいます）。現行民法が施行されたのは明治31年（1898年）で、今回の「債権法改正」は、120年ぶりの大改正となりました。改正理由は、①社会経済情勢の変化に対応させる、②一般の人にもわかりやすい法律とすることとされています。

　改正条文は広範にわたりますが、「総則」「債権」の改正は、これまでの判例・実務の解釈を明文化しただけのものや表現を平易にしただけのものも多く含まれています。

　本項では、マンション管理の関係で知っておきたい以下の改正点について論じます。

　①　債権の消滅時効
　②　売買の瑕疵担保責任
　③　請負の瑕疵担保責任

2　債権の消滅時効

(1)　改正の概要

　消滅時効とは、権利者が一定期間権利を行使しないと、その権利を消滅させる制度をいいます。時効制度の趣旨（存在理由）は、

　①　長い間続いている事実状態は法律上正当な権利と認めて取引の安全を図る
　②　長い年月の経過等により権利関係が証明できない者を救済する
　③　権利の行使を長期間怠っている者は法の保護を受けられない
と説明されます。

　債権法改正前、債権の消滅時効は、「債権は、10年間行使しないときは、消滅する」（旧167条1項）、「消滅時効は、権利を行使することができる時から進行する」（旧166条1項）が原則でした。例外として特別の短期消滅時効が規定されていました（例：旧169～174条）。

　今回の改正点は、大まかにいうと次の3点になります。

① 時効期間が10年と5年に統一されました（改正166条1項）。これに伴い、職業別や商事債権の短期消滅時効が廃止され、定期金債権についても見直しがなされました。

② 主観・客観の2つの時効起算点を設けました（改正166条1項）。

③ 時効障害事由が再構成されました（改正147～154条、改正158～161条）。時効障害事由とは、時効の進行を止める事由をいいます。これまでの「中断」を「更新」に、「停止」を「完成猶予」にそれぞれ用語が変更されたほか、新たに「合意による時効の完成猶予制度」が創設されました。

(2) 時効期間の統一と2つの起算点

（改正法）166条1項

　債権は、次に掲げる場合には、時効によって消滅する。

一　債権者が権利を行使することができることを知った時から5年間行使しないとき。

二　権利を行使することができる時から10年間行使しないとき。

(A) 改正理由

　主に経済界から時効期間を短縮すべきという意見があり、他方で、債権の時効期間を5年に短縮すべきとする立法事実はないとの反対意見がありました。これらの折衷策として、客観的起算点で10年の現行法の原則を維持しつつ、新たに主観的起算点を導入して、その場合は「権利の上に眠る者を保護しない」の理由から時効期間を5年に短縮したものとされています。

(B)　2つの起算点の意味

「権利を行使することができる時」（客観的起算点）とは、「権利を行使するための法律上の障害がなく、かつ、権利の性質上、その権利行使を現実に期待することができること」をいいます（最高裁昭和45年7月15日判決（民集24巻7号771頁）、最高裁平成8年3月5日判決（民集50巻3号383頁）ほか）。権利を行使するための事実上の障害があっても、消滅時効の進行には影響を与えないというのが確定した判例・実務の取扱いです（大審院昭和12年9月17日判決（民集16巻1435頁））。以上は、旧法166条1項時代の解釈ですが、改正されてもこの点は変わらないとされています。

「権利を行使することができることを知った時」（主観的起算点）とは、この客観的起算点が到来したことを知った時のことをいいます。具体的には、当該債権の発生を基礎づける事実を現実に認識した時をいいます。債権とは、特定の人（債務者）に対して特定の給付を請求することができる権利ですので、「権利を行使することができることを知った」といえるためには、債務者を知ることも必要です。

10年の時効期間が維持されたとはいえ、取引上の債権（管理費等も含む）の場合は、主観的起算点が適用されて、5年で時効とされるケースが多くなるでしょう。

(3)　管理費等の消滅時効は債権法改正で変わるか

(A)　適用条文

最高裁判所は、管理費・修繕積立金（以下、「管理費等」といいます）は、「管理規約の規定に基づいて、区分所有者に対して発生するものであり、その具体的な額は総会の決議によって確定し、月ごとに所定の方法で支払われるものである。このような本件の管理費等の債権は、基本権たる定期金債権から派生する支分権として、民法169条所定の債権に当たるものというべきである」として、旧169条の適用により5年間で時効により消滅するとしました（最高裁平成16年4月23日判決（民集58巻4号959頁））。この最高裁判決以降、月ごとに徴収される管理費等の消滅時効期間について5年間とする実務が固まり

ました（なお、旧169条（定期給付債権の短期消滅時効）は、「年又はこれより短い時期によって定めた金銭その他の物の給付を目的とする債権は、５年間行使しないときは、消滅する」と定めていました）。

しかし、債権法改正により、旧169条は削除されたため、管理費等の消滅時効がどうなるかが一応問題となります。この点、旧169条の定期給付債権の規定が削除されたのは、時効の原則期間が、前述のとおり10年と５年に改正されことから、あえて短期消滅時効の特則を定める必要がないとされたためです。とすると、管理費等の性質上定期給付債権（定期金債権の支分権）とされる債権の消滅時効も、改正法の原則規定166条１項が適用されることになると解されます。

(B) 管理費等の時効の起算点と時効期間の具体的検討

たとえば、区分所有者Ａが５年前から管理費を滞納していたが、管理組合は５年間滞納の事実に気がつかず、５年が経過した段階ではじめて滞納の事実を知ったという例を考えます。この場合、管理組合は、過去５年分の管理費をＡに請求できるでしょうか。

管理費等請求権について、「権利を行使することができることを知った時」（民法166条１項２号）とは、具体的にいつかが問題となります。

「権利を行使することができることを知った時」とは、債権者が当該債権の発生を基礎づける事実を現実に認識することをいい、管理費等でいえば、①Ａが区分所有者であること、②毎月の管理費の支払期限の到来（区分所有法19条参照）が、債権の発生を基礎づける事実となります。

管理費等は通常、毎月○○日までに○○月分を支払うというように確定期限のある債権です。確定期限の定めのある債権については、一般に、債権者が債権の発生時に、これを基礎づける事実を現実に認識しているのが通常であり、期限の到来によって現実的な権利行使が可能になることから、主観的起算点は期限の到来時であると解釈されます。

したがって、滞納の事実を知らなくても、管理費等は、期限の到来から５年で時効により消滅します。５年を経過した管理費等は、債務者が時効を援

用すれば、管理組合は、請求できなくなります。

(4)　職業別の短期消滅時効等の廃止

これまでは、職業別に短期消滅時効が細かく規定されていましたが、債権法改正によりすべて削除となりました（旧170条から174条）。商法522条も削除され、商事債権についても民法の原則的な債権の消滅時効に関するルールが適用されることとなりました。

(5)　経過措置との関係

施行日（令和2年4月1日）以前に債権の発生原因である法律行為が行われたときは、旧法が適用されます（附則10条1項～4項）。ただし、不法行為の場合は例外があります。

施行日後に発生した債権は、改正法の適用となり、すべて、権利を行使しうることを知った時から5年、権利行使可能な時から10年の時効期間となります。マンションと関係の深い債権について、改正法の施行日前後における起算点と時効期間をまとめると〔表23〕のとおりです。

(6)　改正にあわせた管理組合の対応

令和2年4月以降（改正法施行後）に発生した管理費等の債権には、理論的には、客観的起算点（10年時効）適用の可能性もありますが、上述したとおり、主観的起算点の関係で、時効期間は5年であると考えて対応することが必要です。つまり、これまでと基本的には変わらない対応になります。

権利の行使を長期間怠っている者とされて滞納管理費等を時効消滅させないためには、管理組合は、以下のチェックを怠らないようにしてください。

①　管理費等の納付状況のチェック

②　こまめな請求・督促・裁判提起

③　権利者の移動・相続の管理（報告の徹底・登記のチェック）

〔表23〕 改正法施行日前後における消滅時効の起算点と期間

	施行日前に発生	施行日後に発生
管理費等	行使しうるときから5年 (旧169条)	主観的起算点から5年 客観的起算点から10年
工事の設計、施工または監理を業とする者の工事に関する債権	行使しうるときから3年 (旧170条2号)	同上
管理会社との委託契約上の債権	行使しうる時から10年 (旧166条1項、167条1項)	同上
バルコニーなどの専用使用料 駐車場使用料	行使しうる時から10年 (旧166条1項、167条1項)	同上
弁護士の顧問契約の報酬	行使しうる時から2年 (旧172条)	同上
その他の顧問契約の報酬（マンション管理士、税理士、建築士）	行使しうる時から10年 (旧166条1項、167条1項)	同上
NTTやKDDIなどの電気使用料（高速ブロードバンド用）	行使しうる時から10年(旧166条1項、167条1項)	同上
店舗の看板使用料 自動販売機置場料	行使しうる時から10年 (旧166条1項、167条1項)	同上
契約不履行の損害賠償請求権（延滞金など）	行使しうる時から10年 (旧166条1項、167条1項)	同上

3　売買の瑕疵担保責任の改正

(1)　改正内容の概観

(A)　改正前の制度

（旧570条）「売買の目的物に隠れた瑕疵があったときは、第566条の規定を準用する。ただし、強制競売の場合は、この限りでない。」

（旧566条）「……買主がこれを知らず、かつ、そのために契約をした目的を達することができないときは、買主は、契約の解除をすることができる。この場合において、契約の解除をすることができないときは、損害賠償の請求のみをすることができる。」

　改正前は、瑕疵担保責任は特別の法定責任とするのが判例・通説でした。これは、特定物は、瑕疵があってもその物を給付すれば、債務を履行したことになりますが、それでは買主保護にならないことから、法律上特別の責任を認めたのが瑕疵担保責任という考え方です。ここで、特定物・不特定物とは、物の個性に着目しているか否かの区別です。特定物売買は、目的物の個性に着目し、唯一無二のその物を売買の目的とする契約をいいます。不特定物売買は、物の個性に着目せずに一定の種類の物を一定量売買の目的とする契約をいいます。

〔瑕疵担保責任の要件〕
①　目的物に瑕疵があること
②　買主が当該瑕疵について善意無過失であること（隠れた瑕疵）

〔瑕疵担保責任の効果〕
①　損害賠償　　売主の帰責事由は不要で、損害賠償の範囲は「信頼利益」に限られます。
　　信頼利益とは、その契約が有効であると信じたことにより生じた損

害と説明されます。たとえば、契約締結に要した費用や、売買代金を支払うために借り入れた債務、土地を買って家を建てるつもりで、設計を依頼して支払った費用などです。簡単にいうと契約が無効のために無駄になってしまった損失といえましょう。

② 解除　契約の目的が達成できない場合に限られます。

(B) 改正の内容

特定物・不特定物を問わず、担保責任は、債務不履行責任の特則（契約責任）となりました。

〔担保責任の要件〕

　引き渡された目的物が種類、品質または数量に関して契約の内容に適合しないこと

〔担保責任の効果〕

　契約の不適合が買主の責任であるとき（改正562条2項）は、下記の①②④は認められません。また、③の損害賠償請求については過失相殺の対象となります（改正418条）。

① 買主の追完請求権の新設（改正562条）

　目的物の修補や代替物の引渡し、不足分の引渡しなどを請求することができるようになりました。売主に帰責事由があることは追完請求の要件ではありません。追完が履行不能である場合は追完請求が認められません（改正412条の2）。特定物売買であっても、たとえば一定の中古車の売買のように当事者の意思が代替を可能とする場合は、代替物の引渡しを求めることができます。

　追完の方法は、第1次的には、買主の選択により決まりますが、買主の選択した方法が売主に「不相当な負担」を課す場合は、売主はそのことを立証して異なる方法による履行の追完をすることができるとされました。たとえば、補修が技術的に難しく、あるいは、不相当な

費用負担がかかるような場合には、代替物の引渡しによる追完方法を選択するといったケースが考えられます。

② 買主の代金減額請求権の新設（改正563条）

　　買主が相当の期間を定めて履行の追完を催告し、その期間内に履行の追完がないときは、買主は、その不適合の程度に応じて代金の減額を請求することができるようになりました。

③ 損害賠償請求（改正564条、415条）

　　債務不履行の一般法理に委ねられることになりました。

　　「（契約の不適合）が契約その他の債務の発生原因及び取引上の社会通念に照らして債務者の責めに帰することができない事由によるものである」こと（改正415条1項参照）を、債務者（売主）が立証したときは、損害賠償責任は負いません。また、履行利益についても、損害賠償請求が可能となりました。履行利益とは、契約が履行されていれば、得られた利益をいいます。たとえば、転売利益が典型とされます。

④ 解除（改正564条、541条、542条、543条）

　　契約の解除も債務不履行解除の規定が適用されることになりました。改正法は、債務不履行による解除について、債務者の帰責事由を不要としました。解除は、責任追及の手段としてではなく、あくまで契約関係の清算手段と位置づけられたためです。また、契約の目的が達成できないことは解除の要件からはずれました。さらに、債務の不履行が債権者の責めに帰すべき事由によるときは、解除は認められなくなりました（改正543条）

⑤ 買主の権利の行使期間の制限（改正566条）

　　「種類又は品質に関して契約の内容に適合しない」場合、「買主がその不適合を知った時から1年以内にその旨を売主に通知」をしないと権利行使ができなくなります。改正前の570条、566条では、1年以内に「権利行使をする必要」があるとされていました。なお、数量や権利の契約不適合については、特別の権利行使期間制度が廃止されて、

権利の消滅は、消滅時効一般の法理（改正166条1項）に委ねられることとなりました。

(2) 「瑕疵」と「契約不適合」

改正前の570条の「瑕疵」の意義については、当該契約において予定されていた品質・性能を欠いていることとする主観的瑕疵概念と当該種類の物として通常有すべき品質・性能を欠いていることとする客観的瑕疵概念の双方が含まれると解されており、裁判例も同様の判断をする傾向にありました。

改正法を検討する立法過程では、用語の問題として、「瑕疵」という言葉のわかりにくさを解消するとともに、主観的瑕疵概念と客観的瑕疵概念を包含するという趣旨を文言上表すため、「契約不適合」という用語に改めるべきとされていた経過からみても、従来の「瑕疵」概念と改正後の「契約不適合」概念は、規律の中身自体としては変わらないといえます。

契約不適合か否かは、契約の趣旨、すなわち、契約の性質、契約をした目的、契約締結に至る経緯その他の事情に基づき、取引通念を考慮して総合的に判断されることとなります。ただ、契約書に目的物の品質や性能等の明確な定めがあるなど、当事者間の合意内容が特定できる場合には、それに基づき契約不適合が判断されることになるでしょう。したがって、契約書の具体的な記載内容が、これまで以上に重要になってくるといえます。

4　請負の担保責任についての改正

請負の担保責任は、債務不履行責任の特則として位置づけられ、損害賠償や解除は、債務不履行一般の規律に委ねられることになりました（改正415条、541条、542条）。また、担保責任の特則については、売買の規定が準用されることになりました（改正559条、562条ほか）。

よって、「目的物が契約の内容に適合しない」ときに、請負人は担保責任を負うこととなり、注文者は、①履行の追完、②損害賠償、③契約解除、④報酬減額請求が可能となります。ただし、契約不適合が、注文者の供した材料

の性質または注文者の指図によって生じたときは、請負人がそのことを知って告げなかった場合を除き、注文者は、追完請求、報酬減額請求、損害賠償、解除の権利を行使できません（改正636条）。

　これまでの「瑕疵」が「契約不適合」に変わりましたが、その意味は、前記2⑵で述べたとおりです。契約書の記載が、一層重視されることになります。

　なお、建物その他土地工作物の請負契約は、従来、瑕疵があっても解除はできないとされてきました（旧635条ただし書）が、改正法ではこれが削除されました。

　また、瑕疵修補請求権についても改正されています。従来は、「仕事の目的物に瑕疵があるときは、注文者は、請負人に対し、相当の期間を定めて、その瑕疵の修補を請求することができる。ただし、瑕疵が重要でない場合において、その修補に過分の費用を要するときは、この限りでない」（旧634条1項）、「注文者は、瑕疵の修補に代えて、又はその修補とともに、損害賠償の請求をすることができる」（同条2項）とされていました。しかし、売買の担保責任に修補請求などの履行の追完請求権が明記され（改正562条1項）、請負の担保責任も売買の規定が準用されることから、旧634条1項本文は不要となり削除されました。同項ただし書は、瑕疵が重大で、過分の費用がかかる場合にも請負人に瑕疵修補義務を課すのは酷ではないかという批判のあった規定で、今回の改正で削除されました。瑕疵修補に過分の費用がかかり請負人に酷な場合は、修補義務は履行不能（改正412条の2第1項）と判断されることになります。旧634条2項が削除されたことにより、注文者は、修補が可能な場合に、当然に修補に代わる損害賠償請求を選択することができなくなりました。改正415条2項が適用されて、①修補が不能なとき、②請負人が修補の履行を拒絶する意思を明確に表示したとき、③請負契約が解除されたときに限り、修補に代わる損害賠償請求ができることになります。なお、修補が不能であるどうかは、物理的な不能に限られず、社会通念上不能である場合も含まれます。たとえば、契約不適合の内容や程度、修補にかかる費用、交渉の経緯や当事者間の信頼関係などの事情も考慮して判断され

ることになるでしょう。したがって、実務的には改正前とそれほど扱いが変わることはないのではないかと思います。

　担保責任に関する期間制限については、注文者は契約不適合を知った時から1年以内に請負人に通知することが必要と改められました(改正637条1項。改正前は、「目的物の引渡しから」1年以内に「権利行使」をすることが必要とされていました)。ただし、目的物の引渡し時または仕事の終了時において、請負人が契約不適合を知り、または重過失により知らなかった場合には、上記の期間制限は適用されません(同条2項)。また、建物その他の土地の工作物に関する担保責任の権利行使期間の特則(旧638条1項)は削除されて、改正637条1項に統一されたので注意してください。もっとも、この期間制限規定は、任意規定で、契約で特別の定めをすることが可能です。たとえば、建設工事標準請負契約約款は、契約不適合責任の担保期間について、木造・コンクリート造であるかにかかわらず、原則として引渡し後2年、設備機器等については引渡し後1年と変わりました。なお、新築住宅の売買や請負に関しては、品確法の適用があり、構造耐力上主要な部分または雨水の浸入を防止する部分の瑕疵の担保責任の期間制限の特則を定めた同法94条・95条も民法改正にあわせて改正されました。改正後は、注文者が契約不適合の事実を知ってから1年以内に通知をしたときに限り、引渡しのときから10年間、瑕疵担保責任(追完請求、代金減額請求、損害賠償請求、解除)を追及することができるようになりました。

Ⅱ　マンション管理適正化法の令和2年改正

1　法改正の背景・必要性

　国土交通省の調査によれば、築40年超のマンションは、令和元年末には91.8万戸であったものが、令和11年末には約2.3倍の213.5万戸、令和21年末には約4.2倍の384.5万戸となると推計されています。マンションに必要な修理や維持管理ができないまま、長期間放置されてしまえば、老朽化が進み、

外壁の落下等により周辺へ危害等が生じてしまうこととなります。築40年超のマンションが増えていく中で、老朽化を抑制し、周辺への危害等を防止するための維持管理の適正化が課題となっていたことから、マンション管理適正化法の改正がなされました（令和2年6月24日公布）。

2　法改正の内容

　法改正により、国による基本方針の策定と地方公共団体（市区（町村部は基本的に都道府県））によるマンション管理適正化の推進計画に関する規定が新設されました。

(1)　目　的

　令和2年改正では、法の目的にマンションの管理の適正化の推進を図ることが追加されるとともに、法の目的を達成するための手段として、基本方針の策定、マンション管理適正化推進計画の作成、マンションの管理計画の認定が追加されました。

(2)　基本方針

　国土交通大臣は、マンションの管理の適正化の推進を図るための基本方針を定めなければならず（3条1項）、基本方針には、マンション管理の適正化の推進に関する基本的な事項（同条2項1号）、マンションの管理の適正化に関する目標の設定に関する事項（同項2号）、マンション管理適正化指針に関する事項（同項3号）、マンションがその建築後相当の期間が経過した場合その他の場合において当該マンションの建替えその他の措置が必要なときにおけるマンションの建替えその他の措置に向けたマンションの区分所有者等の合意形成の促進に関する事項（同項4号）、マンションの管理の適正化に関する啓発および知識の普及に関する基本的な事項（同項5号）、マンション管理適正化計画の策定に関する基本的な事項等（同項6号）を定めるものとされています。国土交通大臣は、基本方針を定め、またはこれを変更したときは、遅滞なく、これを公表しなければなりません（同条4項）。

(3)　マンション管理適正化推進計画

　都道府県、市、町村（以下、「都道府県等」といいます）は、基本方針に基づき、当該都道府県等の区域内におけるマンション管理適正化推進計画を作成することができます（３条の２第１項）。マンション管理適正化推進計画においては、当該都道府県等の区域内におけるマンションの管理の適正化に関する目標（同条２項１号）、当該都道府県等の区域内におけるマンションの管理の状況を把握するために当該都道府県等が講ずる措置に関する事項（同項２号）、当該都道府県等の区域内におけるマンションの管理の適正化の推進を図るための施策に関する事項（同項３号）、都道府県等マンション管理適正化指針に関する事項（同項４号）、マンションの管理の適正化に関する啓発および知識の普及に関する事項（同項５号）、計画期間（同項６号）等を定めるものとされています。都道府県等は、マンション管理適正化推進計画の作成および変更並びにマンション管理適正化計画に基づく措置の実施に関して特に必要があると認めるときは、関係地方公共団体、管理組合、マンション管理業者その他の関係者に対し、調査を実施するため必要な協力を求めることができます（同条６項）。

(4)　助言、指導等

　都道府県等は、マンション管理適正化指針に即し、管理組合の管理者等に必要な助言および指導をすることができます（５条の２第１項）。都道府県知事、市町村長（以下、「都道府県知事等」といいます）は、管理組合の運営がマンション管理適正化指針に照らして著しく不適切であることを把握したときは、当該管理組合の管理者等に対し、マンション管理適正化指針に即したマンションの管理を行うよう勧告することができます（同条２項）。

(5)　管理計画の認定等

　法改正により、管理計画認定制度が定められました。管理組合の管理者等は、国土交通省令で定めるところにより、マンションの管理計画を作成し、マンション管理適正化推進計画を作成した都道府県等の長（以下、「計画作成都道府県知事等」といいます）の認定を申請することができます（５条の３第１

項）。管理計画には、当該マンションの修繕その他の管理の方法、当該マンションの修繕その他の管理に係る資金計画、当該マンションの管理組合の運営の状況等を定める必要があります（同条2項1号～4号）。

　計画作成都道府県知事等は、当該申請に係る管理計画が基準に適合すると認めるときは、その認定をすることができます（5条の4）。この認定は、5年ごとにその更新を受けなければ、その期間の経過によって、その効力を失います（5条の6）。認定を受けた者（認定管理者等）は、管理計画の変更をしようとするときは、計画作成都道府県知事等の認定を受けなければなりません（5条の7）。計画作成都道府県知事等は、認定管理者等の認定を受けた管理計画に対し、管理計画認定マンションの管理の状況について報告を求めることができます（5条の8）。計画作成都道府県知事等には、改善命令（5条の9）、管理計画の認定の取消し（5条の10）をする権限があります。

(6)　小　括

　その他の改正点として、マンション管理業者による管理事務の委託を受けることを内容とする契約を締結する際の重要事項説明については、認定管理者等から説明を要しない旨の意思表明があった場合は、書面の交付をもって代えることができるとされたものがあります（72条1項・3項）。

　以上の法改正により、地方公共団体は、マンション管理への関与を強めることになります。都道府県等からの管理組合に対する指導・助言等、適切な管理計画を有するマンションの認定制度の創設により、マンションの適正な維持管理がされることが期待されています。

3　実務上の課題

　改正法では、上記のとおり、地方公共団体によるマンション管理適正化の推進に関して、①マンション管理適正化推進計画制度、②管理適正化のための指導・助言等、③管理計画認定制度の措置を講じるように定めています。

　上記3点の措置は、マンション管理適正化を推進するうえで必要なことですが、国会での委員会議事録によりますと、具体的な内容は、いずれも今後

の検討となっています。

　具体的な内容の水準や動き出すスピード感が、今後の実務上の課題といえます。特に管理組合にとっては、適切な管理計画を有するマンションを認定する「管理計画認定制度」について、注目し、情報を集め、準備されることをお勧めします。

（令和２年４月７日参議院国土交通委員会議事録第９号より、抜粋）

●管理計画認定制度の基準

「管理計画の具体的な認定基準につきましては、今後、国土交通省令などで定めることにしてございますが、例えば長期の修繕計画を策定していること、これに基づく適切な修繕積立金が設定されていること、管理組合の総会などが適切に開催されていることなどを現在想定しているところでございます」（国土交通省・政府参考人答弁）

●管理計画認定を受けるメリットやインセンティブ

「この認定を取得したマンションにつきましては、マンションの適正管理に関心のある者を中心に市場において評価を受ける、あるいは区分所有者全体の管理への意識が高く保たれ、管理水準を維持しやすくなるといったことが想定されますので、マンションの売却や購入を予定している者だけではなくして、マンションに継続して居住する区分所有者にとってもメリットがあるものと考えております。このため、この認定制度は、マンションの適正管理の誘導策としてそれだけで適切に機能するものとは考えてございますが、加えて、国土交通省としては、認定制度の内容と期待されるメリットについて関連する業界団体の協力も得ながら関係者に広く周知するとともに、認定取得のインセンティブについて今後検討して制度の普及を図ってまいりたいと考えております」（国土交通省・政府参考人答弁）

●（地方公共団体が委託する）指定認定事務支援法人の委託先

「事務の委託については地方公共団体がそれぞれ内容を判断するもので

すが、例えば各地のマンション管理士会……などの活用が想定されるというところでございます」（国土交通省・政府参考人答弁）

●マンション管理士の育成、活用

「地方公共団体がマンション管理者等に対して行う指導、助言の際に、具体的内容としては、マンション管理士への相談などを促すこと、マンション管理士を外部専門家として派遣することなどが想定されます。まさに今回の法案とマンション管理士との結び付き、連携、これについて模索してまいりたいと考えてございます」（国土交通省・政府参考人答弁）

現在、国による基本方針や管理計画認定制度の認定基準などを議論するために、「マンション管理の新制度の施行に関する検討会」（座長・齊藤広子横浜市立大学教授）が開催されており、令和3年春頃には、決定される予定です。

認定基準の素案としては、修繕その他管理の方法（長期修繕計画の計画期間が25年以上であること等）や修繕その他の管理に係る資金計画（長期修繕計画に基づき修繕積立金が設定されていること等）、管理組合の運営状況（総会・理事会を定期的に開催していること等）などがあげられています。

Ⅲ　新型コロナウイルス感染症対応と管理組合

1　総会の開催延期

(1)　総会の延期について法務省からのお知らせ

法務省はウェブサイトで、「新型コロナウイルス感染症に関連し、前年の集会の開催から1年以内に区分所有法上の集会の開催をすることができない状況が生じた場合には、その状況が解消された後、本年中に集会を招集し、集会において必要な報告をすれば足りるものと考えられます」と伝えています（右QRコード参照）。

(2)　総会延期と管理規約

マンション標準管理規約は、「理事長は、通常総会を、毎年1回新会計年

度開始以後2か月以内に招集しなければならない」(42条3項)と定めています。この2カ月以内という期間を超えてさらに延長することが許されるかが問題です。

　この点参考になるのが、東日本大震災の際の株主総会の延期についての法務省(法務局)の見解です。「特定の時期に定時株主総会を開催すべき旨の定款の定めについては、通常、天災等のような極めて特殊な事情によりその時期に定時株主総会を開催することができない状況が生じた場合にまで形式的・画一的に適用してその時期に定時株主総会を開催しなければならないものとする趣旨ではない」としています。

　新型コロナウイルス感染症の影響による総会開催延期についても同様に考えてよいと思います。管理規約所定の期間内に総会を開催することができなくても、区分所有法34条2項に従い本年中に開催すれば足りるとするのが合理的解釈です。そのように解しても、「任期の満了……によって退任する役員は、後任の役員が就任するまでの間引き続きその職務を行う」(標準管理規約36条3項)とされていますので、役員が欠員となる不都合は通常は生じないでしょう。

2　延期する以外の総会対応

(1)　総会を開催する場合

　総会を開催する場合、感染予防策をとったうえ、総会への参加者を少なくする必要があります。その方法としては、議決権行使書または委任状の提出がありますので、これにより、少人数で総会が開催できることになります。

★感染症対策(参考)

① 会場の工夫　集会室では狭いまたは換気ができない場合は、エントランスホールを利用したり、マンション内の公園など屋外を利用して開催する方法を検討する。

② 参加者数削減　高齢者や既往症がある方、感染リスクが高いとさ

れている方には、委任状・議決権行使書を活用してもらい、そのため事前に質問用紙を配付して回収し、質問者の権利を確保するように工夫する。

③　感染予防　　入口に消毒薬を備え、マスクの着用、および熱のある方や体調不良の方は、参加しないことをお願いする。

④　時間短縮　　事前質問に答える形で、できるだけ総会時間を短縮する。

(2)　総会を開催しないで決議する方法

　総会を開催しないで決議する方法として以下のものがありますが、どちらの方法も、実施できるのは区分所有者全員の同意（合意）が可能な小規模なマンションに限られるでしょう。

(A)　書面による決議

　総会を開催しないで決議する方法としては、区分所有法45条１項に、「集会において決議をすべき場合において、区分所有者全員の承諾があるときは、書面又は電磁的方法による決議をすることができる」との定めがあります。

(B)　全員の合意による決議

　区分所有法45条２項では、区分所有者全員から１つひとつの議案について「合意する」との書面をとれば、その議案は書面による決議があったものとみなされます。

3　オンラインによる総会の開催

　パソコン等を利用したバーチャル総会は現時点において区分所有法に規定がないため、議決権の行使方法や、本人確認の方法などの課題がありますが、あらかじめ委任状や議決権行使書を提出してもらって、オンラインにより意見を述べることを認めるなど、活用の余地はあります。

　なお、類似事案として、経済産業省が作成した「ハイブリッ

ド型バーチャル株主総会の実施ガイド」（QRコード参照）があります。参考にしてみるとよいでしょう。

4　理事会の開催

　管理規約で理事会の定期開催などが定められている場合でも、適宜延期をすることはやむを得ないでしょう。ただし、総会とは異なり、人数は限られ、決議方法については限定されていないのが普通でしょうから、「三密」にならないよう工夫をして開催する、オンラインで会議を行う、電話や書面のやりとりで必要な議題を決議するなど、柔軟な対応が可能と思われます。

5　修繕工事、リフォーム工事への影響

　マンションでも、大規模修繕その他の修繕工事や個別のリフォーム工事にも影響が出てくる可能性があります。

(1)　契約に特約がない場合

　請負契約に特約がない場合は民法が適用されます。ここでは令和2年3月31日以前に締結された旧民法が適用される契約を例に説明します。

　新型コロナウイルス感染症の影響によって資材や職人の手配・調達が不可能といった事情は、一般論でいえば、「当事者双方の責めに帰することができない事由によって債務を履行することができなくなったとき」（旧民法536条1項）にあたり、債務者（請負人）は反対給付（請負代金）を受ける権利を有しないことになります。したがって、法律上は、新型コロナウイルス感染症の影響により請負人が工事を中止して期限までに完成引渡しができない場合、請負人は、請負代金の請求はできず、工事遅延の損害金の支払義務もありません。ただし、当事者間の協議により、別の取決めをすることはできます。

(2)　契約に特約がある場合

　建築関連団体の連合会が作成した標準約款である「民間（旧四会）連合協定工事請負契約約款」をもとに説明します。国土交通省は新型コロナウイルス感染症に伴い生じる工事への影響は「不可抗力」として扱うように要請を出

しました（右QRコード参照）。不可抗力の場合、約款28条に
基づき受注者（工事会社）は通知を行ったうえで工期の延長
を請求することができ、29条によって延期により生じる工
事代金の追加を求めることができます。

　ただ、当事者間の協議が基本ですので、どういった影響で、どの程度の遅
延が生じ、どの程度の追加費用が発生するのかを具体的に説明してもらって
ください。新型コロナウイルス感染症の終息が不透明な現状では、延期期間
を明確にできないケースも想定されますので、さらに詳細な協議と取決めが
必要となります。また、追加工事費はやむを得なくてもその分の費用捻出に
困る場合もあり、今後の工事内容の見直しを行うなどの工夫が必要になりま
す。工事の延期以外にも工事の中止、受注者の対応不足など、さまざまな問
題が生じる可能性がありますので、心配であれば弁護士、建築士に相談する
とよいでしょう。

6　日常管理に関する管理会社との関係

　管理会社から、緊急事態宣言発令中は管理員や清掃員の派遣をしばらく中
止する、または人数を減らしたいと言われたり、逆に管理組合からそれを申
し入れたりするなど、緊急事態宣言下で契約どおりの業務を履行できない事
態が発生したりします。緊急事態宣言のもと、休業要請・指示の対象になっ
ている業務の場合や、そうでなくても感染拡大状況によっては、契約どおり
の履行ができない場合は、契約当事者双方に帰責事由がない社会通念上の履
行不能と考えて、民法536条1項で処理されることになります。つまり、管
理会社は契約業務の履行をしないが、反対給付（対価、委託料、報酬など）も
請求できないという双方痛み分けとする考え方です（改正法も同旨です）。な
お、協議によってこうした民法の原則と異なる合意をすることは可能です。
また、従業員などへの休業補償や政府の補償の問題は別問題です。

　管理組合から派遣中止を申し入れる場合は、発注した側から委託業務の履
行を受領拒絶したこととなり、管理会社は委託費などを請求できると解され

ています。ただ、受領を拒絶するのもやむを得ない（発注者に帰責できない）
ともいえますので、協議により解決されるのが望ましいでしょう。

◈執筆者紹介◈

マンション維持管理支援・専門家ネットワーク

（事務局）　株式会社象地域設計
　　　　　　住所：〒124-0001　東京都葛飾区小菅4-22-15
　　　　　　電話：03-3601-6841
　　　　　　FAX：03-3601-6944

　伊藤真樹子（弁護士／仙川総合法律事務所）
　岩本　拓也（弁護士／東京東部法律事務所）
　内田　耕司（弁護士／オアシス法律事務所）
　大江　京子（弁護士／東京東部法律事務所）
　工藤　朋洋（税理士／税理士法人F.T.Aパートナーズ）
　佐伯　和彦（一級建築士／㈱象地域設計）
　佐々木好一（弁護士／田中・石原・佐々木法律事務所）
　高木　一昌（弁護士／東京東部法律事務所）
　髙橋　孝志（税理士／税理士法人F.T.Aパートナーズ）
　千代崎一夫（マンション管理士／住まいとまちづくりコープ）
　中村　悦子（弁護士／東京東部法律事務所）
　成田　至弘（㈱Nプランニング）
　祢宜　秀之（㈱興和ビルメンテ取締役統括本部長、㈲エーデル祢宜マンショ
　　　　　　　ン管理士事務所所長）
　山下　千佳（ペット共生住宅管理士／住まいとまちづくりコープ）
　山野井　武（一級建築士／山野井建築設計工房）

（50音順）

管理組合・理事のための　マンション管理実務必携〔第2版〕
──管理組合の運営方法・税務、建物・設備の維持管理、トラブル対応

令和2年12月15日　第1刷発行

定価　本体　2,700円＋税

編　者　マンション維持管理支援・専門家ネットワーク
発　行　株式会社　民事法研究会
印　刷　株式会社　太平印刷社

発行所　株式会社　民事法研究会
　　　　〒150-0013　東京都渋谷区恵比寿3-7-16
　　　　〔営業〕TEL 03（5798）7257　FAX 03（5798）7258
　　　　〔編集〕TEL 03（5798）7277　FAX 03（5798）7278
　　　　http://www.minjiho.com/　　info@minjiho.com

組版／民事法研究会　　カバーデザイン／袴田峯男
落丁・乱丁はおとりかえします。ISBN978-4-86556-400-6 C2030　￥2700E

マンションをめぐる諸問題について、様々な側面から検討！

実務に活かす
マンション標準管理規約
（単棟型）
逐条解説

マンション実務法学会　編

A5判・354頁・定価　本体 3,600 円＋税

▶マンション標準管理規約（単棟型）の各条文を関係コメントと並べて掲載し、その趣旨・内容について、参考判例などもあげつつ、実務的な視点から詳しく解説！

▶「実務からの視点」では、実際にマンションにおいて規定されている管理規約が実務上の問題点とともに例示されているため、「標準」でカバーできない事案にも活用できる！

▶管理組合から相続を受ける弁護士、マンション管理士等の実務家、マンションの管理組合・管理会社等の関係者にとって必携の書！

本書の主要内容

発行　民事法研究会

〒150-0013　東京都渋谷区恵比寿 3-7-16
（営業）TEL. 03-5798-7257　FAX. 03-5798-7258
http://www.minjiho.com/　info@minjiho.com